BUZZ

Frank Rose

BUZZ

Comment la génération digitale façonne Hollywood, Madison Avenue et notre manière de raconter les histoires

Traduit de l'anglais (États-Unis)
par Antoine Monvoisin

SONATINE ÉDITIONS

Directeur de collection : Arnaud Hofmarcher
Coordination éditoriale : Léonore Dauzier

Titre original : *The Art of Immersion*
Éditeur original : Norton

Sonatine Éditions
21 rue Weber
75116 Paris
www.sonatine-editions.fr

À Susan, Jeff et Nick,
à la mémoire de Bill

« J'ai pensé rebrousser chemin ; le coyote couvre un vaste territoire et peut trotter pendant des heures. Et si sa trace s'étendait à l'infini ? Et si l'histoire n'avait pas de fin ? Pourquoi ne pouvons-nous pas nous satisfaire des récits sans conclusion, sans pistolet, ni couteau, ni cadavre, de ces histoires qui nous laissent en plan ? Et si cette phrase ne... !!! Est-ce que suivre les mots au fil des pages suffit à raviver de vieux cheminements neuronaux et nous rappelle ce besoin de traquer le gibier et de trouver... de quoi se nourrir ? »

Brad KESSLER, *Goat Song*

Introduction

Ce livre traite de storytelling – de mémoire, d'imagination et de partage. Alors peut-être devrais-je commencer par partager un souvenir.

Je vis à New York, où l'on a récemment commémoré le dixième anniversaire du 11-Septembre. À 8h46, ce matin-là, je suis chez moi, au quinzième étage d'un immeuble de la 2e Avenue, à mi-chemin entre les gratte-ciel du Midtown Manhattan et les canyons de Wall Street. Tout juste levé, le soleil faisait miroiter les tours, annonçant une magnifique journée d'automne. Et soudain le ciel se brise – un oiseau de mauvais augure, grand, rapide, trop près. Quelques secondes plus tard, j'entends un bruit sourd, étouffé et, peu de temps après, le hurlement des camions de pompiers et des ambulances qui défilent dans la rue. J'ouvre une fenêtre pour regarder où ils vont. Vers le World Trade Center, à seulement 3 kilomètres de là, où une entaille monstrueuse dans la tour nord crache du feu et de la fumée. J'allume la télévision. *Good Morning America* diffuse des images en direct et en gros plan de l'incendie. Je découvre que Diane Sawyer n'en sait pas plus que moi. *Idem* pour Katie Couric du *Today Show* et Bryant Gumbel du *Early Show*. Mais je n'ai qu'eux.

C'est ainsi que le monde a découvert ces événements – à travers les yeux, les oreilles et les outils de diffusion d'une poignée de professionnels des médias. Nous avons appris ce qu'ils savaient et avons partagé avec nos proches – qu'ils soient près de nous ou au téléphone – les histoires qu'ils nous racontaient. Nous sommes, et nous l'avons montré à ce moment-là, des consommateurs d'informations, autant que des consommateurs de divertissement et de soda.

Le monde d'aujourd'hui est différent. Alors qu'on commémore le dixième anniversaire du drame, les émissions comme *Good Morning America*, le *Today Show* et les autres n'ont plus cette importance. Les grandes chaînes et les médias de masse sont bien sûr encore là. Le *New York Times*, *New York Magazine*, le *New Yorker* – tous publient des pages et des pages de souvenirs de journalistes, d'essayistes et, dans le cas du *New Yorker*, de figures littéraires comme Jonathan Safran Foer, Colum McCann ou Zadie Smith. Mais des millions d'autres voix les ont rejoints. Jeff Jarvis, critique et auteur de *La Méthode Google*, évoque les événements en question dans une série de messages sur Twitter. Le mémorial du 11-Septembre, sur les ruines des tours jumelles, encourage le souvenir à travers une application Facebook – symptôme d'une volonté bien plus large d'employer les médias sociaux pour permettre aux survivants de raconter leur histoire.

La stratégie du mémorial est radicale de bien des manières. En général, nous créons des mémoriaux pour les choses que nous préférerions oublier. Guerres et désastres se placent en haut de la liste : la tombe du Soldat inconnu à Arlington, l'habituelle statue en l'honneur des soldats de la guerre de Sécession sur la pelouse du palais de justice local, les innombrables monuments érigés à travers l'Europe et l'Amérique en souvenir des sacrifiés de la Grande Guerre, ou de la guerre qui a suivi. Nous ne pouvons pas nous permettre d'oublier, mais nous ne pouvons pas vraiment vivre avec cette mémoire non plus. Alors nous construisons des chapelles du resouvenir et puis nous égarons commodément la clé. Le mémorial devient un mausolée pour les récits de sacrifice et de douleur.

Et si nous partagions ces histoires plutôt que de les enterrer ? Il y a trente ans, Maya Lin a fait un pas dans cette direction quand elle a repensé le mémorial de guerre à l'intention de la génération des baby-boomers. Au lieu des habituelles statues héroïques, qui rendent monumental un événement en même temps qu'elles nous en éloignent, son mémorial des Vétérans du Vietnam à Washington est une reconnaissance franche de la douleur – un simple mur de granit noir en forme de V où sont gravés les noms des disparus. Des statues sont érigées non loin, à la demande insistante de groupes de vétérans scandalisés par « l'entaille noire » de Lin, mais le mur les suffoque finalement d'émotion. Au fil des années le site est devenu le lieu d'une réflexion intime et solitaire : une chapelle du resouvenir.

En tant qu'espace physique, le mémorial du 11-Septembre possède une attraction émotionnelle similaire. Encore une fois, le nom des morts – gravé sur des parapets de bronze qui entourent l'emplacement des tours – fournit un catalyseur à la mémoire. La vue et le son d'une chute d'eau permanente plongeant 10 mètres plus bas sont si retentissants qu'ils en sont presque troublants. Mais le mémorial du 11-Septembre ne réveille pas que des souvenirs personnels. Cette fois, les noms sont accompagnés de visages, tous accessibles grâce à un guide en ligne.

Le guide, cependant, ne donne qu'une petite idée de la présence du mémorial sur Internet. Deux ans avant qu'il n'ouvre à Ground Zero, le mémorial fait son apparition sous forme virtuelle – d'abord comme un site où les gens partagent leurs histoires, leurs photos et leurs vidéos et bientôt comme une application iPhone qui rassemble beaucoup de ces souvenirs à travers une visite guidée de Ground Zero. Chacun de ces projets est le travail de Local Projects, une firme new-yorkaise spécialisée dans la « cocréation » – rassembler les témoignages en créant une plate-forme où les gens peuvent partager leur histoire. « Comment pouvait-on créer un musée qui satisfasse à la fois les gens qui étaient là et les autres ? demande Jake Barton, fondateur de Local Projects. Nous avons fait en sorte que le premier groupe raconte l'histoire au second. »

Sur le site Web du mémorial, Make History, conçu et créé par Local Projects, les gens sont invités à partager leurs photos, leurs vidéos et leurs histoires. Il est possible d'y chercher un lieu ou un sujet, et beaucoup des photos peuvent être superposées sur une vue de l'endroit tel qu'il est aujourd'hui. Pour l'application Explore 9/11, Local Projects utilise le même matériau et crée une visite mobile avec une couche supplémentaire de réalité augmentée : pointez votre iPhone vers un coin de rue près de Ground Zero et vous découvrirez la vue que vous auriez eue le 11 septembre.

Le mémorial travaille aussi avec Broadcastr, un site remarquable qui permet à ses utilisateurs d'enregistrer leurs souvenirs et de les lier à un endroit particulier. Fondé par Scott Lindenbaum, ex-champion de snowboard, et Andy Hunter, que Lindenbaum a rencontré dans un atelier d'écriture de l'université de Brooklyn, Broadcastr permet aux gens de partager des images, des enregistrements audio auxquels les utilisateurs ont accès grâce à une application smartphone. Les histoires qui en résultent existent dans une quatrième dimension, quelque part à l'intersection de l'espace et du temps.

Avec l'aide combinée de Local Projects et de Broadcastr, le mémorial a rassemblé des témoignages de toutes sortes. De la contribution de professionnels comme Kelly Guenther, une photographe free lance qui travaille pour le *New York Times*, qui attrape ce jour-là son appareil et se précipite sur la promenade surplombant l'East River depuis Brooklyn Heights, où elle capture une image du second avion sur le point de frapper la tour sud, à celle de gens ordinaires – des gens comme Erik Troelsen, ingénieur danois venu à New York pour affaires.

Troelsen dîne avec des amis la veille au Windows on the World, le restaurant qui occupe le dernier étage de la tour nord. Le matin du 11 septembre, après que les avions ont frappé, il se trouve dans un tunnel et quitte le Lower Manhattan pour Brooklyn. Coincé dans la circulation comme tout le monde, il prend en photo un pompier qui court dans l'autre sens, vers les tours en feu. Des années après, sur le site Internet Make History, Troelsen raconte son histoire et partage plusieurs de ses clichés, dont celui-ci. En Floride, un retraité la découvre et y reconnaît son fils – Gary Bow, un membre d'une équipe d'élite du FDNY, composée d'une dizaine d'hommes, dont aucun membre n'a survécu. Gary, qui avait 37 ans et deux enfants, a disparu sans laisser de trace, sauf cette dernière image prise par Troelsen.

La photographie d'Erik Troelsen marque la distance entre 2001 et 2011. En 2001 n'existaient ni Flickr, ni YouTube, ni Twitter et encore moins Broadcastr. Mark Zuckerberg était encore au lycée ; Facebook n'apparaîtrait pas avant des années. Les outils de narration étaient encore réservés à ceux qui avaient accès aux médias de masse. Et la photographie de Troelsen n'était qu'un souvenir privé.

Les années qui ont suivi ont été le témoin d'un puissant changement. À mesure que les médias sociaux ont pris leur place parmi les médias de masse, toutes les formes de narration ont changé. Nous ne consommons plus les histoires comme elles nous sont racontées ; nous les partageons désormais les uns avec les autres comme jamais auparavant. Toutes sortes d'histoires – articles, divertissements, publicités. Des attentats de 2005 à Londres au tremblement de terre de 2008 dans le Sichuan jusqu'au Printemps arabe en 2011, de *Lost* à *The Dark Knight* jusqu'à *Mad Men*, notre statut a changé et s'est étendu. Le rôle du diffuseur n'est plus simplement de parler mais d'écouter ; le rôle du public n'est plus simplement d'écouter mais de parler. *Buzz* tente d'en expliquer les raisons et d'imaginer la suite.

Frank ROSE
New York, septembre 2011

PROLOGUE

Pourquoi tant d'histoires ? À en croire les anthropologues, elles tiennent une place centrale dans nos vies, où que nous soyons dans le monde. Elles impliquent un échange quasi symbiotique entre celui qui raconte et son auditoire, un échange que nous maîtrisons dès notre plus jeune âge. En effet, le cerveau discerne aussi bien les formes de l'information qu'il différencie les visages, les silhouettes, les fleurs ou même les sons. Le récit est un motif reconnaissable qui nous permet de transmettre un sens, ainsi pouvons-nous comprendre notre environnement et partager ensuite nos découvertes avec les autres. Les histoires sont comme le signal enfin identifiable au milieu du vacarme.

Notre prédisposition à repérer ces motifs est si forte que nous en trouvons là où il n'y en a pas. Lors d'une étude majeure menée en 1944, 34 étudiants de l'université du Massachusetts (détail sans importance, si l'on en croit les expériences suivantes) ont assisté à la projection d'un court-métrage avant de répondre à quelques questions. Le film présente les allées et venues d'un cercle et de deux triangles sur une surface plane. Rien de plus à l'écran, à part un rectangle fixe, ouvert sur le côté. Pourtant, un seul participant n'y voit que des figures géométriques. Tous les autres inventent des histoires élaborées pour justifier ces mouvements. En règle générale, ils imaginent deux hommes en train de se battre (les triangles) et une femme (le cercle) fuyant le plus grand et le plus menaçant des deux. Au lieu d'y voir des formes sans vie, ils reconnaissent des êtres humains aux émotions complexes. Le cercle « s'inquiète » et n'est qu'une « petite chose innocente », tout comme le plus petit triangle. « La rage et la frustration » aveuglent le plus grand.

Mais les histoires ont beau être universelles, nous les racontons toujours différemment au gré des avancées technologiques. Chaque nouvel outil crée sa propre forme de narration. En Europe, l'invention des caractères d'imprimerie au XVe siècle permet l'éclosion des périodiques, puis du roman, ainsi qu'une lente mais inexorable hausse du taux d'alphabétisation. À la fin du XIXe siècle, le cinématographe initie une période d'expérimentation intense menant dès 1910 au développement du long-métrage. Inventée au milieu des années 1920, la télévision donne naissance un quart de siècle plus tard à *I Love Lucy* et aux nombreux codes d'un nouveau format, la « sitcom ». Après l'industrialisation des chaînes de production et de distribution de tous ces outils, nous avons assisté à l'émergence des médias de masse du XXe siècle : journaux, magazines, films, musique et télévision. Le consommateur n'a, à ce moment-là, plus d'autre choix que de consommer.

Et puis, alors même que nous nous habituons à ces petites doses de narration administrées avec soin, Internet débarque. Véritable caméléon, c'est le premier support multimédia : texte, audio, vidéo ou tout à la fois. Grâce au World Wide Web et au protocole d'hyperlien, on n'y navigue plus de manière linéaire. Plus que de répondre simplement à nos questions, il réclame une réelle participation et nous incite constamment à commenter, à partager, à nous impliquer. Enfin, il nous permet d'explorer le moindre sujet aussi précisément que possible.

Comme le cinéma et la télévision des premiers jours, Internet n'a d'abord transmis que des formats préexistants. Malgré le tapage autour du « nouveau média », ce n'était qu'un simple système de diffusion de journaux, de magazines et de musique. Le développement des sites de partage en *peer-to-peer* a, certes, incité beaucoup d'utilisateurs à vouloir tout obtenir gratuitement, mais, aussi néfaste qu'ait pu être le Net pour les médias classiques, il n'avait encore eu aucun impact sur leur forme.

Sous son influence cependant apparaît bientôt un nouveau genre de narration multimédia, non linéaire et participatif. Prenant souvent la forme de jeux, il est conçu pour nous soustraire au réel. Je l'appelle «*deep media*»: des histoires non seulement divertissantes, mais aussi *immersives*, qui nous plongent bien plus profondément dans leur univers qu'une série de cinquante-deux minutes, un film de deux heures ou une publicité de trente secondes. Ces nouveaux récits transforment le spectacle (les histoires qui nous divertissent), mais aussi la publicité (les histoires des publicitaires sur leurs produits) et l'autobiographie (les histoires qui nous racontent).

Les résultats en sont visibles partout. Diffusée de 2004 à 2010, la série *Lost*, produite par la chaîne ABC, propose un scénario si complexe que les téléspectateurs doivent se retrouver en ligne pour tout comprendre ensemble. La cinquième saison de la série *Doctor Who*, produite en 2010 par la BBC, est constituée de treize épisodes, mais également de quatre jeux vidéo téléchargeables. Avec *Avatar*, James Cameron nous a livré une plongée tellement sensationnelle dans un décor époustouflant que, quand les développeurs du jeu vidéo ont tenté de recréer cet univers sous forme interactive, ils ont échoué. Pour promouvoir *The Dark Knight*, le blockbuster de 2008, un «jeu de réalité alternative» intitulé *Why So Serious?* mobilise pendant quatorze mois près de 10 millions de personnes à travers le monde. Les publicités présentant le nouveau sandwich de Carl's Jr. ne se composent pas de spots de trente secondes à zapper devant la télévision, mais de vidéos à chercher sur YouTube. Nike+, un service Internet qui sert aussi de plateforme marketing, est un espace lié à la marque où les coureurs peuvent entrer leurs statistiques et raconter leurs histoires.

Ces expériences aboutissent au même constat inquiétant : l'industrie culturelle traditionnelle s'essouffle. Certes, *The Dark Knight* bat tous les records d'entrées en 2008 et *Avatar* en fait de même dix-sept mois plus tard. Mais, bien que les 10,6 milliards de dollars engrangés en 2009 représentent un record pour l'Amérique du Nord, les ventes de billets d'entrée n'ont jamais retrouvé leur niveau de 2002 (plus de 1 milliard de spectateurs). Malgré une légère hausse en 2009, les gens paient généralement plus cher pour aller au cinéma et voient moins de films.

Et la crise ne concerne pas que l'industrie cinématographique. Les ventes de DVD et de cassettes vidéo sont en chute libre depuis 2005. Les recettes de l'industrie musicale ne représentent plus que 25 milliards de dollars en 2009, contre 39 milliards dix ans plus tôt. Côté télévision, les jeunes Américains désertent si vite les quatre grandes chaînes (NBC, CBS, ABC et Fox) qu'en 2007-2008 l'âge médian des téléspectateurs de *prime time* a pour la première fois atteint 50 ans, dépassant la tranche 18-49 ciblée par les publicitaires. (L'âge médian des ménages américains est pourtant de 38 ans.) Même les jeux vidéo, qui rapportaient encore près de 12 milliards de dollars aux États-Unis en 2008 (plus du double de ce qu'ils rapportaient une décennie plus tôt), sont en baisse depuis 2009.

L'industrie audiovisuelle a déjà connu ce type de crises. Elles annoncent généralement un tournant majeur. La fracture générationnelle de la fin des années 1960 en est un parfait exemple. Les maisons de disques étaient encore assez dynamiques et audacieuses à l'époque pour s'accommoder de ces modes versatiles. Pas Hollywood. Les fondateurs historiques, qui avaient traversé l'ère du muet et la crise de 1929, dirigeaient encore les studios : Adolph Zukor (Paramount), 90 ans, Jack Warner (Warner Bros), 80 ans, et Darryl F. Zanuck (20th Century Fox), un vrai jeunot à 60 ans et des poussières. Après l'échec d'une série de films à gros budget (*Camelot*, *La Bible* et *Tora ! Tora ! Tora !*), ces entreprises autrefois florissantes se sont retrouvées au bord du gouffre. Le public préférait *Easy Rider*, le *road movie* de Dennis Hopper, tourné pour 500000 dollars, qui retrace l'itinéraire d'un motard hippie et camé, interprété par Peter Fonda. « Nous, on emmerde ce qui se fait et ce qui ne se fait pas. Les règles font chier », affirme à l'époque Fonda à un cadre des studios. C'est cette jeune garde du « Nouvel Hollywood », des rebelles prêts à piétiner toutes les règles comme Francis Ford Coppola, George Lucas ou Martin Scorsese, qui sauvera finalement l'industrie.

Au début des années 1950, une première crise, technologique cette fois, avait eu lieu. En effet, dès 1948, la télévision avait pris une place centrale aux États-Unis. Milton Berle et son *Texaco Star Theater* étaient devenus si populaires que les réservoirs d'eau de Detroit se vidaient tous les mardis soir à 21 heures, à la fin de l'émission. Jusque-là, la télévision n'était pour beaucoup qu'une mode passagère, une mode dangereuse qui plus est, puisqu'elle ne générait pas assez de revenus publicitaires et faisait fondre ceux de la radio. Hollywood aussi se sentait menacé. Les ménages ayant accès à des programmes gratuits directement dans leur salon ne s'intéressaient plus aux séries B bon marché qui rapportaient tant aux studios. Hollywood était dans l'impasse jusqu'à ce que MCA (Music Corporation of America), la plus agressive des agences artistiques, leur montre la voie en diffusant des émissions en différé (elles étaient auparavant retransmises en direct de New York). Les studios n'avaient plus qu'à franchir le pas : remplacer les séries B par des programmes télévisés.

Aujourd'hui, la crise est à la fois technologique et générationnelle. Internet nous a fait rapidement oublier la télévision, sans générer suffisamment de revenus publicitaires. Annoncé en 1987 comme le résultat de l'influence « du mariage, des enfants et du petit écran » (pas forcément dans cet ordre) en couverture du *New York Magazine*, le téléspectateur pantouflard fait désormais partie du passé. Le concept même de public perd peu à peu tout son sens ; le terme « participants » paraît aujourd'hui plus approprié. Et quand ceux qu'on appelait autrefois des spectateurs commencent à jouer un rôle dans leur propre divertissement, leur expérience change radicalement. On compare souvent le jeu *Grand Theft Auto IV* à un film de Scorsese. Les producteurs de *Lost*, quant à eux, ont délibérément créé une histoire obscure en espérant que le public essaierait de résoudre ce vaste puzzle – pari gagné. Le récit devient ainsi un jeu, et le jeu un récit.

Les neurosciences expliquent encore mal comment jouer influe sur notre cerveau. Tout indique cependant que cette activité a un impact important sur le système de récompense, le mécanisme neurochimique responsable de l'apprentissage autant que de la dépendance. Quand la démarcation entre histoire et jeu se brouille, reste encore le caractère addictif de ce dernier. Il apparaît dans les suppléments en ligne de *The Office*, dans certaines campagnes publicitaires ou même sur Facebook.

Comme les jeux, les histoires sont une répétition de la vie. Nous créons un microcosme, une réalité alternative, un monde que nous souhaiterions réel ou un futur que nous redoutons. Et nous nous y plongeons. Il en a toujours été ainsi, mais notre capacité à satisfaire ces pulsions grandit à chaque nouvelle avancée technologique et, avec elle, l'importance des en-*jeux*.

Cette évolution a pris du temps. La crise qui touche les start-up au début des années 2000 en marque une étape décisive. Pour les sceptiques, l'éclatement de cette bulle spéculative sonne à l'époque le glas d'une simple mode passagère. En réalité, Internet et son format dominant, le World Wide Web, allaient enfin commencer à assumer leur vraie fonction.

C'est grâce au Web, introduit en 1991, qu'Internet devient accessible à tous. Dix ans après, malgré la faillite de nombreux sites inutiles autant qu'opportunistes, il entame sa mue. Le Web 2.0 n'est plus un simple mécanisme de distribution, mais une terre d'abondance de la participation (blogs, wikis, etc.). Le haut débit se démocratise et de nouveaux outils simplifient la création de réseaux sociaux. Flickr, YouTube, Wikipédia, MySpace, Facebook, eBay : la fonction principale du Net est désormais de relier ses utilisateurs et de mettre en commun leur intelligence et leur volonté.

Aujourd'hui, dix ans plus tard, cette intelligence collective ne se traduit plus par un simple partage de photos, de vidéos ou d'informations superflues. « Un mouvement artistique, peut-être encore brut ou non affirmé, prend peu à peu forme », écrit David Shields dans *Reality Hunger : A Manifesto*, un livre fidèle à son époque dans sa manière décontractée de réutiliser d'autres sources. « Quelles sont les principales caractéristiques de cette tendance ? » Shields en nomme plusieurs : une dimension arbitraire et spontanée, ainsi qu'une recherche de l'émotion immédiate ; participation et investissement des internautes ; de l'autobiographie anthropologique ; une soif d'authenticité alliée à un amour de l'artifice ; « un brouillage (presque complet) de toute distinction entre fiction et non-fiction : l'incertitude et l'attrait du réel ».

Nous sommes aujourd'hui à la croisée des chemins entre attrait et incertitude. Le futur nous fait signe alors que nous l'inventons encore. Les grandes lignes d'une nouvelle forme d'art se dessinent peu à peu ; cependant, comme celle du cinéma à ses débuts, sa grammaire est encore ténue et insaisissable.

Nous savons au moins une chose : les gens veulent pouvoir s'évader. Ils veulent participer aux histoires, pouvoir s'y créer un rôle et se les approprier. L'auteur peut-il le permettre ? Qu'arrivera-t-il si le public lui vole son œuvre ? Et comment gérerons-nous ce brouillage, non seulement entre fiction et réalité, mais entre auteur et lecteur, divertissement et publicité, récit et jeu ? Beaucoup de cinéastes, d'auteurs de programmes télévisés ou de jeux vidéo, de publicitaires, d'ingénieurs et même de scientifiques tentent de répondre à ces questions. Voici leur histoire.

1
Le conteur dyslexique

Quand, un soir de 2007, plusieurs milliers de personnes reçoivent un message énigmatique et tout à fait inapproprié de ressourceshumaines@whysoserious.com, ils y lisent ceci : « Écoute bien, le clown ! Demain, dernière épreuve avant l'embauche, plus question de reculer : Arwoeufgryo. »

Tous ces destinataires s'associent au plus vieil ennemi de Batman : le Joker. Les plus ingénieux comprennent vite qu'ils doivent jeter un œil à www.whysoserious.com/steprightup (« arwoeufgryo » en décalant d'une lettre sur un clavier qwerty) et y découvrent un décor de fête foraine où apparaissent peu à peu des animaux empaillés et mités, chaque fois avec une adresse différente clouée au ventre.

Tout le monde le sait, les événements étranges qu'annonce whysoserious.com se rapportent à la sortie du nouveau Batman, *The Dark Knight*, et la nouvelle fait rapidement le tour des forums. En entrant dans Google les adresses trouvées sur le site, les internautes découvrent qu'elles mènent toutes à une pâtisserie différente. Des instructions sur le site les invitent à visiter toutes ces adresses pour y récupérer « une gâterie bien singulière », réservée au nom de Robin Banks, et la course est lancée.

À Boston, un couple et un de leurs amis venu des Pays-Bas se rendent à Salem Street dans le North End et poussent la porte d'une vieille pâtisserie italo-américaine. Aucun client, rien qu'une poignée d'employés. Quand ils disent venir chercher un paquet, on leur répond sèchement :

« Quel nom ?

– Robin Banks. »

Ils récupèrent un gâteau dans une boîte en carton. L'horrible glaçage pourpre et vert forme un numéro de téléphone et l'injonction : « Appelle sans traîner. » Ils s'exécutent... et le gâteau sonne.

Ils empruntent un couteau de la boutique, découpent le gâteau et en sortent un sac de pièces à conviction : téléphone portable, chargeur et un nouveau numéro, ainsi que des instructions. Ce second appel déclenche l'envoi d'un SMS : « Le téléphone doit être toujours allumé, toujours chargé. » Au fond de la pochette plastique ils trouvent également une carte à jouer, une seule : le Joker. Pour les habitués de Gotham, de son univers, le message est clair : ils sont désormais complices du malfrat. Notons que le gâteau, au chocolat, est délicieux.

Le scénario se répète à travers les États-Unis, dans 21 localités. De ville en ville, de minute en minute, les comptes rendus tombent : Los Angeles, Las Vegas, Saint Louis, Miami. Chaque fois que les participants dénichent un téléphone, un animal empaillé s'efface du site. Bientôt le bestiaire miteux est vide et les internautes sont dirigés vers une autre page. Ils tombent sur une autre poche plastique, un jeu de clés et deux jokers. Qu'est-ce que tout cela veut dire ?

Une semaine plus tôt figurait sur le site une reproduction de la salle des coffres d'un commissariat, ainsi que des instructions absurdes qui, à force de manipulations, finissaient par en révéler le code d'accès. À l'intérieur, entre autres choses, traînaient des clés et la carte d'identité d'un certain Jake Karnassian, employé de l'académie de Gotham, qui aurait apparemment été agressé. Sur le site de l'école, Karnassian est décrit comme « responsable de la logistique (en arrêt) », un message d'information y indique aussi une déviation des bus scolaires dans le district 22. Quelques jours plus tard, après une fouille minutieuse de whysoserious.com, les apprentis malfrats remarquent que les clés et la carte d'identité ont disparu.

Un coup du Joker. Les deux cartes à jouer qui remplacent les objets abandonnés ne laissent pas le moindre doute. Cliquer sur celle de gauche révèle une nouvelle affiche du film. Celle de droite propose des tickets pour une mystérieuse projection, deux jours plus tard, à New York, Philadelphie, Toronto, Chicago ou Los Angeles. Pas plus d'informations. Ce n'est qu'une fois au cinéma que les spectateurs découvrent qu'on va leur diffuser un extrait de *The Dark Knight*. Présent lors de la séance de New York, le réalisateur Christopher Nolan le décrit ainsi : « Je voulais que la présentation du Joker soit un court-métrage à part entière et c'est ce que vous allez voir. »

Suivent les six premières minutes du film, six minutes pendant lesquelles un gang attaque une banque. Travelling sur Gotham City, la caméra zoome lentement sur une tour aux vitres noires alors même que deux clowns expédient un grappin sur le toit du bâtiment voisin. Début d'un casse, d'une chorégraphie élaborée. Cinq voleurs, au visage couvert de masques grotesques, maltraitent les employés, forcent le coffre et s'entretuent, apparemment sur ordre du commanditaire.

Au milieu du chaos, un bus jaune vif enfonce à reculons les portes d'entrée de la banque. Le dernier voleur encore en vie balance les sacs pleins d'argent à l'intérieur et tue le conducteur d'un coup de feu désinvolte. Il se retourne et vient se planter devant le directeur, à terre, blessé, mais la tête encore haute. « En quoi est-ce que tu crois ? demande ce dernier. En quoi est-ce que tu crois ? »

Sans un geste brusque, le voleur à la tête de clown s'agenouille calmement, sort une grenade de sa poche et la place dans la bouche du directeur. C'est une bonne question, alors il y répond. « Je crois, dit-il d'un ton calme, presque surnaturel, que tout ce qui ne te tue pas te rend simplement plus... » – et c'est là, cinq minutes après le début du film, qu'il retire finalement son masque et révèle ce visage grimé de blanc et de rouge – « ... *bizarre* ». Le monde rencontre pour la première fois le Joker de Heath Ledger.

Le désaxé traîne le pas jusqu'au bus, grimpe par la porte arrière et démarre. Il va rejoindre une longue file de véhicules identiques remplis d'enfants heureux et piailleurs. Dans la salle, beaucoup ont une révélation : voilà pourquoi ils sont entrés par effraction dans la chambre forte virtuelle – le Joker avait besoin de la clé et de la carte d'identité pour voler le bus. Sans le savoir, ils préparaient la fuite d'un criminel psychopathe, d'un agent du chaos voué à la destruction, d'un super méchant nihiliste de dessin animé, tout à coup incarné en chair et en os, sur l'écran haute définition, par Heath Ledger – jeune et brillant acteur qu'on retrouverait mort sept semaines plus tard, à 28 ans, dans son loft new-yorkais. La faute, apparemment, à une overdose de comprimés qui devaient simplement lui faciliter le sommeil.

La réalité a vite rattrapé la fiction pour Heath Ledger, qui livrait ici une interprétation troublante. Mais, dans une moindre mesure, ces deux concepts peuvent se confondre aujourd'hui pour tout possesseur d'une connexion Internet. L'opération gâteaux-téléphones a offert à des milliers de fans une plongée dans le récit bien avant la sortie du long-métrage. Seules quelques dizaines de personnes ont pris part aux douze heures de recherches d'indices, mais près de 1,4 million d'internautes ont suivi en ligne leurs avancées. Et cet épisode ne représente qu'une infime partie de *Why So Serious ?* L'expérience collective qui a ponctué les quatorze mois précédant la sortie du film ne manquait pas d'envergure. Au bout du compte, plus de 10 millions de personnes dans le monde ont participé à cet enchâssement d'énigmes, de puzzles et de courses aux trésors qui les plongeait dans les dernières aventures de Batman, héros septuagénaire. Rien d'étonnant à ce que *The Dark Knight* ait rapporté 1 milliard de dollars dans le monde en trente-trois semaines, bien plus que les autres films de la série et assez pour s'installer tout en haut du box-office de l'année 2008.

Why So Serious? est d'abord une campagne publicitaire au succès phénoménal, pas uniquement pour le film mais également pour Nokia (qui avait fourni les téléphones) et d'autres marques ayant signé des contrats de placement avec la Warner. Ce qui lui a valu le Grand Prix au Festival international de la publicité à Cannes, en 2009. Mais cette campagne marque également l'apparition d'une nouvelle forme de fiction interactive qui explore la frontière entre divertissement et publicité autant qu'entre fiction et réalité d'une façon inimaginable dix ans plus tôt.

Ces jeux en réalité alternée, puisque c'est leur nom, mêlent jeu et narration. L'histoire se découpe en fragments; le jeu consiste à remettre chaque pièce à sa place. La tâche est trop complexe pour un seul joueur. Mais, grâce à la puissance du Web, une conjonction d'intelligence émerge pour rassembler les indices et résoudre les énigmes tout en racontant encore et encore l'histoire en ligne. Le public s'approprie finalement la narration comme il n'aurait pas pu le faire devant un simple film.

Imaginé par 42 Entertainment, une petite compagnie de Pasadena dirigée par Susan Bonds, une ancienne « imagineer[1] », *Why So Serious?* expérimente littéralement sur l'avenir de la narration. Il existe beaucoup d'expériences de ce type et, bien que leur forme varie énormément, la plupart partagent quelques caractéristiques essentielles.

Point crucial, *Why So Serious?* est non linéaire. Comme l'hypertexte (texte qui contient des liens vers d'autres textes, un des traits essentiels du Web), il peut vous faire suivre différents chemins. Des liens vous conduisent toujours plus loin dans l'histoire, avec un niveau de détails impossible à transmettre dans un long-métrage. Vous pouvez également suivre

1. Poste chez Disney consacré à la création et au développement des parcs à thèmes et des attractions de la société. (N. d. T.)

une narration alternative et découvrir ce qui arrive si vous ou l'auteur choisissez un autre chemin.

Why So Serious? suppose également que les participants sont tous connectés les uns aux autres. Le jeu ne se limite pas à Internet ou à quelque autre média, mais il dépend certainement des qualités connectives de la toile. Dans un monde en réseau, l'information ne fait pas que voyager d'un auteur vers son public ou, en circuit fermé, entre auteur et public ; elle s'étend dans toutes les directions, plus ou moins instantanément. Les fans collaborent les uns avec les autres, comme lorsqu'ils partent à la recherche des téléphones cachés. C'est ce qui crée la ruche, l'effort conjugué et spontané qui transforme *The Dark Knight* en une expérience à laquelle chacun peut prendre part.

Dans le même temps, *Why So Serious?* mêle jeu et narration. Les formats conventionnels (livres, films, séries télévisées) nous procurent bien sûr des émotions, mais nous cantonnent au rôle de spectateur. Les jeux nous font participer différemment. Ils nous placent au centre des événements : l'action ne concerne pas simplement un personnage de roman ou un acteur à l'écran, mais nous. En combinant l'impact émotionnel d'une narration avec l'aspect participatif du jeu, vous créez une expérience forte.

Une immersion, peut-on dire, et c'est elle qui brouille non seulement la frontière entre histoire et jeu, mais aussi entre narration et publicité, auteur et public, illusion et réalité.

Pendant plus de soixante-neuf ans, Batman n'a sévi qu'en dessins, dans une série de comics, artefacts imprimés aux règles narratives et aux codes graphiques bien définis. Il est resté à l'intérieur des cases. Vous vous en saisissiez, puis vous le reposiez. Vous pouviez le lire ou pas, mais lui ne vous lisait pas. Il ne s'infiltrait pas dans votre vie. Adapté pour la télévision dans les années 1960, Batman était resté très consensuel. Quand Tim Burton a proposé sa version cinéma en 1989, il s'est fait plus impressionnant, mais ne traversait toujours pas l'écran. Pas encore.

Les forces qui donneront une nouvelle dimension à la chauve-souris existaient déjà bien avant que le grand public n'entende parler d'Internet. C'est dans une colonie de vacances dans les forêts du nord du Wisconsin qu'elles prennent leur source, des années plus tôt. Jordan Weisman, un gamin de 14 ans des environs de Chicago et futur créateur des jeux en réalité alternée, y revient pour la sixième fois, comme jeune moniteur cette année-là. Le camp Shewahmegon est planté au bord d'un lac isolé et préservé parmi quelque 300 kilomètres de rives ornées d'érables à sucre, de bouleaux jaunes, de pins blancs d'Amérique et de sapins baumiers. Mais, pour Jordan, c'est à la nuit tombée que commencent véritablement les festivités, quand dorment enfin les plus jeunes et que leurs aînés peuvent profiter du calme. C'est là que l'animateur principal l'initie à un nouveau jeu, découvert à l'université : *Donjons & Dragons*. Nous sommes en 1974.

En CE1, une dyslexie aiguë a été diagnostiquée chez Jordan. Il a, pour ainsi dire, eu de la chance. Quelques médecins européens ont identifié ce trouble dès le XIXe siècle, c'est vrai, mais les enseignants américains, eux, viennent tout juste de découvrir ces enfants apparemment normaux dont le cerveau n'interprète pas les mots ou les lettres correctement. Le professeur de Jordan venait d'assister à un séminaire à ce sujet, un institut de formation près de chez lui étant d'ailleurs un des rares endroits dans le pays où l'on pouvait être testé. Des années de cours particuliers quotidiens lui ont ensuite permis d'acquérir les outils d'apprentissage nécessaires, mais la lecture reste difficile, au point d'en éprouver une douleur quasi physique.

Donjons & Dragons l'ouvre à un tout autre genre d'histoires, qu'il peut vivre au lieu de lire. Première occurrence d'une longue lignée de jeux de rôle, celui-ci répond à une série de règles complexes guidant les joueurs à travers une véritable aventure qu'ils vivent en restant bien installés autour d'une table. Chaque participant choisit son personnage, ses caractéristiques (humain ou elfe, guerrier ou magicien) et ses capacités. Au début de chaque partie le joueur principal, le « maître de donjon », plante le décor et l'intrigue. C'est ensuite lui qui à chaque tour scelle le sort des autres joueurs, souvent par un lancer de dés. Pour quelques heures, ces ados maigrichons et embarrassés se changent en véritables guerriers et fendent à coups de hache le crâne de gobelins ou d'orques. Les images qui défilent dans l'esprit de Jordan pendant ces sessions sont si vives, l'échange avec les autres garçons si intense, qu'il se rappelle encore s'être dit : « Waouh, ma vie va changer. »

Jordan Weisman me raconte cette histoire des années plus tard, chez lui, aux bords du lac Sammamish que surplombent les pics enneigés de la chaîne des Cascades. Le centre-ville de Bellevue, une banlieue de Seattle, possède toute la rugosité d'une ville champignon, mais les abords du lac paraissent isolés, les maisons luxueuses perdues en pleine forêt. À bientôt 50 ans, Weisman est un homme élancé à la voix douce. Avec ses cheveux bruns bouclés, sa barbe poivre et sel, on le croirait sorti d'un récit talmudique.

« Le jeu nous proposait de résoudre des énigmes, de vivre une histoire, et on pouvait le faire tous ensemble, se remémore-t-il devant une tasse de café. J'avais le cerveau en ébullition. » Cette découverte le conduit finalement à suivre une carrière dans la conception de jeux et les interactions sociales, deux domaines étroitement liés selon lui. « Le but est de se frotter à ce qui se fait de plus divertissant sur cette planète, ajoute-t-il. Les autres joueurs. »

Cet été-là, sur le chemin du retour, Jordan convainc ses parents de faire un arrêt dans une petite ville touristique du Wisconsin : Lake Geneva, à la frontière de l'Illinois. Il veut acheter sa propre copie de *Donjons & Dragons* et le seul moyen qu'il a est d'aller trouver Gary Gygax, un assureur local qui a inventé le jeu avec un ami. Gygax est passionné par les jeux, mais aucun éditeur ne s'est intéressé à celui-là et il a décidé de le produire lui-même, en le vendant directement de chez lui.

Au lycée, à la rentrée suivante, Jordan crée un club *Donjons & Dragons*, première étape d'une longue carrière d'entrepreneur. Après le baccalauréat, il intègre l'Académie de la marine marchande, puis l'université de l'Illinois, mais il abandonne rapidement ses études et fonde la FASA Corporation, acronyme de Freedonian Aeronautics and Space Administration, clin d'œil aux Marx Brothers et à leur *Soupe au canard*.

En reprenant les codes du jeu de rôle imaginé par Gygax, la FASA développe ses propres titres, comme *BattleTech*, un jeu de science-fiction inspiré des dessins animés japonais, ces films d'animation et séries télévisées qui circulent alors en VHS aux États-Unis, souvent avec des sous-titres anglais écrits par des fans. Lancé en 1984 sous forme de jeu de société, l'intrigue de *BattleTech* se situe dans un « univers » futuriste complexe où quelques sociétés féodales guerroient. Au fil des années, le concept est adapté pour PC et console, il devient possible d'y jouer en ligne, de se plonger dans une série de romans ou encore de prendre les commandes d'un cockpit virtuel dans le cadre d'une attraction située à Chicago, pour se mesurer à d'autres joueurs.

En 1999, Microsoft acquiert une filiale nommée FASA Interactive et la déplace de Chicago vers les forêts de Redmond, en banlieue de Seattle, non loin du siège. Weisman devient alors directeur de la création de la nouvelle division divertissement de Microsoft, qui s'apprête à lancer la Xbox, la console qui doit concurrencer la PlayStation sur le marché du jeu vidéo.

Ce nouveau rôle lui permet de superviser l'aspect créatif de toutes les compagnies de développement qui imaginent des jeux pour la Xbox. Une de ces compagnies est Bungie Studios, une autre boîte de Chicago que Microsoft a rachetée et rapatriée du côté de Seattle. Le grand projet de Bungie est *Halo*, un jeu de tir à la première personne dont les premières démonstrations ont reçu des critiques élogieuses. En 2000 et 2001, tandis que l'équipe de Bungie peaufine *Halo*, Weisman en imagine la toile de fond narrative, comme il l'avait fait pour *BattleTech*.

« Il vous faut des personnages, leur explique-t-il, des fils conducteurs qui peuvent être étendus à d'autres médias pour créer un monde plus dense. » L'équipe de Weisman crée de toutes pièces une « bible » *Halo*, qui répertorie une multitude d'informations au sujet des personnages et de leur univers. Ils signent un contrat avec les éditions Del Rey afin de publier des romans qui étoffent l'histoire du jeu. Mais, alors même qu'il passe la majeure partie de ses journées à penser à *Halo* et à d'autres jeux pour la Xbox, Weisman consacre son temps libre à imaginer quelque chose de complètement différent.

En vérité, Weisman ne s'intéresse pas plus que cela aux jeux vidéo. Il aime surtout raconter des histoires mais à l'époque, les concepteurs se soucient plus de la qualité des graphismes que de l'intérêt narratif de leur production. Depuis ce fameux été en colonie, Jordan adore imaginer des histoires en interaction avec d'autres gens. Il commence maintenant à se demander comment raconter des histoires interactives d'une façon propre à Internet.

« Que fait-on sur le Net ? demande-t-il. On passe le plus clair de son temps à fouiller une montagne de déchets à la recherche d'une information intéressante, comme un archéologue avec son tamis. » Peu à peu, après des mois de déambulation sur le parking de Microsoft et de conversations téléphoniques avec un jeune protégé nommé Elan Lee, ce fil de pensées accouche de la notion de narration déconstruite. Ils peuvent écrire une histoire, fabriquer des traces qui auraient existé si cette histoire était réelle et puis la démanteler pour laisser les internautes la recomposer. Tout cela découle d'une théorie selon laquelle nous autres humains serions prêts à creuser à la recherche d'informations comme d'autres espèces le font pour la nourriture et que nous nous en servirions pour nous raconter une histoire. À ce moment-là, il ne lui reste plus qu'à trouver un moyen de mettre son idée à l'épreuve.

L'un des jeux vidéo que Weisman supervise chez Microsoft s'inspire du film *A.I. Intelligence artificielle* de Steven Spielberg, alors sur le point de sortir. Originellement développé par Stanley Kubrick dans les années 1970, puis repris par Spielberg après la mort du réalisateur, le projet se veut une adaptation futuriste de l'histoire de Pinocchio, avec un androïde à la place de la marionnette en bois qui rêve de devenir un vrai petit garçon. Weisman a quelques doutes concernant l'intérêt d'un jeu où le héros cherche à regagner l'affection de sa mère, même quand le héros en question est un robot. Mais il se dit aussi que le genre de narrations déconstruites qu'il souhaite mettre au point peut apporter un contexte à ce jeu ainsi qu'au film.

Tout en surveillant l'avancée du projet, Weisman travaille main dans la main avec Steven Spielberg et la productrice, Kathleen Kennedy. Un jour qu'ils sont réunis au quartier général de Spielberg aux studios Universal, un « bungalow » bien plus luxueux que son nom pourrait le laisser penser, à quelques pas de l'attraction Jurassic Park, Jordan leur annonce qu'il veut explorer une nouvelle façon de raconter des histoires.

Tout comme l'attraction Jurassic Park nous plonge la tête la première dans son univers, Weisman veut pousser le spectateur dans le monde d'*A.I.* Mais les similarités s'arrêtent là. L'attraction représente bien l'idée qu'Hollywood se fait du divertissement participatif : un tour en bateau de cinq minutes où l'on passe devant des dinosaures automates, avec un plongeon vertigineux de 25 mètres à la fin. Cette attraction onéreuse a tout autant pour but de satisfaire le public avec son désir de prolonger l'aventure qu'Universal avec son besoin d'engranger de l'argent. L'idée de Weisman est d'utiliser Internet pour approfondir le récit très intime du nouveau Spielberg et raconter le monde dans lequel se déroule le film.

Weisman est un type convaincant. À la fin de la réunion, Kennedy appelle le chef du marketing chez Warner, qui produit le film. Weisman se souvient qu'elle a annoncé :

« Je vous envoie Jordan. Je veux que vous lui signiez un gros chèque. Sans poser de questions.

– C'est bon d'être roi, remarque Weisman une fois qu'elle a raccroché.

– Pas faux. »

L'expérience débute en avril 2001, douze semaines avant la sortie du film, quand une « thérapeute pour machines intelligentes », une certaine Jeanine Salla, apparaît au générique des bandes-annonces et des affiches du film. Une piste aussi ténue passe facilement inaperçue et c'est bien là tout l'intérêt. Les spécialistes en marketing rencontrent déjà à l'époque un problème toujours plus épineux : comment atteindre une cible si saturée par les médias qu'elle bloque toute tentative de communication. « Le cerveau filtre les informations, sans quoi nous deviendrions fous », m'affirme Weisman. C'est pour ça qu'il choisit une approche souterraine : au lieu de crier le message, cachons-le. « Je me suis dit que si les spectateurs dénichaient une information, ils la partageraient. On a tous besoin de sujets de conversation. »

La suite lui donne raison. Il suffit de vingt-quatre heures pour qu'un internaute rapporte sa découverte sur un site de cinéphiles, Ain't It Cool News. En cherchant le nom de la thérapeute, les curieux mettent au jour un labyrinthe de sites Web étranges traitant des droits du robot et un numéro de téléphone renvoyant à la messagerie vocale de Jeanine Salla qui y raconte le décès du mari d'une amie dans un étrange accident de bateau. Quelques jours plus tard, un jeune informaticien de l'Oregon inaugure un forum dédié à l'élucidation de ce mystère. Plus de 150 personnes s'y inscrivent dans les quarante-huit premières heures. Quand le film sort au mois de juin, 3 millions de personnes dans le monde ont participé à l'opération à un niveau ou à un autre.

Quelle que soit la piste qu'ils choisissent, leur quête ne semble connaître aucune frontière. Les indices peuvent apparaître n'importe où : sur des sites Web, à la télévision, dans de fausses annonces dans les journaux. Les appels téléphoniques, fax et e-mails arrivent à n'importe quelle heure du jour ou de la nuit. Le plus étrange est que personne n'annonce ni ne reconnaît qu'il se passe quelque chose d'inhabituel.

Pendant le développement de l'opération, un responsable marketing de la Warner demande à Elan Lee (qui s'occupe principalement du jeu *A.I.*) de lui donner une phrase à insérer à la fin d'une bande-annonce diffusée à la télévision. Il la lui faut dans les vingt prochaines minutes. Lee est affolé. Le public doit se sentir récompensé, ou en tout cas ne pas regretter d'avoir répondu aux e-mails d'un personnage fictif. En fin de compte, il choisit cette phrase : « Ceci n'est pas un jeu. » Elle est projetée quelques secondes sur les écrans. Ce message ésotérique devient très vite un mantra pour les participants, un résumé efficace de la mystique générée par un jeu qui refuse de reconnaître sa propre existence.

Bien sûr, ils ont commis quelques erreurs. Pendant la création du jeu, Weisman affirme qu'aucun puzzle ne serait assez dur, aucun indice trop obscur, vu le nombre de participants, les joueurs auraient accès à tous les talents et les savoir-faire imaginables pour les résoudre. Il se fourvoie en n'allant pas jusqu'au bout de cette logique.

« Ils avaient non seulement tous les savoir-faire de la planète, mais aussi des ressources illimitées, aucune restriction de temps ni d'argent. Ils pouvaient tout résoudre, tout résoudre instantanément. » Weisman baptise son jeu *The Beast* parce qu'il contient originellement 666 éléments (sites Web à éplucher ou puzzles obscurs à déchiffrer). On a prévu qu'ils occuperaient les joueurs trois mois ; il leur suffira d'une journée. Alors que le public, à cor et à cri, en réclame toujours plus, le nom prend une connotation bien différente : Weisman vient de créer un monstre.

Pas étonnant que le succès du jeu surprenne même son concepteur. Ce mélange de réalité et d'interaction virtuelle ne ressemble en rien à l'avenir du divertissement imaginé jusque-là. Pendant des années, les romans de science-fiction comme *Le Samouraï virtuel* de Neal Stephenson ont conditionné les lecteurs à imaginer un futur aux fantasmes électroniques si étourdissants que le monde réel ne pourrait rivaliser. Mais Weisman ne se soucie pas des réalités virtuelles, il trafique des réalités alternatives. *The Beast* ne nous retranche pas dans un univers cérébral synthétique et digital. Le jeu impose des épreuves que les participants ne pourront résoudre qu'en communauté.

Au printemps 2001, à l'heure où le monde se dépêtre de l'éclatement soudain de la bulle informatique, les joueurs happés par le jeu *A.I.* doivent faire face à la fureur du mouvement pour les droits civiques des machines intelligentes de l'an 2142. Une idée plus radicale et finalement plus en adéquation avec l'orientation actuelle des avancées technologiques que les gants et les lunettes qui ne cessent d'apparaître dans les reportages sur la réalité virtuelle dont nous abreuvent les médias. « Nous ne faisons pas autre chose que jouer à *Donjons & Dragons* avec des amis, autour d'une table de cuisine, m'indique Weisman, alors que nous observons la surface calme des eaux du lac. Simplement, nous sommes aujourd'hui 3 millions autour de cette table. »

D'un point de vue commercial, Weisman est en revanche peut-être un peu trop en avance sur son temps. Trois millions de personnes se mesurant à *The Beast*, cela fait beaucoup pour une expérience jamais tentée auparavant, mais cela reste négligeable à l'aune des exigences d'Hollywood. Le film fait un flop, les ventes de billets aux États-Unis et au Canada n'engrangent que 79 millions de dollars, une fraction des bénéfices d'*E.T.* ou de *Jurassic Park*. Microsoft ayant annulé le jeu vidéo, encore en phase de développement, plus personne dans sa propre compagnie ne prête vraiment attention à ce que fait Jordan Weisman. À Redmond, les cadres ne s'intéressent qu'à *Halo*, qui devient rapidement le titre incontournable et moteur de la Xbox.

Malgré cette baisse d'intérêt, Weisman n'est plus le seul à confectionner ces expériences narratives immersives. Géant du jeu vidéo basé à San Francisco, Electronic Arts développe *Majestic*, jeu en réseau qui compose lui aussi une forme de réalité alternée. Conçu par Neil Young, un producteur délégué de 31 ans, le projet est lancé en juillet 2001, peu après le dénouement de *The Beast*. Les joueurs sont plongés dans une histoire « interactive, immersive et envahissante ». Après cinq minutes de présentation, votre ordinateur s'éteint. Le téléphone sonne et vous recevez un message obscur concernant un incendie à Anim-X, une entreprise fictive basée dans l'Oregon et prétendument responsable du jeu. Pour 9,99 dollars par mois, vous pouvez donc explorer les mystères d'Anim-X et du complot gouvernemental qu'ils ont découvert, un mystère qui se dévoile à travers une série imprévisible de fax, d'appels téléphoniques, d'e-mails et de messages instantanés. « À chaque fois qu'un téléphone sonnait, je voulais que la première chose que se demande le joueur soit : "Waouh, est-ce que ça fait partie du jeu, ça aussi ?" » explique aujourd'hui Neil Young.

Même si la sortie de *Majestic* est très attendue, seules 15000 personnes s'abonnent. Young a plusieurs explications pour cet échec. D'abord, la structure linéaire de l'histoire : « Si on vous interrompait, il était difficile de revenir dans l'histoire. Il aurait été plus intéressant de laisser les utilisateurs appréhender les épisodes dans l'ordre de leur choix, pour qu'ils suivent le personnage plus que l'histoire. » Ce n'est d'ailleurs pas le seul problème de structure : les concepteurs ont installé des freins pour empêcher les joueurs de venir à bout du jeu aussi rapidement qu'ils l'ont fait pour *The Beast*, mais les joueurs se plaignent vite d'être obligés d'attendre la prochaine étape au lieu de pouvoir avancer à leur rythme. Il y a aussi une question de timing : le jeu est arrêté plusieurs semaines après les attaques du 11 septembre. Il ne s'en remettra jamais. Onze mois après le lancement, Electronic Arts abandonne ce projet « ambitieux mais raté ». Il faudra attendre longtemps avant que d'autres n'envisagent de reproduire ce type d'aventures.

Après avoir supervisé deux jeux adaptés du *Seigneur des anneaux* pour Electronic Arts, Young fonde sa propre compagnie, Ngmoco, qui met au point des applications iPhone. Weisman, quant à lui, quitte Microsoft pour diriger WizKids, entreprise dont il est le fondateur et qui développe des jeux autour de figurines à collectionner. Mais Chris Di Cesare, un cadre des studios Microsoft Game qui a participé à *The Beast*, lui commande un jeu en réalité alternée pour le lancement d'*Halo 2*, prévu en novembre 2004.

À ce moment-là, les éditions Del Rey ont déjà publié trois romans *Halo*, dont le dernier en date fait état de l'imminence d'une invasion extraterrestre. Lors du salon E3 à Los Angeles, Bungie, l'éditeur du jeu, dévoile une bande-annonce qui montre John-117, le super soldat sans visage, observant la Terre depuis un vaisseau alors que l'invasion est imminente. Di Cesare veut élaborer une aventure type *La Guerre des mondes* qui se conclurait à l'arrivée sur Terre de John-117, fer de lance de la résistance, point de départ d'*Halo 2*. Grâce à un tour de passe-passe, il récupère 1 million de dollars sur le budget marketing pour payer d'avance Weisman. « Je pensais honnêtement qu'ils me vireraient, se souvient Di Cesare, personne n'investit 1 million dans un format qui n'a pas fait ses preuves, dans un projet qui n'existe même pas officiellement. Particulièrement quand le succès se mesure en termes de communication. »

Weisman mord à l'appât et lance une petite boîte de marketing, 42 Entertainment, qui se consacre à plein-temps à la création de jeux en réalité alternée. Une blague interplanétaire est à l'origine de son nom : dans *Le Guide du voyageur galactique*, au bout d'un suspens haletant, « la réponse à la grande question de la vie, de l'univers et de tout le reste » se trouve être... 42. « Je me suis dit que si je lançais une société de consultants, il fallait au moins avoir la réponse au secret de l'univers », plaisante Weisman.

Le premier jeu conçu par son équipe, *I Love Bees*, détourne des téléphones publics pour y raconter *La Guerre des mondes*. Les joueurs doivent décrocher partout dans le monde dans les semaines précédant la sortie du jeu. Un joueur est allé jusqu'à affronter un ouragan en Floride pour prendre un appel sur le parking d'un Burger King. Chaque coup de fil apporte un indice qui n'a de sens que plus tard, une fois tous les éléments rassemblés.

Les sociétés de marketing ne manquent pas de remarquer les 125 millions de dollars que rapporte *Halo 2* dès le premier jour. Toutes les campagnes publicitaires ont bientôt leur jeu en réalité alternée. En 2005, les studios GMD, basés à Orlando, mettent en scène un vol de voiture dans une concession de Park Avenue pour la promotion de l'Audi A3 Premium Compact. Ce coup de pub lance *The Art of the Heist*, un jeu échelonné sur trois mois qui engendre un pic de fréquentation des sites Web d'Audi et 10000 promesses d'achat pour les concessionnaires américains.

Pour Weisman, Internet réinvente la nature même du marketing. Pendant des siècles, le commerce occidental s'est fondé sur une idée simple : je te donne de l'argent, tu me donnes quelque chose de valeur. Mais, comme un marchand de tapis offre le thé à son client avant de parler affaires, les annonceurs finissent par comprendre qu'ils doivent séduire et divertir leur client, que ce soit avec un téléchargement gratuit sur iTunes ou un jeu en réalité alternée. « Je crois que toute l'industrie publicitaire prend cette direction, dit-il. Les choses sont un peu différentes pour les artistes. Pour eux, ce n'est qu'une nouvelle façon de raconter des histoires. »

Et ce n'était pas Trent Reznor qui allait le contredire. Chanteur, compositeur et seul membre permanent de Nine Inch Nails, un groupe de rock industriel qu'il initie à Cleveland en 1988, Trent passe la majeure partie de l'année 2006 à enregistrer *Year Zero*, une suite de chansons macabrement futuristes évoquant une Amérique assaillie par le terrorisme, ravagée par les bouleversements climatiques et sous le joug d'une dictature militaire chrétienne. « Mais j'avais un problème », se remémore-t-il lors de notre rencontre l'année suivante, allongé sur la terrasse de la maison qu'il est en train de faire retaper au-dessus de Beverly Hills.

Son album avait besoin d'un contexte. Reznor avait minutieusement imaginé sa dystopie. Il voulait être sûr que ses fans entendraient cette histoire. Dans les années 1960, les albums conceptuels s'accompagnaient de notes et d'illustrations. Ce n'est plus possible avec le MP3. « Alors j'ai cherché des solutions actuelles et tenté d'élaborer la pochette d'album la plus réfléchie du monde. »

Des années auparavant, Reznor avait entendu parler du jeu étrange incorporé au film de Spielberg. Il voulait donner un aperçu de la vie qu'imposent les nombreux dysfonctionnements d'un État policier dans une théocratie et, avec un jeu comme celui-là, il pouvait le faire de façon quasi viscérale. Une recherche rapide sur Internet le mène à 42 Entertainment. Il remplit la fiche de contact qu'il trouve sur le site et l'envoie.

Weisman connaît à peine Nine Inch Nails, mais Alex Lieu, le directeur de la création, est fan. Dans les semaines qui suivent, il passe beaucoup de temps avec Reznor et Susan Bonds, la présidente de 42, à Chalice, au studio d'enregistrement hollywoodien dans lequel Trent mixe son album. Le musicien et son directeur artistique, un certain Rob Sheridan alors âgé de 28 ans, ont déjà mis en place une page Wikipédia qui décrit en détail le monde imaginé par Reznor et explique comment il a suffi de quinze ans seulement pour que les choses en arrivent là. Comme Weisman prépare déjà le lancement d'un autre projet pour Smith & Tinker, une entreprise spécialisée dans les jeux pour enfants, c'est donc Lieu qui doit trouver un moyen de transformer ces montagnes d'informations en véritable expérience pour le public. Au lieu d'écrire une histoire que les joueurs devraient reconstituer, il opte pour une approche de chansonnier, en créant une série d'instantanés poignants, bourrés d'émotions, que les gens pourront s'approprier. Fin janvier, pendant que Nine Inch Nails entame sa tournée européenne, son projet est finalisé.

Le premier indice est si subtil que personne ne remarque rien avant deux jours. Le 10 février 2007, première date de la tournée, des T-shirts sont mis en vente dans la salle de concert du XIXe siècle où joue le groupe à Lisbonne. En apparence, ils comportent une erreur d'impression : certaines lettres des dates de la tournée dans le dos ressortent, légèrement plus en gras. Nuno Foros, un photographe de 27 ans, comprend que ces lettres mises bout à bout épellent « *I am trying to believe*[1] ».

Foros poste une photo de son T-shirt sur le forum de The Spiral, fan-club du groupe. Les gens essaient l'adresse iamtryingtobelieve.com, qui les conduit à un site dénonçant le Parepin, un produit qu'on aurait apparemment ajouté aux réserves d'eau américaines. En apparence, Parepin est un antidote contre des agents bioterroristes, mais en réalité, selon cette page, il s'agit d'un plan gouvernemental pour détourner l'attention des citoyens et les mettre sous sédatifs. Les e-mails envoyés à l'adresse qu'on trouve sur le site reçoivent toujours la même réponse automatique : « Je bois l'eau. Tu devrais essayer. » Les internautes du monde entier débattent du rapport que tout cela peut bien avoir avec Nine Inch Nails. Une présentation du prochain album ? Une sorte de jeu interactif ? Quoi d'autre ?

Quelques jours plus tard, une certaine Sue s'apprête à laver un autre T-shirt acheté pendant le concert de Lisbonne quand elle découvre que les dates comportent plusieurs caractères en gras. Les fans comprennent rapidement qu'il s'agit d'un numéro de téléphone californien. Les gens qui appellent entendent

1. Littéralement : « J'essaye de croire ». (N. d. T.)

l'enregistrement d'un journal télévisé annonçant un « discours d'investiture présidentiel : l'Amérique ressuscitée », suivent des bribes déformées de ce qui ne peut être qu'une nouvelle chanson de Nine Inch Nails.

Une certaine Anna trouve ensuite une clé USB dans les toilettes d'une salle de concert où a joué le groupe. Elle en tire un morceau inédit qu'elle s'empresse de partager. La balise meta du fichier contient un indice menant à un site où la photo d'un champ de blé luisant est légendée : « L'Amérique ressuscitée ». En cliquant et en passant le curseur sur l'écran, on découvre « une autre version de la vérité », un site beaucoup plus sinistre. En cliquant une nouvelle fois, on tombe sur un forum où s'organisent des actes de résistance underground.

Pour les fans de Nine Inch Nails, le déroulement du jeu *Year Zero* est aussi déconcertant qu'excitant. Dans les forums, les débats font rage, certains pensent y voir un lien avec Philip K. Dick, avec la Bible, d'autres encore se demandent pourquoi le site *Year Zero* n'arrête pas de parler de cette « Présence », une main géante fendant le ciel. Les dates de la tournée européenne du groupe font l'objet d'une attention obsessionnelle. Les spectateurs, impatients de dénicher une nouvelle clé USB, se précipitent dans les toilettes dès l'ouverture des portes. À chaque nouveau rebondissement, les forums sont pris d'assaut. Quand l'album sort, en avril, 2,5 millions de personnes ont visité au moins un des 30 sites Web du jeu. « Je ne sais pas si le public souhaitait que ça continue, dit Susan Bonds. Mais nous nous sommes toujours dit que nous poursuivrions le projet un jour. » Après tout, Trent Reznor a conçu *Year Zero* comme un album en deux parties. « Les téléphones prépayés sont toujours dans la nature, ajoute-t-elle. Les minutes ont expiré, mais nous pourrions en racheter n'importe quand. »

2
Peur de la fiction

Des années après *The Beast*, Elan Lee rend visite à ses parents, dans leur magasin d'antiquités de Los Angeles. La modeste devanture d'Aunt Teek's[1] donne sur Ventura Boulevard, une avenue commerçante, véritable ligne de faille entre les bougainvilliers des façades, sur les collines d'Hollywood, et les étendues desséchées par le soleil de la vallée de San Fernando. Quand Elan entre, son père est en train de tirer de son coffret un trésor rare : une édition originale de *Robinson Crusoé*, par Daniel Defoe, publiée en 1719, sans doute le premier roman de langue anglaise. Impossible pourtant de trouver le nom de l'auteur ; en page de titre, « Vie et aventures de Robinson Crusoé, écrites par lui-même ». Tandis qu'Elan examine avec attention le volume d'une beauté étrange malgré son piteux état, il est frappé par l'avertissement qui sert de préface : « Si jamais la narration des aventures d'un simple particulier de par le monde vaut d'être publiée et de recevoir ensuite un bon accueil, l'éditeur du présent ouvrage pense que c'est bien le cas de celle-ci. [...] L'éditeur pense que c'est là une narration exacte des faits ; il n'y existe d'ailleurs aucune apparence de fiction. [...] C'est pourquoi il croit, sans autre compliment au public, que, par cette publication, il lui est de grand service. »

Cette justification paraît peut-être alambiquée pour une œuvre considérée, trois siècles plus tard, comme un pilier de

1. Jeu de mots sur « antique » qu'on pourrait traduire littéralement par « La tante Teek ». (N. d. T.)

la littérature anglaise. Il est évident aujourd'hui que *Robinson Crusoé* et les romans qui ont suivi – *Tom Jones* d'Henry Fielding, *Paméla* de Samuel Richardson, *Tristram Shandy* de Laurence Sterne – ont fondamentalement modifié notre vision du monde. Là où les formes de littérature se pliaient auparavant à l'histoire, aux mythes et aux légendes, les romans se recommandent de leur « fidélité à l'expérience individuelle », pour reprendre l'expression d'Ian Watt. Ils ont donné pour la première fois aux lecteurs un aperçu d'autres vies que les leurs. Pourtant, au début du XVIIIe siècle, près de trois cents ans après l'invention des caractères d'imprimerie, la fiction éveillait encore les soupçons : rangés près des ouvrages historiques, les romans ont le grand tort de ne pas être vrais.

Defoe lui-même est sujet à caution. Sexagénaire à la publication du livre, tour à tour homme d'affaires raté, endetté chronique, pamphlétaire politique ou même, à l'occasion, espion. Même son nom est faux ; il est né Daniel Foe, fils de marchand, mais veut se faire aristocrate. En 1703, ayant pourtant passé des années à écrire la propagande du roi et du gouvernement, il est emprisonné et cloué au pilori pour sédition. Une fois relâché, il crée l'année suivante un des premiers périodiques anglais, un protojournal centré sur les affaires économiques et politiques, qui paraît pendant neuf ans. Et puis, tout à coup, il décide d'user de son imagination pour retracer les aventures d'un naufragé débrouillard qui survit vingt-huit ans sur une île isolée des Caraïbes.

Le livre connaît un succès immédiat. Defoe écrit d'autres romans (*Heurs et malheurs de la fameuse Moll Flanders*, *Journal de l'année de la peste*), qui retracent de façon frappante la vie de personnages très différents : d'un côté, une voleuse prostituée, de l'autre, un témoin de l'épidémie ayant tué 20 % de la population londonienne en 1665 et 1666. À l'époque, une modeste hausse du taux d'alphabétisation et l'apparition de temps libre déclenchent ce qui semble être alors une explosion de la lecture, comme de l'écriture. Ainsi que l'écrit Samuel Johnson, « jamais auparavant autant d'hommes de tout degré d'aptitude, d'éducation, de toute profession et d'emploi, n'avaient écrit avec une ardeur si générale à la presse ».

Pourtant, il s'écoule des années avant que le roman ne devienne une forme littéraire reconnue en Angleterre. Et encore longtemps après cela les personnalités littéraires continueraient à se disputer au sujet de sa fonction. La fiction est-elle « une impression directe et personnelle de la vie », comme Henry James le soutient dans *L'Art de la fiction*, essai publié en 1884 dans un mensuel littéraire de Londres ? Ou est-elle plus fondamentale, une abstraction de la vie, une simulation aidant à en comprendre le sens ? « La vie est monstrueuse, infinie, illogique, abrupte et poignante ; une œuvre d'art, en comparaison, est nette, limitée, autonome, rationnelle, fluide et émasculée », répond quelques mois plus tard Robert Louis Stevenson. La vie est vraie ; l'art est un concept. Mais Defoe écrivait bien avant qu'on accepte cette forme littéraire comme un art. Alors, oublions que toute histoire est par définition une fiction à un degré ou un autre, Defoe dans sa préface ne dit qu'une chose : « Ceci n'est pas un roman. »

Cette affirmation ne laisse pas Lee indifférent. En mars 2002, un an après que Weisman et lui ont donné vie à *The Beast*, Lee a prononcé un discours à ce sujet lors de la Game Developers Conference[1], organisée cette année-là à San Jose, au cœur de la Silicon Valley. Son intervention s'intitulait « Ceci n'est pas un jeu », la même phrase apparue quelques mois plus tôt à la fin de la bande-annonce d'*A.I.* Il y expliquait leur but : créer une histoire qui se mêle à nos vies, un récit qui nous dérange en pleine réunion d'affaires, qui nous envoie des e-mails, qui nous transmet des messages secrets grâce à de simples sonneries de téléphone. Ils n'ont pas conçu un jeu, mais une expérience

1. Série de conférences réservées aux professionnels du jeu vidéo. (N. d. T.)

visant, selon ses mots, à « transformer nos vies en espace de divertissement ».

Mais c'est tout de même un jeu et *Robinson Crusoé* reste bien sûr un roman. Installé dans la boutique de ses parents à feuilleter une préface vieille de 300 ans, Lee a soudain une révélation. Il comprend qu'en niant la nature de sa création il suit un motif récurrent, qui se reproduit chaque fois que des artistes imaginent une façon nouvelle, encore imparfaite ct non reconnue de raconter leurs histoires. Ils essaient de lui créer une légitimité.

« Ce que Defoe dit en fait, c'est: "Prenez ça au sérieux" », m'explique Elan dans un café de la banlieue de Seattle, au bas d'un immeuble centenaire proche du front de mer noir de monde. « Les romans n'existent pas encore, Defoe doit justifier sa tentative », et quelle meilleure façon de légitimer un nouveau format qu'en affirmant qu'il n'a rien de nouveau ? Les premiers cinéastes, pense Elan, n'ont pas d'autres buts quand ils reprennent le costume d'Arlequin et filment leurs histoires comme des pièces de théâtre, une caméra fixe simulant la perspective d'un spectateur en rangée centrale. « C'est leur façon de crier: "Ceci n'est pas un jeu." Ils n'osent les zooms, les panoramiques et autres mouvements de caméra que bien plus tard. »

C'est en 1903, presque dix ans après les premières projections publiques, que dans *Le Vol du grand rapide*, certainement le premier western, Edwin S. Porter, un réalisateur des studios Edison, utilise pour la première fois un montage expressif pour lier des événements parallèles. Cette technique ne devient monnaie courante que des années plus tard. Mais déjà quand D. W. Griffith tourne *Naissance d'une nation* en 1915, les réalisateurs ont développé une grammaire typiquement cinématographique, abandonnant les conventions scéniques en faveur de plans serrés dramatiques et de techniques de montage sophistiquées – flash-back, montage parallèle, caméra subjective – qui profitent pleinement des possibilités offertes par ce nouvel outil. Même dépourvu de son et de couleurs, le cinéma offre aux spectateurs un degré de réalisme jamais vu auparavant.

La télévision, elle aussi, imite d'abord des formats familiers. Les premiers succès américains, le *Texaco Star Theater* de Milton Berle et *Toast of the Town* présenté par Ed Sullivan, sont du vaudeville pur et dur. Avec le défilé de chanteurs, de danseurs et autres numéros de fantaisie, ils ressemblent en tout point aux spectacles que le public se pressait d'admirer au théâtre un demi-siècle plus tôt. Les séries dramatiques populaires (*Man Against Crime, Philco Television Playhouse, Kraft Television Theatre*) sont tournées en direct, à New York, tout comme leurs équivalents radiophoniques avant eux. Tout se passe de la même manière pour les comédies comme *The George Burns and Gracie Allen Show*. Ce n'est qu'en 1951, avec la première diffusion de *I Love Lucy*, enregistré dans un format alors révolutionnaire, la « sitcom », que la télévision trouve sa propre façon d'atteindre le succès.

La disparition des drames et comédies tournés en direct a précipité la fin de ce prétendu âge d'or de la télévision, cette brève période pendant laquelle les diffuseurs pouvaient tour à tour mettre à l'épreuve leur public ou faire appel à ses plus bas instincts. En invitant les téléspectateurs dans le salon de Lucy et Ricky, les producteurs avaient trouvé un moyen plus fiable et rentable de pousser le public à allumer son téléviseur. Comme le souligne Clay Shirky, ils trouvaient par la même occasion le moyen de vampiriser le temps libre qu'apportaient aspirateurs, lave-vaisselle et prospérité d'après-guerre. Aujourd'hui, vingt ans après les premiers pas du Web, la sitcom et sa forme classique (trois caméras et rires enregistrés) laissent la place à des comédies captivantes comme *The Office* ou *Larry et son nombril*, à mesure que le concept de temps libre, lui, s'évapore dans un bombardement d'informations constant.

Pourtant, aucun format novateur ne fait jamais taire les critiques en se parant d'atours familiers. Car chaque nouveau média, de l'imprimerie au cinéma en passant par la télévision, intensifie le pouvoir enivrant de la narration, c'est en tout cas l'argument que défend Janet Murray dans un essai publié en 1997, *Hamlet on the Holodeck*, regard prescient sur la narration en cyberespace. Chaque nouvel outil suscite donc peur et hostilité.

Fahrenheit 451, écrit par Ray Bradbury au début des années 1950, à l'aube de l'ère télévisuelle, retrace l'aventure d'un certain Montag qu'on paie pour brûler des livres. Comme ses amies, la femme de Montag est captivée par les transmissions étranges, décousues mais toujours fascinantes projetées sur le téléviseur géant du mur du salon. Engourdie par leurs effets narcotiques, Mildred et la majorité de la population sont trop distraits pour remarquer l'imminence d'un holocauste nucléaire. « Ma femme dit que les livres n'ont pas de "réalité" », dit le brûleur de livres à Faber, ancien professeur d'anglais qui le convertit peu à peu en conservateur d'ouvrages. Faber répond : « Dieu merci. Vous pouvez les refermer et dire : "Une minute de répit." [...] Mais qui s'est jamais arraché aux griffes qui l'enserraient, après avoir déclenché le téléviseur d'un salon ? [...] Vous voilà plongé dans un milieu aussi réel que le monde. Il devient, il est la vérité. Vous pouvez vous attaquer aux livres avec votre raison. Mais avec toutes mes connaissances et mon scepticisme je n'ai jamais été capable de discuter avec [...] ces incroyables écrans. »

Les griffes qui vous enserrent. Un milieu aussi réel que le monde. Voilà ce que reproche Bradbury à la télévision, trop captivante. Une pensée, même logique et linéaire, ne fait pas le poids face à ses lueurs phosphorescentes et séductrices. Elle devient, elle est la vérité.

Avant que débarque la télévision, le cinéma nous menaçait déjà des mêmes dangers. Dans *Le Meilleur des mondes* d'Aldous Huxley, publié cinq ans après les premiers films parlants, John le sauvage est invité au « cinéma sentant ». Là, en visionnant ce « super film 100 % chantant, avec sonorisation synchronisée, en couleurs, stéréoscopique, et sentant », il est révolté par cette sensation de lèvres fantômes qui caressent les siennes au moment où les acteurs s'embrassent. « Puis soudain, éblouissantes et paraissant incomparablement plus fortes qu'elles ne l'auraient été en chair et en os, bien plus réelles que la réalité, voilà que parurent les images stéréoscopiques d'un nègre gigantesque et d'une jeune femme brachycéphale Bêta plus aux cheveux dorés, serrés dans les bras l'un de l'autre. Le sauvage sursauta. Cette sensation sur ses lèvres ! »

Trop réel. Un réel dangereux, immersif, plus vrai que nature, selon Huxley. Mieux vaut se prélasser avec un bon livre.

Par le passé, les livres ont pourtant suscité les mêmes réserves. Ils offrent un passeport vers des mondes imaginaires, provoquent des illusions. Ils étaient nouveaux et donc indignes de notre confiance. Plus d'un siècle avant *Robinson Crusoé*, Don Quichotte guerroyait contre des moulins à vent parce qu'il avait perdu l'esprit, en lisant trop : « Bref, notre gentilhomme se donnait avec un tel acharnement à ses lectures qu'il y passait ses nuits et ses jours, du soir jusqu'au matin et du matin jusqu'au soir. Il dormait si peu et lisait tellement que son cerveau se dessécha et qu'il finit par perdre la raison. Il avait la tête pleine de tout ce qu'il trouvait dans ses livres : enchantements, querelles, batailles, défis, blessures, galanteries, amours, tourments, aventures impossibles. Et il crut si fort à ce tissu d'inventions et d'extravagances que, pour lui, il n'y avait pas d'histoire plus véridique au monde. [...] Ayant, comme on le voit, complètement perdu l'esprit, il lui vint la plus étrange pensée que jamais fou ait pu concevoir. Il crut bon et nécessaire, tant pour l'éclat de sa propre renommée que pour le service de sa patrie, de se faire chevalier errant, et d'aller par le monde avec ses armes et son cheval chercher les aventures, comme l'avaient fait avant lui ses modèles. »

Ainsi Don Quichotte est-il un lecteur fervent autant que ridicule. Rien d'étonnant à ce que Defoe se cache derrière un avertissement.

Littérature, cinéma, télévision. Aujourd'hui, Internet. William Gibson est le premier à avoir décrit le concept de cyberespace dans une nouvelle, avant de le populariser deux ans plus tard avec *Neuromancien*, un roman publié en 1984 dans lequel il en parle comme d'une puissante illusion électronique, immersive, immatérielle. Case, le personnage principal, est un hacker réfugié à Chiba, une cloque de grisaille industrielle à l'est de la baie de Tokyo. Mais il tisse sa vie dans cette abstraction filandreuse que Gibson baptise cyberespace: « Une hallucination consensuelle vécue quotidiennement en toute légalité par des dizaines de millions de personnes [...]. Une représentation graphique de données extraites des mémoires de tous les ordinateurs du système humain. Une complexité impensable. Des traits de lumière disposés dans le non-espace de l'esprit, des amas et des constellations de données. Comme les lumières d'une ville, dans le lointain... »

Au moment même de la parution de ce livre, une étrange mutation affecte le mot *otaku*. À l'origine, l'hiragana qui le représente, おた, permet simplement de prendre la parole de manière très polie et formelle. Cette tournure archaïque connote distance et respect. Au sens littéral, le terme signifie « votre maison », reflet d'une culture traditionnelle qui n'imagine pas l'individu coupé de ses liens familiaux, de son foyer ou de sa condition sociale. Dans les années 1980, cette expression prend un tout autre sens, une dimension argotique, et désigne « un geek, un nerd ou un monomaniaque ». Pour l'écrire, il faudra cette fois utiliser les kana (moins formels que les hiraganas): オタク.

La différence entre *otaku* おた et オタク est la même qui existe déjà entre la sérénité zen du temple Nanzen-ji, reposant depuis des siècles au pied des montagnes de Kyoto, et, disons, la pulsation électrique du quartier d'Akihabara en plein cœur de Tokyo, avec ses tours et ses boutiques d'électronique. Ce dernier lieu est d'ailleurs l'épicentre de ce nouveau phénomène *otaku*. Le mot se réfère dans ce cas à l'inexplicable éruption de troubles obsessionnels chez la jeunesse du pays. Des adolescents équilibrés semblent abandonner du jour au lendemain toutes leurs aptitudes sociales pour se passionner pour... tout et n'importe quoi. Mangas. Animés. Films d'animation déviants où les tentacules de pieuvres violent de jeunes écolières. Trains. Tout, vraiment.

Dans son roman *Idoru*, un des personnages de William Gibson décrit ainsi son *otaku* de frère: « C'est un "fétichiste techno-pathologique à fort déficit social". » Disons-le comme ça.

L'apparition simultanée de ce terme et du « cyberespace », à l'autre bout de la planète, ne peut être une simple coïncidence. « Comprendre la nature *otaku*, écrit alors Gibson, est une des clés permettant de déchiffrer la culture Web. » C'est l'avant-garde, un aperçu du futur qu'engendre un monde connecté. Passion. Obsession. L'envie de se plonger complètement dans un univers fictif, d'utiliser chaque média comme outil pour en découvrir les complexités et de se les approprier pour y raconter finalement ses propres histoires.

Le terme est longtemps synonyme de honte. En 1989, quand elles finissent par appréhender un schizophrène de 26 ans ayant sexuellement agressé, tué puis mutilé quatre fillettes, les autorités japonaises trouvent son domicile rempli jusqu'au plafond de cassettes vidéo. Quelques-uns de ces films se classent dans la catégorie « Lolicon » (abréviation de Lolita complexe), et l'homme devient rapidement pour les médias le « meurtrier *otaku* ». Ils présentent ses crimes comme la conséquence naturelle d'un mode de vie dangereusement aliénant. Pourtant, alors que ses membres sont considérés au mieux comme des geeks irrécupérables, au pire comme des meurtriers déviants, le mouvement s'amplifie.

Bien qu'il soit possible d'être *otaku* de presque tout, l'émergence de la culture techno-fétichiste au Japon suit de près celle des animés et des mangas. Takashi Murakami, célèbre artiste contemporain, estime que ce phénomène a pour origine *The Super Dimension Fortress Macross*[1], une série télévisée créée par des étudiants de la prestigieuse université Keiō Gijuku. Il cite Toshio Okada – l'*otaku* des *otaku* –, un producteur d'animés réputé qui a enseigné des années « l'otakuologie » à la faculté de Tokyo, ce dernier affirmant que les créateurs de la série utilisaient ce terme entre eux. Le héros, un jeune pilote de chasse impudent, s'adresse aussi aux autres personnages en utilisant le mot *otaku*. Un signe de respect que les fans ne tardent pas à employer à leur tour.

Macross est un mot étrange, composite, où se mêlent les termes « *megaload* », « *megaroad* » et « Macbeth ». La série s'inspire d'un autre animé pionnier des années 1970, *Space Battleship Yamato*, qui réconcilie un public adulte avec l'animation en traitant de thèmes épiques. L'histoire retrace la résurrection du fier cuirassé *Yamato*, coulé par les bombardiers et sous-marins américains au crépuscule de la Seconde Guerre mondiale, devenu cette fois un vaisseau spatial construit par les survivants d'un bombardement extraterrestre au XXIIe siècle. Mais le terme « Yamato » ne se réfère pas simplement au navire à la destinée malheureuse ; c'est une allégorie archaïque et poétique du Japon, comme Albion pour l'Angleterre. D'autres cultures ont leurs mythes de création ; pour des raisons évidentes, le Japon a quant à lui un mythe de destruction nucléaire. Comme beaucoup d'animés et de mangas, *Yamato* et *Macross* réinterprètent encore et encore ce même thème fondateur.

Dans *Macross*, un appareil extraterrestre qui s'est écrasé près d'Hiroshima devient le fleuron des forces spatiales de la Terre. Les « mechas », au centre de l'histoire, sont des armures mobiles

1. D'abord diffusé en France sous le titre *Robotech*. (N. d. T.)

qui se changent en avions de chasse. Ces robots à la conception complexe alimentent une forte demande en figurines produites par Bandai et d'autres compagnies. Big West Advertising, une agence publicitaire de Tokyo, acquiert la franchise et en devient le principal sponsor. Même si la série originale ne dure qu'une saison, la saga se poursuit sous diverses formes : films d'animation, mangas ou jeux vidéo.

C'est le mix média japonais, reposant sur l'idée qu'une seule et même histoire peut être racontée sous plusieurs formats à la fois. Cette stratégie se développe au Japon dans les années 1970, des décennies avant qu'aucun éditeur ou producteur occidental n'imagine le potentiel de ces narrations synergiques ou n'ose aller plus loin qu'une simple adaptation cinématographique. L'idée ne trouve pas d'écho à Hollywood avant avril 2010, quand la Guilde des producteurs américains – poussée par des personnalités comme James Cameron et son ex-épouse, la productrice Gail Anne Hurd – autorise la mention « producteur transmédia » dans un générique. Ce concept de mix média ne vient d'ailleurs pas vraiment non plus des grandes compagnies japonaises. C'est du côté des éditeurs de mangas comme Kadokawa Shoten, une firme familiale dont le président démissionne après une condamnation pour trafic de cocaïne, qu'il faut chercher.

Une des plus importantes franchises à suivre ce modèle est la série *Gundam*, qui débute en 1979 en animé et s'est depuis déclinée en mangas, en romans, en jeux vidéo et en figurines. Au Japon, la popularité de la série est telle qu'il s'écoule 100 000 exemplaires du jeu *Gundam Musou*, exclusivité PlayStation 3, le jour de sa sortie en 2007. Mais ce sont les *Pokémon*, le phénomène mondial manga/animé/cartes à jouer/jeux vidéo de Nintendo, qui familiarisent le reste du monde aux mix médias et à la culture *otaku*.

Présentés au Japon dès 1996 et deux ans plus tard en Amérique du Nord, les *Pokémon* sont à l'origine d'une nouvelle forme de jeu pour enfants. Ceux-ci doivent s'y plonger en communauté plutôt qu'individuellement, l'habiter plus que consommer. À l'Ouest, c'est presque une révolution. « Les narrations Disney traditionnelles ne se soucient pas de la communication entre spectateurs, remarque Mimi Ito, un anthropologiste culturel de l'université de Californie à Irvine. Mais avec les *Pokémon*, vous ne pouvez pas jouer si vos amis n'y jouent pas. Vous devez aussi vous créer votre propre jeu de cartes. »

Le mix média est un rejeton de la culture *otaku*. Tout comme l'entente tacite, *anmoku no ryokai* en japonais, entre éditeurs de mangas et lecteurs. Les *otaku* aiment vivre dans des réalités alternées et cela signifie qu'ils voudront tôt ou tard inventer leurs histoires propres dans ces mondes imaginés par d'autres. L'accord les laisse libres de faire ce qu'ils souhaitent avec les personnages des mangas populaires. Lors d'expositions comme Comic Ichi ou Super Comic, des milliers d'amateurs vendent des mangas autopubliés mais brillamment réalisés où des personnages connus expriment quelques désirs interdits ou agissent en complète violation des lois sur la propriété intellectuelle. Les éditeurs sont pourtant peu enclins à leur coller aux basques le département juridique ou à fermer ces marchés. Au contraire, ils ont appris à regarder ailleurs, parce qu'ils savent que la ferveur générée par ces mangas amateurs ne fait qu'augmenter leur chiffre d'affaires.

Voilà un quart de siècle que l'idée de cyberespace s'infiltre dans notre conscience collective. Pendant ce temps, des œuvres comme *Le Samouraï virtuel* de Neal Stephenson et *Matrix* ont célébré et étoffé la vision de Gibson tout en rendant hommage à la pop culture japonaise. Les frères Wachowski avouent d'ailleurs que les animés ont eu une influence majeure sur leur travail ; ils font également partie des premiers artistes occidentaux à s'essayer au mix média, complétant l'histoire du film avec des animés, des comics et des jeux vidéo à la création desquels ils participent. Un hommage que le public japonais leur rend bien : peu après la sortie en salle de *Matrix Reloaded* en 2003, une centaine de fans tokyoïtes se donnent rendez-vous à la gare de Shibuya et y rejouent la scène du « Burly Brawl », une séquence de combats dans laquelle l'agent Smith, l'antagoniste vêtu de noir de l'histoire, se réplique en centaines d'exemplaires pour affronter Neo, le héros. D'autres événements de ce type sont organisés par des fans à Kyoto et Osaka. Le Cosplay (abréviation de *costume playing*) fait partie intégrante de la culture *otaku*. En prenant les traits de l'agent Smith, en rejouant ses méfaits, les fans japonais s'approprient l'histoire.

Malgré tout l'enthousiasme qu'il suscite d'abord, le film déçoit. Le dernier volet, *Matrix Revolutions*, en laisse beaucoup sur leur faim : difficile de le distinguer d'un Michael Bay aux effets lourdingues, sans être adepte de la trilogie. Tandis que la saga se fait de plus en plus ambitieuse et complexe, certains éléments déterminants de l'intrigue sont développés non pas dans les films, qui rassemblent pourtant un plus large public, mais dans des formats que seuls les fans passionnés consultent. « Pour le spectateur lambda, les créateurs de *Matrix* en demandent trop, conclut Henry Jenkins, un des principaux partisans de la narration transmédia. Pour les fans de la première heure, ils n'en offrent pas assez. »

Mais les erreurs sont inévitables. Comme les premiers romanciers, les premiers cinéastes ou les producteurs des premiers programmes télévisés, ceux qui réalisent enfin l'hallucination consensuelle de Gibson ont dû réclamer la patience du public le temps de tout mettre en place. Nous pensons vivre à l'heure d'Internet, mais Internet n'est pas plus pressé de révéler ses possibilités que ne l'étaient ses prédécesseurs, et les prétendus cybermagnats, comme Jerry Levin qui a cédé Time Warner à AOL à la toute fin de l'ère du réseau commuté, ne l'ont découvert que trop tard, au grand dam de leurs actionnaires.

« L'auteur d'une nouvelle forme d'expression commence par dire : "Prenez ça au sérieux, s'il vous plaît", me confie Elan Lee ce matin-là alors que nous observons le front de mer de Seattle. Et nous faisons la même chose. C'est la première étape d'une longue série dans la conception d'un nouveau média. Ce ne sont ni des films en ligne, ni une télévision interactive. C'est juste ainsi que le Net souhaite raconter ses histoires. »

La serveuse dépose une deuxième tournée d'espressos. Malgré l'absence de fumée de cigarettes, ou peut-être grâce à celle-ci, se crée l'impression parfaite d'un vieux café parisien, au bord du Pacifique.

« Personne n'a encore de définition claire, continue Lee. Mais le réseau fait beaucoup d'efforts pour nous guider. Et la seule façon de comprendre, c'est d'essayer. »

3
Plus profond

Certaines histoires ont trop d'envergure pour Internet. En septembre 2006, je me tiens à côté de James Cameron alors qu'il détaille sa prochaine aventure, *Avatar*, dans un studio de Montréal : « C'est une épopée. Un univers qui a ses propres règles, sa propre écologie. Un monde de fantasy dans lequel vous pouvez vous plonger. Même s'il n'y a ni épées, ni sorcellerie, c'est aussi immersif que *Le Seigneur des anneaux*. »

Cameron a initié un projet d'une ampleur sans précédent : un budget de 200 millions de dollars censé révolutionner la production cinématographique – des interprétations réelles combinées à des images générées par ordinateur, de la 3D, tout cela au service d'une saga opposant humains et extraterrestres, brouillant ainsi la frontière entre le spectacle et le spectateur.

À la cité du Cinéma de Montréal, un ensemble de studios coincé entre gare de triage et autoroutes au cœur d'une zone industrielle, nous assistons au tournage de *Voyage au centre de la Terre*, avec Brendan Fraser. Réalisé par Eric Brevig – passionné de 3D ayant travaillé des années pour Industrial Light & Magic, la société d'effets digitaux de George Lucas –, ce long-métrage est le premier à utiliser la caméra stéréoscopique que Cameron a développée après le triomphe de *Titanic*. À nos côtés se tiennent Jon Landau, le producteur, et Vincent Pace, l'inventeur avec qui Cameron a peaufiné son nouveau jouet. Ce jour-là, ils viennent en observer les performances, mais Cameron n'a qu'*Avatar* en tête.

Jake Sully, ex-marine paraplégique recruté pour une mission d'infiltration sur une lointaine lune, n'existe encore que dans l'esprit du réalisateur. Pandora, un monde de forêts tropicales né de son imagination, abrite quantité de plantes étranges et de bêtes exotiques ainsi qu'une espèce primitive d'humanoïdes bleus de 3 mètres de haut. Mais l'histoire que le public découvrira à l'écran ne représente qu'une fraction de ce qu'a imaginé James Cameron. Il compte rédiger une véritable « bible » détaillant en profondeur la vie sur Pandora, son économie, sa technologie, sa flore et sa faune, ses structures sociales et plus encore. Il prépare des simulations, des études de caractère, des maquettes de l'endroit et de ses habitants. Il engage Paul Frommer, linguiste et professeur en management de l'université de Californie du Sud, pour imaginer une langue pandorienne dont les acteurs doivent apprendre le vocabulaire, la grammaire et la syntaxe. Il décrit des centaines de plantes et des dizaines d'animaux. « J'adore la science-fiction, dit-il. J'aime l'idée de créer un monde différent, un écosystème composé de créatures merveilleuses. » Parmi les animaux qu'il crée, seule une petite dizaine se retrouve pourtant dans la version définitive du film. « Ce sont là les limites du cinéma. »

Cameron n'est pas le premier à concevoir un décor aussi minutieusement. Mais ce travail dort la plupart du temps dans des carnets que seule peut consulter l'équipe de production. Pas question que ça arrive cette fois. James veut réaliser *Avatar* pour les *otaku*.

« Je pense que la complexité d'un film comme celui-ci se doit d'être quasi fractale, poursuit-il. Le spectateur lambda doit pouvoir apprécier le film sans creuser les détails secondaires. Mais pour un vrai fan, il suffira d'augmenter la résolution et, boom ! apparaîtra toute une nouvelle série de motifs. Tu pourras zoomer en puissances de 10 autant de fois que tu veux, tout restera cohérent. Mais pas besoin de savoir tout ça pour en profiter, ce sera simplement là si tu en as envie. Pour moi, c'est le meilleur de la science-fiction.

– Ce n'est pas simplement un film, ajoute Landau. C'est un monde. L'industrie cinématographique n'a pas créé d'univers original depuis *Star Wars*. C'est si rare qu'il ne faut pas le bâcler. »

Cameron souhaite construire son propre univers depuis la sortie de *Star Wars* en 1977. Il a 22 ans à l'époque, vient d'abandonner l'université et vit à Orange County, en Californie. Il rêve de cinéma depuis l'adolescence, qu'il a passée du côté canadien des chutes du Niagara. Sa famille a déménagé à Orange County parce que son père y a trouvé un travail. Malgré le rapprochement, ses rêves hollywoodiens ne sont pas plus réalistes qu'ils ne l'étaient en Ontario. Il a fini par épouser une serveuse, est devenu chauffeur poids lourds et passe son temps à boire de la bière et à fumer des joints avec ses potes. Hollywood attendra...

Une révélation, *Star Wars*. Dès qu'il sort de la salle obscure, il est obsédé. C'est le cinéma qu'il a toujours voulu faire. Il démissionne et commence à passer tout son temps libre à la bibliothèque de l'université de Californie du Sud à Los Angeles, à se renseigner sur les effets spéciaux et à lire tout ce qu'il trouve ayant trait à la réalisation. Il écrit un script avec un ami pour un dentiste qui investit dans la production cinématographique pour avoir des déductions d'impôts. Le projet n'aboutit jamais, mais cette expérience suffit à le faire embaucher par Roger Corman, le roi des productions à petit budget. Après s'être fait les dents quelques années en bossant sur des films comme *Les Mercenaires de l'espace* et *La Galaxie de la terreur*, il obtient les financements pour réaliser *Terminator*, qu'il a écrit lui-même. Le long-métrage sort en 1984 et sa carrière est lancée.

Onze ans plus tard, après le succès d'*Aliens, le retour*, d'*Abyss* et de *Terminator 2: Le Jugement dernier*, Cameron rédige le synopsis d'*Avatar*. Entre-temps, il prend les commandes de Digital Domain, une société d'effets spéciaux de pointe à Hollywood, et comprend vite que les personnages animés par ordinateur vont devenir la prochaine grande innovation cinématographique. Avec le serpent de mer extraterrestre d'*Abyss* et le cyborg métamorphe de *Terminator 2*, il a déjà repoussé les limites des effets générés par ordinateur. Mais il veut aller encore plus loin et, par la même occasion, asseoir Digital Domain comme le studio incontournable pour l'animation de créatures. « Mais je suis allé trop loin », avoue-t-il.

Chez Digital Domain, Cameron s'entoure des meilleurs : Scott Ross, depuis longtemps manager général d'Industrial Light & Magic, et Stan Winston, qui a déjà reçu trois oscars pour son travail sur *Aliens, le retour* et *Terminator 2*. « Je leur ai dit : "OK, les mecs, j'ai une idée pour le film ultime pour l'animation de personnages, se rappelle Cameron. Essayons de voir combien ça nous coûterait de le faire." Ils ne m'ont même pas donné de chiffre. Ils m'ont juste répondu : "T'as perdu la tête ? C'est impossible. Ce serait la mort de la boîte. Nos têtes vont sauter. Tu plaisantes ?" Et vous savez quoi ? ajoute-t-il. Ils avaient raison. Je me suis contenté de ranger ça dans un tiroir. Et puis quand Peter Jackson a finalement montré qu'on pouvait obtenir une performance intense et complètement photo-réaliste avec un personnage humanoïde – le perfide Gollum du *Seigneur des anneaux* – je l'ai ressorti. »

Entre-temps, Cameron a réalisé *Titanic*, pulvérisé tous les records au box-office, récolté onze oscars (dont ceux du meilleur réalisateur et du meilleur film) et s'est autoproclamé « roi du monde » en pleine cérémonie avant de disparaître pour la majeure partie de la décennie suivante. « Après *Titanic*, j'ai pu faire ce dont j'avais toujours eu envie. Pas me laisser aller, mais faire une pause et réaliser tous les projets abandonnés par le passé, quand je voulais devenir un scientifique ou un explorateur. »

En 2000, il écrit un film pour IMAX qui suit une expédition sur Mars, mais il n'est pas convaincu par cette technologie. Alors il remanie des caméras haute définition avec Pace, un spécialiste vidéo doublé d'un expert de la plongée en haute mer avec qui il a travaillé la première fois lors du tournage des longues scènes sous-marines d'*Abyss*. « Et puis je me suis lancé. Au lieu de raconter une fausse histoire d'exploration, explorons ! On a fait un détour de cinq ans et de là est née cette nouvelle technique », le système de caméra 3D qu'utilise Brevig à Montréal.

Hollywood fonde beaucoup d'espoir sur la troisième dimension dès le début des années 1950. Espérant récupérer un public qui préfère maintenant la télévision, les dirigeants des studios trafiquent des séries B comme *Bwana le diable* et *Le Météore de la nuit* avec le dernier gadget en date. Mais l'attrait de la nouveauté se dissipe vite, d'abord parce que les saccades de la technologie analogique utilisée renvoient les spectateurs chez eux avec des migraines, l'estomac retourné. Des années plus tard, la 3D ressort des cartons dans les parcs d'attractions, mais la technologie qui les fait fonctionner reste grossière. En 1996, quand Cameron tourne *Terminator 2 3D : Battle Across Time*, un premier film stéréoscopique de douze minutes pour une attraction des studios Universal, la caméra qu'il utilise est si peu manœuvrable que la doublure d'Arnold Schwarzenegger est obligée de trottiner au lieu de courir pour garder le rythme.

Dix ans après, Cameron fait partie de cette poignée de réalisateurs en vue qui incitent l'industrie, les studios et les chaînes de cinéma à passer à la 3D. En 2004, Robert Zemeckis envisage une version IMAX de *Pôle Express*, un conte de Noël, mais c'est après une visite à Cameron qu'il est converti. Peter Jackson, de passage à Santa Barbara pour y recevoir un prix, y retrouve Zemeckis et est impressionné par ce qu'il voit. Steven Spielberg, proche de Zemeckis, fait la même expérience. La 3D leur apparaît à tous comme un précieux outil pour raconter leurs histoires. C'est peut-être encore un gadget quand l'épée crève l'écran et vous force à l'esquiver. Mais, au contraire, pour Cameron, l'intérêt est la profondeur. La 3D doit vous aspirer dans son monde.

Cette caméra stéréoscopique fonctionnera-t-elle aussi bien qu'il le souhaite ? « C'est un premier test intéressant », dit-il en désignant le plateau de *Voyage au centre de la Terre* qui s'étale sous nos yeux. Eric Brevig a placé le système central, les unités optiques d'une paire de caméras haute définition Sony F950 améliorées, sur le toit d'une voiturette de golf, une énorme boucle de câble fibre optique les reliant au reste de la caméra (le corps, si l'on peut dire) situé dans une tente toute proche. Accrochée au mur, de l'autre côté du studio, se trouve la partie inférieure d'un énorme crâne de dinosaure tout en dents et en fibre de verre, dans laquelle sont prisonniers Brendan Fraser et deux enfants. Le scénario veut que le crâne soit expulsé d'un volcan comme un missile et y retombe tout aussi rapidement. Pour enregistrer cette scène, Brevig ne veut pas bouger le crâne et demande au cameraman de conduire la voiturette à pleine vitesse vers le mur, puis de passer en marche arrière pour simuler la chute.

Au signal, le véhicule démarre. Fraser et les enfants gesticulent, s'égosillent. Au tout dernier moment, la voiturette s'arrête brusquement et fait marche arrière. Pendant ce temps, le cameraman ajuste non seulement le point mais aussi la convergence, l'endroit où les images des objectifs droit et gauche se retrouvent. Pour les initiés, c'est une révolution.

Tout comme nos deux yeux nous permettent de percevoir la profondeur, ce sont ces deux caméras, en stéréo, qui donnent l'impression d'une troisième dimension. Mais ce que 92 % d'entre nous trouvent normal au quotidien, voir en trois dimensions, requiert un tour d'illusion pour pouvoir être reproduit. Par le passé, les caméras analogiques (ces frigos avec lesquels se tournaient les films des parcs d'attractions et les sorties IMAX) ne permettaient pas de voir où les images convergeaient avant que le film ne soit développé. Résultat, les plans, calculés longtemps à l'avance, ne devaient surtout pas manquer de précision.

Ces calculs doivent composer avec la surface où apparaît le film. En temps normal, il s'agit simplement de l'écran ; avec la 3D, cette surface imaginaire se trouve un peu en avant de celui-ci. Grâce aux caméras digitales, le cameraman surveille désormais la convergence en temps réel. Oubliés les calculs, et même peut-être l'écran imaginaire.

En essayant de comprendre comment nous percevons la profondeur, Cameron a conclu que ses caméras jumelles devaient s'orienter vers le visage du personnage principal, comme vos yeux le feraient si vous regardiez une personne en face de vous. Quand l'acteur s'approche ou s'éloigne, le point de convergence suit le mouvement et la nécessité d'un plan d'écran arbitraire s'évapore. « Le spectateur ne pense pas à cet écran imaginaire, dit-il en ricanant. Il possède une fenêtre de perception, à peu près déterminée par l'envergure de ses bras. C'est pour cette raison, je pense, que tous les écrits sur la stéréographie sont complètement faux.

– La 3D doit plonger le public dans votre histoire, ajoute Jon Landau, bonhomme imposant, en jean noir et chemise hawaïenne vert électrique. Et cet écran imaginaire a toujours été une barrière inconsciente. »

En s'en débarrassant, Cameron espère composer une histoire plus captivante. D'autres idées encore vont l'aider à arriver à ses fins.

Quand je les rencontre sur le tournage de *Voyage au centre de la Terre*, Cameron et Landau discutent déjà d'une adaptation d'*Avatar* avec des concepteurs de jeux vidéo. « Pourquoi les gens veulent du divertissement ? Pour s'évader, affirme Landau. Échapper à tout ce qui les stresse dans ce monde. Et si vous leur proposez un univers unique, ils ne se contenteront pas d'une simple expérience cinématographique. » Alors, avant même que la 20th Century Fox ne donne son aval, ils invitent plusieurs concepteurs au siège de Lightstorm Entertainment, leur maison de production de Santa Monica. Dans ce modeste immeuble de briques blanches, à quelques encablures de la plage, ils leur présentent le projet.

Les concepteurs connaissent déjà le problème : croiser les deux formats, film et jeu vidéo, n'a pour l'instant jamais porté ses fruits. Comme ses concurrents, Electronic Arts s'est octroyé les droits de blockbusters en tous genres, mais à quelques rares exceptions, comme le *King Kong* de Peter Jackson créé par Ubisoft et les deux *Seigneur des anneaux* que Neil Young a imaginés pour EA, le résultat n'est jamais rien d'autre qu'une tentative cynique d'essorer une franchise jusqu'à la dernière goutte.

D'ailleurs, la réussite de Peter Jackson dans ce domaine n'est que partielle. Pour *Le Seigneur des anneaux*, le réalisateur a travaillé en étroite collaboration avec EA, mais ce n'était pas suffisant et il a donc fini par engager un concepteur d'Ubisoft à Montpellier pour donner vie à *King Kong*. En 2005, on annonce ensuite qu'il va faire équipe avec la Fox et Universal en tant que producteur exécutif d'une adaptation cinématographique d'*Halo*, un projet qui traîne depuis plus d'un an. Cette association partira en fumée, réduite en cendres par un embrasement d'ego.

James Cameron, insiste Landau, sait mieux que quiconque comment les films et les jeux peuvent se compléter. En créant le film et le jeu en tandem, il rêve d'un jeu qui permettrait d'explorer les éléments de l'histoire que le film ne peut pas traiter. Il veut également que certaines des créatures qui n'ont pas pu se nicher dans le film trouvent un foyer.

Quelques mois après une première série de réunions, les concepteurs défilent chacun leur tour pour présenter leurs propositions. Cameron et Landau sont présents tous les deux. Au bout de quelques minutes de rendez-vous avec Ubisoft, les deux compères savent qu'ils ont dégotté l'équipe qu'il leur faut.

Ubisoft est le troisième éditeur de jeux vidéo le plus important au monde. Fondée en 1986 par cinq frères, en Bretagne, cette compagnie, désormais basée en banlieue parisienne, vaut près de 900 millions d'euros et compte dans son catalogue des succès colossaux comme les Tom Clancy ou la série des *Prince of Persia*. Yannis Mallat, qui dirige le studio vedette à Montréal, rallie Cameron et Landau à sa cause dès la première image de sa présentation PowerPoint. La vraie star d'*Avatar*, lance-t-il, c'est Pandora, le monde créé par Cameron.

« Habituellement, les concepteurs de jeux s'en tiennent aux faits », se rappelle Mallat dans son bureau, une ancienne minoterie de briques rouges datant du XIXe siècle, située dans un quartier en vogue de Montréal, le Mile End District. « Qui joue dans le film ? Quelle est l'intrigue ? Mais quand nous nous sommes penchés sur *Avatar* la première question a été : "Qu'est-ce qu'il veut dire ? Qu'est-ce que James cherche à exprimer ?" Pour nous, le vrai sujet, c'était la cupidité. La cupidité est un cancer. Nous l'avons défini en une phrase : Que foutent les humains sur Pandora ? »

Colonialisme et exploitation, les problèmes éthiques abordés dans *Avatar* sont des sujets que Mallat connaît bien. Né en France, il obtient son baccalauréat en Côte d'Ivoire, il est ensuite employé trois ans par une association humanitaire en Afrique de l'Ouest. Après l'obtention d'un master en agronomie internationale et en développement économique dans une prestigieuse école d'ingénieurs parisienne, il retourne en Afrique travailler sur des projets de développement rural. Mais les jeux vidéo le passionnent et, une fois passé un MBA à l'université de Montréal, il rejoint les rangs d'Ubisoft en 2000. Il se révèle avec le succès de *Prince of Persia : Les Sables oubliés*, adaptation d'un titre plus ancien. En 2006, il est nommé à la tête du studio de Montréal et de ses 1 400 employés, pour la plupart québécois.

Avatar est une des clés de la nouvelle stratégie d'Ubisoft : relier jeu et film. Alors que le développement du long-métrage est déjà bien entamé, la société acquiert en mars 2008 les droits de la marque Tom Clancy. Quelques mois plus tard, elle rachète Hybride Technologies, maison d'effets digitaux au milieu des installations de sports d'hiver des Laurentides, au nord de Montréal. L'ambition d'Ubisoft, en produisant des effets visuels par ordinateur pour Cameron, Spielberg et compagnie, est de rivaliser avec le Weta Digital de Peter Jackson. À terme, la société espère produire ses propres films. « En attendant, dit Mallat, il fallait que j'apprenne de James et Jon et eux avaient besoin d'apprendre de nous. »

Comme ils sont générés dans l'instant sur un écran de télévision, les jeux vidéo ne peuvent pas rivaliser avec l'impact sensoriel d'un film. Ils ont malgré tout autre chose à offrir : une possibilité de plonger directement dans l'histoire. Le joueur prend les décisions et ne regarde pas simplement un acteur donner sa réplique. « Les meilleures histoires dans les jeux vidéo sont celles que le joueur se raconte à lui-même, affirme Mallat. Il se fait son film. »

Comme le film, le jeu oppose les Na'vis, la population indigène de Pandora, aux Mercs, les mercenaires humains venus piller les ressources naturelles, quitte à dévaster l'écosystème de la planète. Vous n'interprétez pas Jake, mais un personnage confronté au même dilemme. Arrive un moment dans le jeu où vous devez choisir votre camp, Mercs ou Na'vis ? « Vous êtes face à deux cultures différentes, dit Mallat. Au final, il faut décider. Pour quoi vous battez-vous, l'harmonie ou la cupidité ? C'est le sens du film, mais le jeu vous permet d'y apporter votre réponse et d'en assumer les conséquences. »

Dans une partie éloignée du même immeuble, le bunker, le monde de Cameron prend peu à peu forme derrière une série de portes verrouillées. Pour des raisons de sécurité, toute personne travaillant sur *Avatar* utilise deux disques durs, le premier est connecté à Internet et l'autre à un réseau interne sans lien avec le monde extérieur.

La flore, la faune et les armes de Pandora sont déclinées sur ces ordinateurs : le thanator géant, au nom emprunté à l'esprit de la mort grec, l'effroyable métabête, le loup-vipère aux dents acérées, croisement entre une hyène, un lévrier et un broyeur à viande, l'armure mobile, une version gigantesque des mechas japonais, véhicule individuel blindé qui se déplace sur deux jambes.

À la suggestion d'Ubisoft, Landau engage quelques auteurs qui rassemblent l'ensemble de ces informations dans la « Pandorapédie », une compilation encyclopédique de tout ce qui compose Pandora. S'y retrouvent par exemple le tarif d'un appel vers la Terre, à plus de quatre années-lumière de là (78 000 dollars la minute), ainsi qu'une description de la technologie qui rend ces coups de fil possibles. L'univers fictif de Cameron s'y révèle dans le moindre détail, dans toutes ses obsessions.

Ce partenariat entre Ubisoft et Lightstorm semble capable de redéfinir la relation entre film et jeu vidéo. Mais, dès le début de leur collaboration, des problèmes apparaissent. Pandora est-elle vraiment la star du film de Cameron ? L'univers imaginé par George Lucas est complexe lui aussi, mais qui nierait que le sujet de *Star Wars* est bien plus universel : une lutte mythique entre le bien et le mal. *Avatar* se préoccupe des mêmes questions, mais en mettant l'emphase sur le décor plus que sur les personnages, les concepteurs ne se rendent pas compte qu'ils risquent de saper leur propos.

À l'intérieur du bunker, la confiance règne pourtant. « Qu'est-ce que James Cameron peut faire de plus grand que *Titanic* ? » lance Antoine Dodens, le producteur du jeu, tandis que nous examinons le bestiaire sur son écran d'ordinateur. « *Star Wars.* »

Pendant ce temps, à Los Angeles, dans une immense pièce aux murs noirs dépourvus de fenêtres, Cameron s'efforce de donner vie à son univers. Son studio est un ancien hangar à avions de Playa Vista, district désert en bord de mer où Hughes Aircraft produisait à la chaîne des pièces détachées pour avions de chasse pendant la Seconde Guerre mondiale. Juste à côté, se tenait autrefois un hangar encore plus grand, où Howard Hughes avait fait construire son « Spruce Goose », un bateau volant colossal H-4 Hercules, un avion de transport n'ayant jamais vu le combat puisque la guerre était terminée depuis deux ans quand il avait finalement été achevé. Cameron semble déterminé à réaliser un film aux proportions similaires.

Les cheveux grisonnants, vêtu d'un jean usé et d'un T-shirt de la Guilde des cascadeurs néo-zélandais, il arpente les studios armé d'un petit écran plat auquel sont fixés des poignées et des boutons. « Viens par là, lance-t-il entre deux prises. Faut que je te montre ça. »

Il tient une caméra virtuelle, une fenêtre qui permet de visualiser une performance invisible à l'œil nu. Le studio est équipé pour la *performance capture*, une version améliorée de la *motion capture*, qui utilise tout un ensemble de caméras placées en hauteur pour capturer tous les mouvements des acteurs dans l'espace. Une fois les informations enregistrées, les spécialistes des effets digitaux peuvent s'en servir pour animer n'importe quelle créature. Ils peuvent changer Andy Serkis en Gollum comme dans *Le Seigneur des anneaux* ou en gorille géant comme dans *King Kong*. Mais, en même temps que les caméras infrarouges réparties au plafond enregistrent les mouvements des acteurs grâce à des traceurs sur leurs corps, elles repèrent aussi tous les mouvements de son écran grâce à des traceurs placés sur son cadre. En le pointant vers ses deux stars, Sam Worthington et Zoe Saldana, il peut s'en servir pour reproduire n'importe quel mouvement de caméra.

Ce que nous découvrons sur cet écran est encore plus remarquable. Envolés Sam et Zoe, qui se tiennent pourtant à quelques mètres de là dans leurs combinaisons moulantes ; les colonnes sèches, grisâtres, du studio se sont volatilisées tout comme l'obscurité qui nous entourait. À l'écran, l'avatar bleu et félin de 3 mètres de Jake Sully se tient près d'une extraterrestre tout aussi bleue dans la jungle profonde de Pandora. L'univers de Cameron, en temps réel.

Dans la scène qu'ils tournent, Jake et Neytiri, la belle d'un autre monde jouée par Saldana, s'amusent à chasser des lézards éventails, une espèce imaginée par Cameron que l'on ne trouve que sur Pandora. Immondes au repos, ces créatures deviennent étrangement belles quand leurs ailes entament leur tourbillon. À ce moment du film, Jake est perdu et isolé, loin de son unité. Il vient de rencontrer Neytiri, qui l'a sauvé d'une attaque de Thanator et d'une meute de loups-vipères vicieux. Sa loyauté sera bientôt mise à l'épreuve, mais pour l'heure il s'amuse à chasser les reptiles volants.

Sam Worthington et Zoe Saldana sautent entre de légères colonnes de contreplaqué, vêtus des collants utilisés habituellement pour la *motion capture* mais également affublés de fausses oreilles (pour qu'ils n'oublient pas leurs oreilles na'vis) et d'un casque sur lequel se trouve une minuscule caméra haute définition pointée sur leur visage. En filmant en gros plan tous les mouvements des yeux, tous les changements d'expression et en les reproduisant sur le visage de ses personnages, Cameron espère éviter l'écueil de « la vallée dérangeante », cette impression désagréable que les personnages générés par ordinateur visibles à l'écran ne sont pas aussi réels qu'ils le semblent.

Si l'écran imaginaire de la 3D est déjà un obstacle à l'immersion que Cameron veut obtenir, cette vallée est un mur infranchissable. Zemeckis, qui a expérimenté la *performance capture* quand Cameron inventait son système de caméra 3D, a été incapable de surmonter cette impression dérangeante. Résultat : les personnages de *Pôle Express* et de *La Légende de Beowulf* semblent tous plutôt inquiétants. Selon Cameron, Zemeckis « s'est servi d'un type de capture faciale complètement différent. Ils utilisaient le même genre de système de marqueurs que nous pour le corps et filmaient ensuite les expressions avec des caméras de *motion capture.* » Il secoue la tête, incrédule. « C'est vraiment une idée stupide. »

À l'autre bout du studio, trois rangées d'écrans d'ordinateur s'élèvent comme des gradins. C'est le « cerveau » d'*Avatar*, le domaine de l'équipe de production digitale, sans qui rien ne serait possible. Chaque rangée est occupée par cinq ou six personnes, les spécialistes de la *performance capture* en bas, les superviseurs de l'animation et des effets visuels de Lightstorm Entertainment et de Weta Digital en haut. On se croirait à Houston, au centre spatial, en moins bien rangé.

Sur leurs moniteurs, tous ces spécialistes épient différentes itérations de la scène des lézards alors même qu'elle se déroule. Un écran révèle le squelette des points de données sur une grille de quadrillage. D'autres permettent d'observer Worthington et Saldana sur le plateau ou Jake et Neytiri dans la jungle.

Le « cerveau » est le centre de commande d'un programme surnommé Simulcam. Grâce à lui, l'équipe peut mêler les données de *performance capture* aux images réelles que Cameron a récemment tournées en Nouvelle-Zélande. La Simulcam génère en temps réel un composite des données de *performance capture* et des images réelles, abattant en quelques secondes un travail qui aurait autrement pris des semaines. C'est ce qui permet à Cameron de voir Jake et Neytiri avec les lézards éventails sur son petit écran.

En arriver là n'a pas été facile. « Jamais personne n'a réalisé un film de cette façon », indique Glenn Derry, le responsable de production virtuelle d'*Avatar*. Cet hybride d'images réelles et de *performance capture* en 3D possède une échelle différentielle capable de changer un acteur de 1,80 mètre en une créature de 3 mètres, pas simplement dans une scène ou deux, mais pour l'ensemble du film. Pour le faire fonctionner, Derry et son équipe ont dû créer un système de production virtuelle : une caméra virtuelle, la Simulcam et un pipeline digital qui fait le lien entre elles. « C'est délicat, dit-il. Nous n'arrêtions pas d'ajouter toujours plus de nouvelles possibilités et nous en sommes arrivés à un point où nous ne nous y retrouvions plus. » Il rit, un peu trop fort pour que ce soit agréable.

« Deux ans que nous faisons ça !

– Tout commence toujours quand James nous lance : "Et si je pouvais faire ça ?" » ajoute Richie Baneham, responsable de l'animation.

Tandis que Derry construit son système de production virtuelle, le rôle de Baneham est de renouveler le tour de force qui lui a valu son job : donner vie à Gollum dans *Le Seigneur des anneaux*. Avant lui, les animateurs qui voulaient créer un sourire ne pouvaient qu'élargir un peu la bouche. Inévitablement, quelque chose clochait. Alors, pour *Le Seigneur des anneaux*, Baneham et son équipe chez Weta en sont revenus aux bases : quels muscles se contractent pour faire un sourire et dans quel ordre ? Quelle proportion de lumière la peau absorbe-t-elle ? Quelle proportion en reflète-t-elle ? Quelle est la profondeur d'une pupille ? « Les êtres humains analysent une image pour savoir s'il y a quelque chose à examiner, explique-t-il, et cherchent toujours inconsciemment le regard de l'autre. Quand quelque chose ne va pas, nous le remarquons immédiatement. »

Voilà la définition même de cette vallée dérangeante... cet écueil auquel Cameron veut désespérément échapper. Mais les détails qui rendent Gollum si convaincant ont été élaborés par des animateurs travaillant image par image en suivant les spécifications de Baneham. Cameron en veut autant, mais pour plusieurs personnages sur un film entier. Le casque que portent Worthington et Saldana en studio est leur solution.

Cette fois, Cameron s'apprête à tourner une scène très différente. Arc à la main, Worthington enfourche une bosse de contreplaqué grise. Malgré le body couvert de réflecteurs, les fausses oreilles et la caméra qui lui pend au visage, il parvient à se donner un air de figure autoritaire. À ce moment de l'histoire, les relations entre humains et Na'vis ont atteint un point de rupture et Jake est à un point de non-retour. Devant Worthington se masse une foule de guerriers na'vis que seul James Cameron peut voir. Grâce à un travelling arrière, il s'éloigne de son héros tout en lui faisant face au milieu du plateau vide. Tandis qu'il ramène la caméra vers l'acteur, sa caméra virtuelle révèle l'avatar de Jake dans une pose sortie tout droit de *Braveheart*.

« Au bout du compte, c'est l'histoire d'un type qui trouve sa raison d'être, me dit Cameron après la prise. Jake se retrouve dans cette situation parce que l'ADN de son jumeau a servi à générer cet avatar, 40 millions de dollars qui partent à la poubelle parce que son frère se fait tuer par un voleur. L'armée choisit Jake parce que c'est pratique, ils pensent qu'ils pourront l'utiliser comme bon leur semble. Ce qu'ils ne comprennent pas, c'est que c'est un guerrier dans le sens classique, historique et mythologique. »

Pour Cameron, Jake est l'essence du marine américain : « J'aime les marines. Mon frère en était un, il a combattu pendant l'opération Tempête du désert. » Mais personne ne s'engage dans les marines pour devenir un guerrier mythologique. « Tellement de gens s'engagent seulement pour trouver une raison de vivre, dit Cameron. J'ai terminé le lycée, tous mes amis sont des poivrots ou des drogués, rien de ce que je vois n'a de sens. Alors je m'engage dans la marine parce que je sais qu'on va me proposer un défi. »

Poivrots et drogués ? C'était aussi le cas des amis de Cameron après le lycée, quand il a abandonné l'université, trouvé un boulot de chauffeur poids lourds et vécu la moitié du temps défoncé. Mais Cameron n'avait pas besoin de rejoindre les marines pour trouver sa raison d'être ; il lui a suffi de tomber sur *Star Wars*. Par film interposé, George Lucas l'a défié d'accomplir ses rêves, ce qui l'a mené jusqu'à Playa Vista pour réaliser un film au budget colossal. À l'époque de YouTube, où tout le monde partage ses vidéos, James Cameron tente ce que personne n'a réussi depuis bien longtemps : réinventer un cinéma spectacle époustouflant.

« J'aime leur façon de penser, continue-t-il en parlant des marines. Ils ne font pas les choses parce qu'elles sont simples, ni parce qu'elles sont dures, mais parce qu'elles sont impossibles. »

Je pense qu'une scène d'*Avatar* en particulier illustre à la perfection le tour de force réussi par Cameron. C'est au début du film, quand l'avatar de Jake, perdu en pleine nuit dans une jungle hostile, s'efforce d'allumer un bâton enduit de poix et se rend compte avec horreur que des dizaines d'yeux l'observent, peut-être même des centaines. Et là où il y a des yeux, il y a souvent des dents ; celles-ci appartiennent à une meute de loups-vipères. Sans un miracle, Jake ne survivra pas à cette nuit. Évidemment, c'est à ce moment que Neytiri débarque.

Quand Landau me montre cette scène pour la première fois, alors que Cameron n'a pas encore bouclé son film, les yeux de l'avatar m'émerveillent, en particulier cette façon qu'ils ont de fouiller frénétiquement tous les recoins de la jungle alors que Jake est menacé par les loups-vipères. Des mois plus tard, lors de l'avant-première à Time Square, je n'y ferai même plus attention. L'illusion est parfaite.

James Cameron n'a pas seulement étudié les yeux de ses acteurs, les nôtres l'intéressent aussi. Le système de caméra stéréoscopique qu'il a aidé à inventer est une tentative incroyablement complexe d'imiter ce que les yeux de l'homme font naturellement, voir en trois dimensions. Avec *Avatar*, il a atteint son objectif : réaliser un film où la 3D ne serait pas un gadget mais simplement un moyen de plonger le spectateur plus profondément dans son monde. « Je ne saurais pas distinguer le vrai de l'animation, balance Josh Quittner dans *Time Magazine* après l'avant-première. Le lendemain matin, j'avais la curieuse envie d'y retourner, comme si Pandora était réelle. » Je le comprends. La 3D de Cameron contrefait une profondeur quasi infinie, l'expérience fractale promise par le réalisateur, comme si vous pouviez réellement agrandir l'image en puissances de 10.

Avatar : le jeu supporte d'autant moins la comparaison. Malgré les ressources mises à leur disposition au cours du développement, malgré les efforts de James Cameron pour créer des liens entre l'équipe du jeu et celle du film, le jeu n'est au final rien de plus qu'un outil de promotion maladroit et ne propose pas la plongée tant attendue dans un monde plus détaillé. Le joueur est propulsé sur Pandora sans savoir quoi en attendre ni ce qu'il doit accomplir. Il se retrouve dans un jeu de tir lambda et vide de sens qui ne lui en apprend même pas assez sur Pandora pour apprécier sa quête. Quant au choix éthique qu'évoquait Yannis Mallat – Mercs ou Na'vis ? –, le contraste entre cupidité et harmonie est trop évident pour qu'il y ait un vrai choix. Regarder le film (en 3D tout du moins) est une expérience si bouleversante que le public peut ne pas prêter attention à l'intrigue simpliste et aux personnages superficiels. Les joueurs, eux, n'ont pas cette option.

Si le jeu *Avatar* paraît manquer de personnalité, il y a une raison : il en est complètement dépourvu. Les jeux vidéo se bâtissent autour d'un moteur, un logiciel qui fournit les fonctions les plus basiques, la physique (ce qui arrive quand les objets s'entrechoquent), l'intelligence artificielle (comment les personnages se comportent), le son, l'animation et le graphisme. Pour économiser de l'argent, du temps ou les deux, les développeurs réutilisent fréquemment d'anciens moteurs avec divers degrés de modifications. C'est le cas pour *Avatar* : il est basé sur une version modifiée du logiciel qui a servi à créer *Far Cry 2*, jeu de tir populaire créé par Ubisoft Montréal et sorti en 2008. En somme, Pandora et ses créatures ont tant et si bien accaparé l'attention des développeurs que le gameplay est passé aux oubliettes, bien qu'ils aient eu presque trois ans pour le peaufiner.

Le jeu vidéo, s'il est l'un des rares essais censés être plus qu'un produit marketing, n'est pas le seul à permettre de retrouver Pandora hors des salles de cinéma. Dans le cadre d'un partenariat avec McDonald's, les boîtes de Big Mac aux États-Unis portaient une *thrill card* vous menant vers une expérience de réalité augmentée sur Pandora. Développée par Total Immersion, une société française, cette carte et le logiciel McD Vision qui s'y associait permettaient aux curieux d'explorer Pandora sur leurs ordinateurs en passant simplement leur carte devant une Webcam. « Le Big Mac est entièrement dédié au plaisir des sens, explique le directeur marketing de McDonald's lors d'une conférence de presse en ligne annonçant l'événement. Nous pensons que la complémentarité avec le film est parfaite. »

Pour ne pas être en reste, Coca-Cola collabore avec Total Immersion pour créer sa propre réalité augmentée, via une canette de Coca Zéro. Les fans peuvent « approfondir leur vision d'*Avatar* », pour reprendre les mots d'un directeur marketing de Coca-Cola, en explorant un site Web conçu à cette occasion, offrant « un contenu exclusif et authentique », l'opportunité de voler à bord d'un des hélicoptères Samson du film, par exemple, ou d'accéder à des vidéos de « Web reporters » en direct de Pandora.

McDonald's, Coca-Cola parlent le même langage que les dirigeants de la Fox, au contraire d'Ubisoft. Des mois après la sortie d'*Avatar*, lors d'une conférence à Los Angeles, Landau attribuera principalement l'échec du jeu aux studios. « Il n'y avait pas d'intérêts communs, dit-il. Ce que nous avons essayé de dire à la Fox, c'est qu'ils pouvaient prendre Coca et McDonald's, Panasonic et encore d'autres partenaires sur le film, mais l'exposition qu'ils obtiendraient avec le jeu vidéo serait toujours plus importante que celles de ces contrats promotionnels. Et ce qu'ils en ont tiré c'est : "Eh, nous, il faut qu'on soutienne ces partenaires, vous, soutenez Ubisoft !" »

Landau n'est pas le seul à souligner que l'approche des cadres de la Fox manquait de discernement. L'idée de faire sortir l'histoire de Jake Sully de l'écran leur était aussi étrangère que Pandora. Reste que les producteurs du film n'ont pas non plus été complètement innocents. James Cameron n'est pas aussi calé en jeu vidéo qu'en cinéma et personne ne saurait le lui reprocher. Malgré tous ses efforts pour réunir les deux équipes, il faut bien avouer qu'il y a consacré moins de temps que Peter Jackson ne l'avait fait pour *King Kong* ou *Le Seigneur des anneaux*. « Je pense que les jeux vidéo passionnent réellement Peter Jackson, indique Neil Young. J'ai plus de mal à imaginer James Cameron allumer sa console en rentrant chez lui. »

Le succès d'*Avatar* au box-office nous donnera peut-être d'autres occasions de plonger dans cet univers. Avec un peu de chance, elles seront plus satisfaisantes que ces faux-vrais reportages sur Pandora ou qu'un jeu vidéo où la force de l'expérience se dilue de plusieurs degrés. Mais nous pouvons déjà tirer une leçon d'*Avatar*: créer un univers fictif, qui plus est le type d'expérience profonde, fractale dont rêvait Cameron, est une gageure.

En 1977, quand la Fox sort *Star Wars*, personne ne peut encore imaginer un univers de science-fiction que les fans pourraient explorer dans le moindre détail. George Lucas ne peut pas faire plus que réaliser simplement son film. C'est un renégat d'Hollywood. Son premier film, la dystopie *THX 1138*, a été sommairement remonté par Warner Bros. Son deuxième film, *American Graffiti*, a failli être transformé en téléfilm par Universal; le studio le sort finalement à contrecœur et le voit devenir l'un des plus grands succès des années 1970. Même après cela, seule la Fox prend le risque de miser sur le *space opera* de Lucas – et les attentes sont si faibles qu'il peut se réserver les droits sur le merchandising et d'éventuelles suites.

Star Wars s'accompagne d'une cascade de produits dérivés, mais peu d'entre eux ont un réel lien avec le film. Les éditions Del Rey publient un roman, prétendument signé par George Lucas, mais en fait rédigé par un auteur de science-fiction qui a pour seul guide un brouillon du scénario. Marvel sort une série de comics qui prend des orientations grotesques dès le huitième épisode, quand Han Solo et son acolyte Chewbacca rencontrent Jaxxon, un lapin géant – hommage des auteurs Marvel à Bugs Bunny. Seule la collection de jouets – sortie précipitamment par Kenner, un petit fabricant, après que des compagnies plus importantes ont refusé – reste vraiment fidèle à l'univers de Lucas. Apparemment, personne – ni la Fox, ni les fans, ni même George Lucas – ne trouve tout cela étrange. Les choses sont ainsi faites.

« À l'époque, nous ne savions pas ce que nous avions entre les mains », explique Howard Roffman, un dirigeant de Lucasfilm en charge de ce qui est devenu l'Univers étendu.

Nous sommes installés dans une salle de conférences lambrissée du complexe Lucasfilm de Presidio, une base militaire désaffectée qui donne sur le Golden Gate Bridge. Le siège de Lucasfilm se déploie dans un décor plein de nénuphars, aussi luxuriant que n'importe quel studio hollywoodien. Ses bâtiments épurés se trouvent en bordure d'un parc de 600 hectares où s'alignent palmiers, fontaines, pergolas couvertes de vignes et d'arbres en fleurs, le pont se devine au-dessus des eucalyptus, une statue de Yoda en évidence à l'entrée.

Voilà la maison que *Star Wars* a bâtie. Le dernier film est sorti en 2005, mais la vague de produits dérivés continue de se déverser et génère un profit vertigineux – quelque 15 milliards à la mi-2008, ridiculisant les 4 milliards générés par le film seul – ainsi qu'une série de personnages renouvelés sans cesse dont l'histoire s'étale sur des centaines d'années. Le complexe lui-même témoigne de la puissance des consommateurs *otaku*.

Exploiter ce marché a d'abord paru facile. Le studio autorisait un produit dérivé, la compagnie ayant obtenu la licence sortait le produit, y collait la marque *Star Wars* et les fans se pressaient dans les magasins pour l'acheter. Jusqu'au jour où ils ont arrêté, et c'est arrivé au milieu des années 1980.

L'explication est simple : en 1983, quand sort *Le Retour du Jedi*, dernier épisode de la trilogie originelle, Lucas affirme en avoir terminé avec cet univers. La série a fait de lui le réalisateur le plus rentable des années 1970, assez riche pour dire adieu à Hollywood et bâtir ses propres studios sur les collines de San Francisco. Mais ce succès a également ruiné sa vie et détruit son mariage. Tout prenait donc fin. Pour ses fans également. Les enfants de 1977 sont devenus adolescents et *Star Wars* leur semble bien moins cool tout à coup. Les jouets pour garçons représentaient près de 80 % des ventes subsidiaires – « et dès 1985, indique Roffman, personne n'en voulait plus, même gratuitement ». L'année suivante, Roffman est chargé des accords de licence.

Roffman, petit, la silhouette frêle, sèche, les cheveux coupés court et le sourire plein de malice, est un jeune avocat quand il rejoint Lucasfilm en 1980, une semaine après la sortie de *L'Empire contre-attaque*. Il s'occupe quelques années des contrats de merchandising, puis est promu avocat général. Devenu ensuite directeur des droits, il doit redonner vie aux affaires moribondes d'une franchise à bout de souffle.

L'avenir n'a rien de prometteur. Kenner et les autres fabricants de jouets déclarent la mort de *Star Wars*. Ses amis lui conseillent de chercher du travail ailleurs, puisque George le pousse visiblement vers la sortie. Au lieu de quoi, il se retire dans sa grotte et tente de dénicher une solution.

Lucas, lui, soutient que *Star Wars* n'est pas mort. La saga fait une pause – à la façon des classiques Disney comme *Blanche-Neige et les sept nains* qu'on laisse en jachère pendant sept à dix ans avant de les ressortir pour une nouvelle génération. La stratégie tient la route, mais la comparaison est erronée. Parmi les dessins animés Disney produits au fil des décennies, aucun n'a la force d'une saga comme *Star Wars*. La comparaison avec Sherlock Holmes n'est pas satisfaisante non plus, malgré ses nombreux partisans. Baker Street existe vraiment, après tout.

À n'en pas douter, c'est au *Seigneur des anneaux* que *Star Wars* ressemble le plus. Les romans de Tolkien retracent une longue histoire qui se déroule dans un univers entièrement fictionnel, qui compte langues étrangères, guides de prononciation, espèces humanoïdes et arbres généalogiques. Mais la saga de Tolkien est encore, au milieu des années 1980, une œuvre littéraire, n'ayant engendré que quelques adaptations radiophoniques et un film d'animation signé Ralph Bakshi qui ne rencontre pas le succès escompté.

Le dilemme que pose *Star Wars* est unique. Les franchisés sortent des tonnes de produits : romans, comics, sabres laser, figurines, jeux vidéo, adaptations radio... Certaines créations sont intéressantes – comme Boba Fett, un chasseur de primes qui n'est d'abord que le personnage obscur d'une émission de télévision de 1978 et devient, grâce à l'enthousiasme des fans pour la figurine qui sort dans la foulée, un personnage important des films. Mais les choses se compliquent dès qu'il s'agit de concilier toutes les contradictions induites par ce genre d'initiative. Si ce n'est pas Marvel et ce lapin géant, c'est Luke Skywalker qui colle d'un peu trop près la princesse Leia dans un roman de 1978, *Splinter of the Mind's Eye* – une princesse qui se révèle être sa sœur jumelle dans *Le Retour du Jedi*, cinq ans plus tard.

Roffman fixe donc une nouvelle règle : chaque volet de la saga devra désormais respecter les précédents. « C'est la décision logique, dit-il. Si vous approfondissez l'histoire du film, dès qu'il y a des contradictions, tout s'écroule. Si vous tuez un personnage et qu'on le retrouve plus tard, ça n'a plus de sens. » La seule autre règle est fixée par George Lucas : elle stipule que lui n'a aucune règle à suivre.

Avec le décret de Roffman, Lucasfilm trouve non seulement un instrument qui revigore la franchise, mais qui crée également un prototype pour les narrations denses, composées de plusieurs couches que l'on connaît aujourd'hui. Elles fonctionnent grâce à une qualité inhérente à *Star Wars* : « George a créé un univers bien défini, indique Roffman – un univers d'une complexité sans limite. Mais les films ne racontent qu'une partie infime de son histoire. Vous pouvez y plonger de manière superficielle, mais si vous creusez un peu, il s'étend à l'infini. »

Cette complexité est déterminante. Lucas l'appelle « réalité immaculée » – entièrement imaginaire et pourtant pourvue d'un niveau de détails qui la rend instantanément familière. Il en est ainsi de chaque ustensile dans la cuisine d'Owen et Beru Lars, les humbles fermiers chez qui le jeune Luke Skywalker trouve refuge sur cette planète aride qu'est Tatooine après que son père devient Dark Vador, seigneur des Sith. De même avec l'intérieur de l'étoile noire, cette station de combat impériale de la taille d'une lune armée d'un super laser capable de détruire une planète entière. « Vous pouvez zoomer sur n'importe quelle partie de chaque plan et avoir des centaines d'histoires à raconter, affirme Roffman. Ce n'est pas que George ait jamais pensé que les gens chercheraient à tout inspecter d'aussi près, il voulait simplement que tout ait l'air réel. »

À la fin des années 1980, dans la lutte de Lucasfilm pour se refaire une place dans le merchandising, cette réalité immaculée fournit la meilleure prise. Cela commence avec un roman. Les premiers fans, ceux qui avaient entre 8 et 10 ans à la sortie de *La Guerre des étoiles*, vont bientôt avoir 20 ans, il est donc logique de leur proposer quelque chose de plus adulte qu'une bande dessinée. La société de production signe un accord avec les éditions Bantam pour un projet de plusieurs romans signés d'un auteur populaire, Timothy Zahn – une trilogie qui se déroule cinq ans avant les événements du *Retour du Jedi*. Publié en 1991, le premier opus s'envole en tête des best-sellers du *New York Times* et y reste des mois. La franchise renaît.

Suivent bientôt de nouveaux comics – pas chez Marvel mais chez Dark Horse, une compagnie indépendante basée dans l'Oregon, sélectionnée au moins en partie parce que *Star Wars* représente une part beaucoup plus importante de ses activités –, des jeux de rôle, une nouvelle collection de jouets et encore plus de comics, basés entièrement sur les romans. Les cassettes vidéo de la trilogie sont disponibles à la vente cette fois plutôt qu'à la location, pour qu'une nouvelle génération découvre la saga et réclame toujours plus de comics, de jouets ou de jeux.

En plus de ne pas contredire les films et de ne pas se contredire entre elles, les nouvelles histoires doivent suivre les préceptes principaux de *Star Wars*: la lutte entre le bien et le mal, le rôle du mysticisme et de la spiritualité, l'emphase sur les relations familiales, une profondeur mythique derrière la simplicité apparente de l'histoire. Accompagné d'une équipe de rédacteurs internes, Roffman établit les synopsis et décide, en accord avec Lucas, de la vie ou de la mort de certains personnages importants. Des années d'échanges avec George Lucas lui ont permis d'en apprendre plus à propos de la nature réelle de la Force, du pouvoir du Jedi, des parties de l'histoire qui peuvent être expliquées et de celles sur lesquelles il ne faut pas lever le mystère – comme par exemple les origines de Yoda, ou la raison de l'absence du père d'Anakin Skywalker.

En 1996, l'Univers étendu atteint un niveau de complexité supplémentaire avec *Star Wars: Shadows of the Empire*. Cette production multimédia retrace une seule et même histoire à travers un roman, une série de comics, une collection de jouets, un jeu de cartes à échanger et un jeu vidéo sur Nintendo 64. Sortent même une bande originale et un making-of, *The Secrets of Star Wars: Shadows of the Empire*. Cette histoire comble le hiatus entre *L'Empire contre-attaque* et *Le Retour du Jedi*, en se concentrant sur une tentative de coup d'État du suzerain criminel prince Xizor qui souhaite succéder à Dark Vador en tant que chef lieutenant de l'empereur Palpatine. Elle ouvre également la voie au retour en salles, en 1997, des trois premiers films, qui engrangent 250 millions de dollars à eux trois rien qu'aux États-Unis et dominent le box-office pendant six semaines. Suit une nouvelle trilogie, qui rapporte 2,4 milliards de dollars à travers le monde et engendre la vente d'encore plus de romans, de comics, de jouets, de figurines, de jeux vidéo, de cartes à jouer et d'autres choses encore.

Depuis 2000, le travail de Leland Chee, assistant de Roffman, consiste à préserver l'intégrité de cette histoire. Fan devenu employé, Leland prouve à lui seul le succès de l'Univers étendu : ayant vu les premiers films en 1977 à l'âge de 6 ans, il se replonge dans la saga à l'université avec le roman de Timothy Zahn, *L'Héritier de l'Empire*. Chez Lucasfilm, Leland préside à la création déterminante de l'holocron, un artefact censé renfermer le savoir des Jedi. Dans la vie réelle, c'est une base de données FileMaker que Leland garde à jour comme outil suprême de référence interne. L'holocron contient plus de 30 000 entrées classées par niveau de canonicité – la classification la plus importante reste le G de George, les mots de Dieu.

Le souci du détail de Lucas inspire à ses disciples une obsession plus grande encore. Pas à tous, bien sûr ; le public de *Star Wars*, comme celui de toute autre saga de *deep media*, se découpe comme une pyramide inversée. Au sommet, les millions de personnes qui ont vu les films une ou deux fois et connaissent l'icône culturelle *Star Wars*. Plus bas, d'autres millions qui suivent la saga à travers différents médias, qui connaissent les jeux vidéo, lisent les romans, qui collectionnent les jouets. Enfin, il y a les *otaku*, la pointe de cette pyramide : les quelques centaines de milliers de fans les plus attachés à l'univers, ceux qui participent aux forums, ont rejoint Hyperspace, le fan-club officiel, et aident à élaborer le Wookieepedia, l'encyclopédie écrite par les fans.

Wookieepedia naît en 2005 dans l'Arkansas, quand Chad Barbry, administrateur réseau que les détails de *Star Wars* passionnent, provoque une purge de Wikipédia, et voit une partie des données qu'il avait entrées effacées. Ce nouveau site est l'outil parfait pour qui n'est pas satisfait de la base de données officielle, une version épurée de l'holocron. Trop imprécise, cette dernière ne rassasie pas les amateurs les plus dévoués, qui décident de bâtir eux-mêmes quelque chose de plus encyclopédique. Pour Coruscant, une ville-planète d'abord décrite dans le roman de Timothy Zahn, le site officiel n'offre que 1 400 mots. Sur le même sujet, Wookieepedia en totalise 9 000 et renvoie aux livres, films, comics et autres artefacts qui en font mention (490 au total). L'article Wookieepedia relatif à Luke Skywalker compte plus de 31 000 mots, un peu moins d'un tiers du livre que vous avez entre les mains.

George Lucas, lui, s'est sans doute égaré en chemin. En décembre 2008, quand Del Rey publie un coffret encyclopédique de 1 224 pages en trois volumes, Roffman le lui offre et parie que le réalisateur ne connaît pas 60 % du contenu. Ce dernier en reste le créateur, mais doit admettre que l'univers *Star Wars* appartient désormais aux fans. C'est une façon de parler, cela va sans dire. Pas de remise en doute de la propriété intellectuelle. Pourtant, se pose l'importante question du contrôle : qui contrôle l'histoire, le créateur ou les fans ?

4
Contrôle

Une nuit de juin 2009, Betty – l'épouse frustrée de Don Draper, publicitaire des années 1960 – publie un message émouvant sur son compte Twitter, un site qui n'a alors que trois ans : « Sur terrasse, lucioles libérées de leurs bocaux, je les laisse s'envoler dans l'obscurité. Les belles choses toujours devraient aller libres. »

C'est évidemment un miracle que Betty Draper puisse twitter. Pour commencer, c'est un personnage de *Mad Men*, série TV qui entame alors sa troisième saison, et les êtres de fiction ne partagent pas sur Internet leurs plus intimes pensées – ou en tout cas ils n'en avaient pas encore l'habitude. Par ailleurs, Betty vit dans les années 1960, bien des années avant la création de Twitter ou des infrastructures qu'il nécessite (microprocesseurs, ordinateurs personnels, Internet, World Wide Web, téléphones cellulaires, SMS et tout le toutim). Comme le remarque un abonné des tweets *Mad Men*, son IBM Selectric en a vraiment sous le capot.

Pourtant, *Mad Men* semble tout à fait avoir sa place sur les réseaux sociaux. Cette série primée aux Emmy Awards, qui dépeint Madison Avenue à l'orée de changements sociaux radicaux, nous explique qui nous sommes en nous rappelant d'où nous venons. Elle nous montre cela d'une manière plus ou moins subtile, avec l'homophobie évidente et le papillonnage excessif de ses personnages principaux, sans oublier ce sens de la mode réprimé à l'excès, chemises blanches et costumes à revers étroits pour les hommes, fourreaux moulant les hanches pour les femmes (les plus sexy en tout cas). La nostalgie s'accompagne toujours d'une pointe d'amertume. À une époque où la publicité, comme les autres industries, essaie d'adopter ce qu'on appelle le modèle du *sense and respond* – anticiper le changement, être prêt à s'adapter –, la série décrit le vieux modèle du *command and control* à son apogée. Les hommes de la série savent ce qu'il vous faut et sont payés grassement pour vous le vendre. Les retrouver sur Twitter ne fait que souligner l'abîme qui sépare hier d'aujourd'hui.

Mais ce qui révèle la profondeur du gouffre, c'est que ni les producteurs de la série ni la chaîne de télévision qui la diffuse ne sont responsables de l'apparition de leurs personnages sur les réseaux sociaux. La série porte sur la volonté de contrôle de ses personnages, mais sur Twitter elle devient un cas d'étude du nouveau modèle : qu'arrive-t-il quand les spectateurs s'approprient certaines parties de l'histoire pour la raconter eux-mêmes ?

Mad Men découvre ce dilemme dès août 2008, à l'orée de la deuxième saison, quand Paul Isakson, responsable de marque dans une petite agence de pub de Minneapolis, décide d'incarner Don Draper sur Twitter. Don est directeur de la création chez Sterling Cooper, agence fictive de Madison Avenue. Isakson commence à 11 heures du matin, avec un aparté sur son collègue Roger Sterling : « Je bois un scotch avec Roger pour qu'il n'ait pas l'impression d'être alcoolique. »

Quelques jours après, Carri Bugbee, qui dirige une firme de marketing à Portland, prend le nom de Peggy Olson, l'ancienne secrétaire de Don promue au poste de rédactrice junior, du jamais vu pour une femme. Une heure plus tard, Carri appelle un ami, Michael Bissell, et l'invite à participer lui aussi. Michael, qui contrôle une agence digitale, également à Portland, choisit Roger Sterling. Une autre personne – ils ne découvriront jamais qui – devient Joan Holloway, chef de bureau sexy devenue jouet de Roger.

Aucun ne cherche à obtenir l'autorisation du créateur de la série, Matthew Weiner, ni de la chaîne, AMC. Un mois après le lancement de la deuxième saison, neuf personnages possèdent un compte Twitter et le site ne parle que de *Mad Men*. Mais soudain tout s'arrête. Le 25 août, à 20h45, moins de deux semaines après qu'Isakson a tout lancé, Carri Bugbee découvre que son compte ne fonctionne plus. Elle imagine d'abord des problèmes techniques – possibilité plausible, vu l'engouement que rencontre le site. Elle reçoit cependant un message officiel de Twitter, dix minutes plus tard, qui l'informe de la suspension de son compte pour activités suspectes. Elle inspire profondément et contacte son avocat.

Le lendemain, un blog technologique de la Silicon Valley, VentureBeat, annonce la suspension des comptes de Don Draper et Peggy Olson. Alerté par AMC, Twitter les a clôturés pour éviter toute violation du Digital Millennium Copyright Act, une loi de 1998 qui protège les sites comme Twitter ou YouTube contre les poursuites engendrées par ce que leurs usagers postent, tant qu'ils retirent les contenus potentiellement illégaux à la demande des ayants droit. Mais sitôt les comptes supprimés le flux de tweets *Mad Men* – l'ensemble des commentaires concernant la série – s'affole. Alors que « Don » et « Peggy » généraient jusque-là un véritable enthousiasme bénéfique à la série, il n'y est plus question que de l'ignorance de la chaîne. Pourquoi vouloir étouffer la participation des passionnés ?

Deep Focus, agence de marketing digital, ne dit pas autre chose aux dirigeants d'AMC. Basée au cœur de Manhattan, cette petite entreprise compte parmi ses clients Samsung, Microsoft ou Electronic Arts et développe des campagnes Internet qui invitent les consommateurs à s'approprier les produits. Ian Schafer, le P-DG de l'agence, indique à AMC que c'est une erreur de se priver d'une telle publicité gratuite. « Il vaut parfois mieux ne rien faire dans ce genre de situations, me confirme-t-il. Mais pour ça il faut beaucoup de sang-froid. » En vingt-quatre heures, les comptes sont rouverts, avec l'accord tacite d'AMC mais sans réelle explication.

Helen Klein Ross décide à ce moment-là de devenir Betty. Elle ne connaît ni Carri Bugbee ni les autres, mais la publicité n'a aucun secret pour elle. En 1977, elle travaillait déjà comme secrétaire chez Foote, Cone & Belding, à San Francisco. Devenue rédactrice, elle a emménagé à New York, où elle collabore avec plusieurs grandes agences qui lui confient des projets pour Absolut, Dove, Nike, Revlon ou Volvo. Née à la même époque que Sally, la fille de Betty, elle trouve les hommes du milieu aussi ouvertement misogynes que Peggy quinze ans plus tôt. Prendre le nom de Betty lui permet de revivre cette période de sa vie.

La tâche est délicate. Quelqu'un d'autre utilise déjà ce nom. Après avoir essayé sans succès de contacter cette personne, Ross décide de continuer malgré tout. Pour ne manquer aucun détail, elle passe des heures à regarder tous les épisodes, à feuilleter des livres de cuisine et des guides de ménagère de l'époque. Elle reconnaîtrait entre mille la nuance de bleu du Formica de la cuisine de Betty, parce qu'en tant que mère au foyer, c'est là que l'héroïne passe le plus clair de son temps. Ross rassemble des pages et des pages de notes sur Betty, sur Don, sur la vie dans les banlieues new-yorkaises du comté de Westchester au début des années 1960. Elle met un point d'honneur à répondre aux questions les plus intéressantes, car sur Twitter, comme elle le dit quand nous nous rencontrons autour d'un café à New York, « vous jouez avec le public, pas seulement avec les autres personnages ». Quand Betty tombe enceinte à la fin de la deuxième saison et qu'on lui demande comment elle va, Ross répond : « Le Dr Aldrich dit que tout va bien. Il me conseille de fumer autant que possible pour un bébé plus petit, plus facile à mettre au monde. »

Coiffée à la garçonne, la voix mélodieuse, un sourire discret qui illumine son visage, Ross paraît pudique mais n'a pas peur de dire le fond de sa pensée. Lorsqu'elle interprète Betty, elle ne sort jamais de son personnage, mais elle exprime parfois des sentiments qui transparaissent à peine dans la série. « Dans *Mad Men*, il y a beaucoup de non-dits, affirme Ross. Betty ne peut pas révéler ses pensées intimes. Mais aujourd'hui les gens ne veulent plus de sous-texte, ils veulent des sous-titres » – la situation est claire. Voilà le vide que comblent ces comptes Twitter.

Officieusement, Ross et les autres sont acceptés par l'équipe de la série. Le blog d'AMC propose même une interview à Carri Bugbee quelques mois après leurs démêlés. Plus tard, lors des Clio Awards, un événement interprofessionnel du milieu de la publicité à Las Vegas, Ross rencontre Matthew Weiner, créateur au perfectionnisme légendaire, qui vient d'y recevoir un prix. Weiner affirme qu'il adore ce qu'elle fait pour Betty. Mais, sans surprise, ni lui ni personne ne souhaite lui révéler ce qui se déroule dans la saison 3 – va-t-elle le garder, ce bébé ?

Plus question donc de parler grossesse. Pour Ross, c'est une occasion gâchée, pour « Betty » comme pour *Mad Men*. Cette expérience sur Twitter est pour elle un aperçu de l'avenir du divertissement. Weiner est parvenu à créer, ou plutôt recréer, un monde dans les moindres détails, la Madison Avenue du début des années 1960. Tout se déroule sur Terre et n'implique que des êtres humains mais, tout autant qu'*Avatar* ou *Star Wars*, la série possède son économie, ses technologies, ses structures sociales et ses mœurs. Weiner le compose d'ailleurs si brillamment que retrouver cet univers une heure par semaine ne suffit tout simplement pas. « Aujourd'hui, vous pouvez vivre dans ce monde de 22 à 23 heures tous les dimanches soir, dit Ross. Mais j'imagine très bien le potentiel qu'aurait cette histoire dans une tout autre dimension, si elle en offrait plus à un public qui s'est étendu parce que le monde s'est étendu. »

Des mois après avoir pris la voix de Betty, Ross rencontre pour la première fois Michael Bissell, alias Roger Sterling. Réunis à South by Southwest Interactive, une convention sur la culture digitale à Austin, ils s'apprêtent à participer à une table ronde sur la relation *Mad Men*/Twitter. Tandis qu'ils se préparent, Ross, Bissel et Carri Bugbee comparent leurs expériences. Avant la fermeture des comptes, leur apprend Ross, elle pensait que Weiner était d'une manière ou d'une autre derrière cette campagne et qu'elle se lançait en fait dans une sorte de casting Web.

« Je pensais qu'il cherchait des auteurs pour Twitter, dit-elle. Il est si brillant, pourquoi n'aurait-il pas pensé à ça ?

– Parce qu'il veut être sûr de tout maîtriser », lui répond Bissell.

Dans un univers de contrôle, nous savons qui raconte l'histoire, l'auteur. Mais les médias digitaux déclenchent une crise de son statut. Dès que le public est libre de pénétrer la fiction, de diriger les événements, c'est tout l'édifice des médias de masse du XXe siècle qui s'effrite.

Les médias de masse sont la conséquence des avancées techniques du XIXe siècle, du développement du système de l'imprimerie et de réseaux de distribution toujours plus efficaces, qui ne rendent l'édition viable qu'à l'échelle industrielle. Le cinéma et la télévision accélèrent cette tendance. Mais Internet nous force aujourd'hui à faire marche arrière. Un auteur peut toujours s'adresser à des millions de personnes, mais la communication n'est plus à sens unique. Journaux et magazines ne se contentent plus de couvrir les événements, ils se transforment en forums où chacun peut débattre. Films et séries télévisées ne nous laissent plus affalés sur un sofa, mais forment un véritable catalyseur pour l'imagination. Les publicitaires (qui ne sont plus forcément des hommes) ne peuvent plus sermonner le consommateur mais doivent au contraire l'écouter. C'est ce que *sense and respond* veut dire, ouvrir un dialogue.

À la fin des années 1990, *Wired* m'envoie à Londres pour y suivre Rupert Murdoch, l'homme qui a bâti un empire médiatique mondial grâce à une révélation de jeunesse. En 1945, Arthur C. Clarke publie un article dans *Wireless World*, un journal britannique pour les passionnés de radio, postulant qu'un vaisseau se trouvant en orbite géo-synchronisée à quelque 35 000 kilomètres au-dessus de l'équateur pourrait envoyer un signal à grande échelle sur la Terre. Fasciné par la vision de Clarke et par cette prédiction que la libre circulation de l'information mettrait à l'épreuve l'autorité des gouvernements nationaux, Murdoch adopte la puissance des satellites. Aujourd'hui, BSkyB, l'aile britannique de la vaste flotte de satellites assemblée par Murdoch, est sur le point de devenir digitale et interactive.

Comme Clarke le prédit, les satellites forment le moyen idéal de diffuser aux masses. Ils ont offert à Murdoch un arrosoir géant situé dans le ciel, mais rien de plus. Ils ne sont pas conçus pour la transmission précise de millions de pages Web et ne permettent qu'une forme rudimentaire de télévision interactive. Deux choses dont a besoin Murdoch. La solution est évidente : faire équipe avec une compagnie de téléphone et connecter chaque foyer à une ligne DSL. Ces lignes sont conçues pour acheminer bien plus d'informations vers les consommateurs qu'en recevoir, mais en apparence ce n'est pas un problème. Comme le remarque Tony Ball, alors P-DG de Sky, « peu de gens envoient des vidéos depuis leur PC ». Cela paraît presque trop évident pour le dire.

Mais tout a changé. En juin 2008, Michael Wesch, un professeur d'anthropologie de l'université du Kansas, souligne dans un discours à la Bibliothèque du Congrès que si les trois plus importantes chaînes de télévision américaines avaient diffusé sans discontinuer pendant les soixante ans de leur existence, elles auraient accumulé près de 1,5 million d'heures de programmation – ce qui est considérable, mais bien inférieur à ce que les internautes ont partagé sur YouTube ces six derniers mois.

Murdoch a déjà abandonné son rêve presque romantique d'une armada de satellites entourant le globe. Il est à sa portée quand, après des années d'intrigues, il prend le contrôle de DIRECTV. L'entreprise lui offre une diffusion qui s'étend de l'Australie à la Nouvelle-Zélande, couvre la Chine et l'Asie du Sud jusqu'à l'Inde, la majeure partie de l'Europe et, de l'autre côté de l'Atlantique, la quasi-totalité des Amériques. Mais, à l'époque, son trophée lui donne surtout une position de force pour négocier autre chose. Fin 2006, après que John Malone, un magnat du câble venu de Denver, acquiert une part importante d'actions auprès de la News Corporation de Murdoch, ce dernier lui confie ses opérations satellites aux États-Unis et en Amérique latine pour ne plus en entendre parler.

Murdoch a alors déjà acté l'achat, pour 580 millions de dollars, de MySpace, un site en pleine croissance qui compte plus de 22 millions de membres et en attire chaque mois 2 millions de plus. L'idée est simplement de relier les gens les uns aux autres ou à leurs groupes favoris, et de leur permettre d'affirmer leur identité. Début 2007, il attire 7 % des internautes du monde entier chaque mois. Quand ce pourcentage commence à baisser quelques années plus tard, lentement d'abord puis de manière précipitée, ce n'est qu'à cause de l'émergence de Facebook, qui propose le même service de manière plus attrayante.

Comme celle des médias de masse, l'émergence du Web et des réseaux sociaux en particulier présage une révolution dans le comportement humain, une révolution surprenante. « Vous n'allez pas transformer des consommateurs passifs en internautes actifs », affirme un cadre d'ABC, condescendant, à Kevin Kelly, pionnier d'Internet venu de la baie de San Francisco et fondateur de *Wired*. L'anecdote date de 1989, l'âge d'or du sofa TV. Alors que des millions d'êtres humains sont réduits à un état végétatif tous les soirs devant leur téléviseur, l'idée paraît en effet saugrenue. Pourtant, le public se réveille déjà et Internet n'y est pas pour rien.

Tout commence avec le magnétoscope. En 1975, quand Sony présente la notion de *time shift*, suivant les mots du cofondateur

Akio Morita, la télévision est un business stable et rentable, contrôlé aux États-Unis par trois chaînes nationales et, dans la plupart des autres pays, par une seule. *All in the Family*, l'émission la plus populaire en Amérique, est suivie par 30 % des foyers; le câble n'est utilisé que pour obtenir une meilleure réception. En 2010, l'émission la plus regardée aux États-Unis (*American Idol*) ne rassemble plus que 15 % des ménages, des centaines de chaînes sont disponibles sur le câble ou le satellite, les networks luttent pour garder leurs profits et l'ensemble de leur organisation s'effondre.

Le petit écran vise à offrir aux annonceurs quelques millions de globes oculaires captifs. Les chaînes cherchent à attirer et retenir le plus de spectateurs possible. La programmation – déterminer les horaires, créer des effets d'appel et contrer la concurrence – devient leur atout maître. Comme des boules de flipper, les pupilles ne doivent pas se détourner de l'écran, du début de soirée au *prime time* jusque tard dans la nuit – ka-ching! ka-ching! ka-ching! Mais ce contrôle, déjà érodé par le magnétoscope, est anéanti par son successeur, le magnétoscope numérique, et change complètement de mains grâce au Web. Les Américains n'ont jamais autant regardé la télévision mais, comme l'ensemble des téléspectateurs de la planète, ils suivent leur propre rythme, partagent des vidéos sur YouTube, postent des photos sur Flickr, exposent des idées sur Blogger ou WordPress et échangent sur MySpace ou Facebook. Le flipper se déglingue pour de bon.

L'industrie des médias n'a pas seulement perdu le contrôle des horaires et de l'audimat. C'est maintenant le déroulement même de ses narrations qui lui échappe. Comme Matthew Weiner le découvre quand ses personnages débarquent sur Twitter, les spectateurs peuvent désormais s'approprier leurs séries. Les outils qui les aident à former des communautés en ligne leur permettent aussi de raconter l'histoire à leur façon pour peu qu'ils s'y intéressent suffisamment.

Certains s'en étonnent encore et c'est là le plus surprenant. N'en déplaise à ce dirigeant condescendant d'ABC, rien, dans notre nature, ne nous pousse à rester des consommateurs passifs. L'ère du plateau télé, si importante à l'époque, n'est finalement rien qu'un bug basé sur de fausses assomptions.

En 2007, l'Association américaine des agences de publicité et la Fondation pour la recherche publicitaire, groupe de réflexion de l'industrie, publient un rapport stipulant que la publicité du XXe siècle – telle qu'elle est décrite dans *Mad Men* – a tout faux. Pendant des années a dominé l'idée que les consommateurs pensaient de manière linéaire et globalement rationnelle. Pour donner envie d'acheter, un spot publicitaire n'avait donc qu'à capter l'attention du spectateur et bien défendre son argument. Ce système d'« analyse entrée-sortie », comme le nomme le rapport, a été introduit par Rosser Reeves, longtemps président de Ted Bates & Company, dans son livre de 1961, *Le Réalisme en publicité* : si les publicitaires peuvent définir une « proposition unique de vente » pour leur produit, qu'il s'agisse d'une voiture de sport ou d'un médicament contre les maux de tête, les consommateurs comprendront le message et agiront en conséquence.

Hélas pour Madison Avenue, rien n'est si simple. Dans les années 1980 et 1990, l'idée que les créatifs n'avaient qu'à offrir une histoire et récolter des ventes a commencé à s'effondrer. Quand les chercheurs en cognition se sont mis à examiner de plus près le fonctionnement du cerveau humain, ils ont découvert une réalité bien plus complexe. Les gens n'ingèrent pas passivement un message marketing, ni n'importe quel autre type de message. Ils le reçoivent avec une réponse émotionnelle, souvent inconsciente, qui varie énormément suivant leurs expériences et leurs prédispositions. Ils ne s'imbibent pas d'une histoire ; ils s'imprègnent de sens. L'image d'une marque n'est donc pas simplement créée par les publicitaires ; pour reprendre l'expression de Gerald Zaltman de la Business School d'Harvard, c'est une « cocréation » des consommateurs et des équipes marketing.

Pour qui ne travaille pas dans la publicité, la conclusion peut paraître évidente : bien sûr que le public change quelque chose à l'affaire. L'idée est pourtant puissante. Si les individus qui composent le public « cocréent » une histoire dans un échange avec l'auteur, alors toute la notion de contrôle se brouille. L'auteur initie l'histoire ; le public la complète. L'auteur crée les personnages et la situation dans laquelle ils se trouvent ; le public réagit et se l'approprie. Matthew Weiner produit *Mad Men* ; les spectateurs l'interprètent, s'identifient à ses personnages et s'imaginent à leur place. S'ils en ont l'opportunité, quelques-uns d'entre eux au moins vont vouloir jouer Betty Draper ou Roger Sterling sur Twitter – et Weiner n'aura pas son mot à dire. Les gens ont toujours voulu d'une manière ou d'une autre habiter les histoires qui les émeuvent. La technologie qui leur offre ou non cette possibilité est la seule véritable variable.

Un peu moins de deux siècles avant Twitter et Wookieepedia, paraissaient des romans-feuilletons. Dans les années 1830, les avancées techniques ont transformé l'Angleterre aussi profondément qu'elles modifient notre société aujourd'hui. La révolution industrielle a attiré une foule inimaginable vers les villes, où elle s'entasse dans d'effroyables conditions. Le débordement de fosses d'aisances et les caves pleines de « fumier » – euphémisme pour les excréments humains – n'ont rien d'inhabituel. Sont également monnaie courante les épidémies de choléra qui tuent, dès 1831, des milliers de personnes : elles provoquent des douleurs atroces ainsi que des diarrhées incontrôlables ; une mort par déshydratation s'ensuit dans les quarante-huit heures.

Mais la dynamique d'urbanisation responsable de cette misère fait parallèlement grimper le taux d'alphabétisation parmi les classes ouvrières et moyennes. Un lectorat sans précédent se développe soudain, du jamais vu à l'époque de Defoe. Au même moment, des améliorations dans la manufacture du papier, en imprimerie et dans le transport rendent possible l'impression de périodiques à plus fort tirage. Les éditeurs se découvrent un marché pour les feuilletons – des livres publiés par tronçons de quelques chapitres dans des éditions de papier fin et peu coûteux que l'on vend 1 shilling l'exemplaire. Les auteurs s'estiment heureux s'ils parviennent à garder un épisode ou deux d'avance sur la parution, pour que les lecteurs puissent partager leurs réflexions et influencer l'intrigue – que les lecteurs puissent participer, en d'autres mots.

Les feuilletonistes étaient nombreux, mais le nom d'un écrivain en particulier est souvent associé à cette période. Jeune garçon, Charles Dickens s'imprègne de *Don Quichotte*, de *Tom Jones* et de *Robinson Crusoé*, mais quand son père est incarcéré dans une prison de Londres pour dettes, Charles, alors âgé de 12 ans, est retiré de l'école et envoyé travailler dans un entrepôt de cirage et de teinture infesté de rats près de Charing Cross. Privé d'éducation, il devient malgré tout, encore adolescent, reporter à la Chambre des communes et obtient rapidement une position enviable au *Morning Chronicle*, journal populaire de Londres. En 1836, alors qu'il vient tout juste d'avoir 24 ans et de publier un recueil de nouvelles, il est chargé par Chapman & Hall, maison d'édition londonienne, d'écrire une série d'esquisses sur le quotidien des campagnes anglaises. Les aventures picaresques qui composent *Les Papiers posthumes du Pickwick Club* paraissent tous les mois à partir de mars 1836 jusqu'en octobre 1837. Elles n'éveillent d'abord que peu d'intérêt, mais quand Dickens donne naissance à Sam Weller, le valet de l'aristocrate Pickwick, les lecteurs en réclament plus et il le leur offre. La série prend son envol.

Dickens devient rapidement le romancier le plus populaire d'Angleterre et le maître incontesté du feuilleton. En février 1837, toujours accaparé par *Pickwick*, il se lance dans la rédaction d'*Oliver Twist* pour *Bentley's Miscellany*, un nouveau journal littéraire dont il devient le rédacteur en chef. Le récit dépeint les aventures d'un garçon pauvre, perdu dans ce miasme de crimes et de désespoir qu'est la capitale, et cible directement le lectorat de ces publications bon marché. Sur un ton cinglant, les autorités religieuses locales y sont accusées d'affamer les miséreux pour s'en débarrasser. Les asiles de pauvres que Dickens décrit sont pourtant le résultat du bouleversement technique qui lui offre un lectorat nouveau et bon marché.

Inévitablement, la parution en feuilletons modifie la structure du récit. Dickens parsème ses narrations de fins abruptes et pleines de suspense qui poussent le lecteur à revenir au prochain épisode (un *cliffhanger* en anglais, nommé ainsi parce que Thomas Hardy laisse littéralement son héros pendu à une falaise à la fin du sixième volet des *Yeux bleus*). Sa façon d'improviser en fonction des réactions des lecteurs est plus déterminante encore. En pleine rédaction d'*Oliver Twist,* commence la parution mensuelle de *Nicholas Nickleby*. En 1841, « pour réduire les intervalles de communication entre ses lecteurs et lui », il lance un hebdomadaire, *Master Humphrey's Clock*, pour lequel il écrit *Le Magasin d'antiquités* et *Barnaby Rudge.*

Les délais d'une semaine de *Master Humphrey's Clock* se révèlent trop serrés, même pour Dickens, mais la communication avec ses lecteurs reste sa priorité. Pourtant, il ne se plie pas toujours à leurs souhaits. Alors qu'il termine *Le Magasin d'antiquités* en 1841, il devient de plus en plus évident que la sainte Nell Trent, orpheline poursuivie par des prédateurs, est condamnée. Le suspense est insoutenable et les lecteurs implorent la clémence de l'auteur. Un bateau venu d'Angleterre est accueilli à New York par une foule inquiète : « La petite Nell est morte ? » Sa mort provoque finalement des scènes d'hystérie.

Bien sûr, Dickens sait exactement ce qu'il fait : *Le Magasin d'antiquités* est son roman le plus populaire à l'époque. Lorsqu'une histoire faiblit, il s'intéresse de près à ce qu'en disent ses lecteurs. En 1843, les ventes mensuelles de *Martin Chuzzlewit* ne correspondant pas aux attentes, il déplace l'intrigue en Amérique; quand les lecteurs s'attachent à Mrs Gamp, l'infirmière éméchée du roman, il lui consacre obligeamment plus de scènes.

Les universitaires considèrent cet échange comme un point crucial de la méthode Dickens. « À travers la publication en feuilletons, l'auteur retrouve une partie de la relation intime entre conteur et public qui existait à l'époque des sagas et de Chaucer », observent John Butt et Kathleen Tillotson dans leur étude de 1957, *Dickens at Work*. E. D. H. Johnson de Princeton va dans le même sens : « Les désavantages d'un programme astreignant [...] sont plus que compensés pour Dickens par cette notion de participation immédiate du public. »

À l'époque, les feuilletons sont pourtant controversés. La bonne société commence à peine à lire des romans et, pour les commentateurs des classes supérieures, les feuilletons vont trop loin. Pour nous, Dickens est un maître de la littérature, l'icône d'une culture aujourd'hui menacée. À leurs yeux, il représente une menace naissante. La célébration des traditions qu'on retrouve dans les tableaux de paysages ruraux de John Constable, Dickens n'en a que faire. Sa préoccupation pour les effets néfastes de l'industrialisation va de pair avec le feuilleton lui-même – un produit de manufacture de masse, par conséquent très suspect.

Pire, le format paraît par trop captivant. En 1845, un aristocrate de la *North British Review* le décrit comme une alternative malsaine à la conversation ou à des jeux comme le cricket et le backgammon. Devançant Huxley et Bradbury d'un siècle, il peste contre l'effet démultipliant du feuilleton sur les pouvoirs déjà hallucinatoires du roman : « La forme de publication des travaux de M. Dickens doit s'accompagner de conséquences néfastes. La lecture d'un roman n'est plus aujourd'hui l'entreprise qu'elle était autrefois, une chose à faire occasionnellement durant des vacances et presque de manière furtive [...].

Elle nous plonge dans un état d'excitation irréelle, une transe, un rêve dont il devrait nous être permis de venir à bout avant d'être ramenés à une atmosphère de réalité, guéris par ce bref excès du désir de se livrer à nouveau à ce même délire d'intérêt fiévreux. Mais désormais nos rêves se mêlent de nos affaires quotidiennes. »

Vers la fin du XIXe siècle, alors que de nouvelles avancées techniques abaissent encore les coûts d'impression et de distribution, livres et périodiques se séparent en entreprises différentes et les éditeurs délaissent peu à peu le feuilleton. La menace de l'immersion se déplace avec eux, d'abord vers le cinéma, puis vers la télévision. Livres, films et émissions TV : ces médias de masse n'offrent aucun mécanisme pour la participation du public. Mais le public veut avoir son mot à dire et ce désir ne s'évapore pas pour autant. Il se fait plus discret et prend une nouvelle forme : les fanfictions.

Les fans imaginent des aventures pour leurs personnages favoris depuis des années, mais pendant longtemps ces histoires ne sont pas sorties du cercle de nos amis. Quand Helen Ross, la publicitaire devenue Betty Draper, était en cinquième, elle composait avec sa meilleure amie des petites histoires au sujet des Monkees, groupe des années 1960 et phénomène de la télévision. Helen, qui voulait devenir écrivain, faisait apparaître son amie dans des histoires avec Micky Dolenz, le batteur ; son amie en inventait d'autres où Helen côtoyait David Jones, le chanteur. Heureusement pour elles, ni la NBC ni Columbia Records n'ayant jamais été mis au courant, elles ont pu continuer sans rencontrer la moindre opposition.

Les fans de *Star Wars* sont beaucoup moins discrets. Dès le début des années 1980, les films ont donné naissance à une flopée de fanzines, pour la plupart photocopiés et vendus pour un nickel dans les conventions. En tant qu'avocat principal de Lucasfilm, Howard Roffman a dû trouver la meilleure façon de réagir. « Vous avez stimulé l'imagination de ces gens et ils veulent s'exprimer à leur tour, me dit-il. Mais leur façon de s'exprimer constitue la plupart du temps une violation des lois sur le copyright. Les gens défilaient dans mon bureau dans tous leurs états – "Mon Dieu, ils dessinent Han Solo et princesse Leia en train de baiser !" J'ai essayé d'être la voix de la raison – quel mal ça peut faire ? Mais nous avons fixé une limite avec la pornographie. »

Véritable axe central de l'alliance rebelle contre Hollywood, Lucasfilm a longtemps essayé d'être plus compréhensif que les studios, tâchant simplement de faire disparaître les contenus classés X en fermant les yeux sur le reste. Mais, à l'arrivée d'Internet, les fanfictions ne passent plus inaperçues. Après une première hésitation, Lucasfilm adopte une stratégie de confinement. *Troops*, une parodie de dix minutes qui sort en 1997, représente un tournant. Ce court-métrage attire tellement l'attention qu'*Entertainment Weekly* consacre un article à Kevin Rubio, le réalisateur – archiviste trentenaire travaillant pour Fox Kids. « Nous avons adoré, dit Roffman. Ça a été déterminant. »

Au lieu de saboter ces initiatives, Lucasfilm cherche à les canaliser sous des formes en partie contrôlables. En 2000, la compagnie offre d'héberger gratuitement des pages Web personnelles sur Starwars.com mais à une condition : tout ce qui y est publié devient propriété intellectuelle de Lucasfilm. La même année, la société signe un contrat qui fait d'AtomFilms le site officiel des productions de fans. Les fanfictions – des descriptions d'événements se déroulant dans l'univers *Star Wars* – ne sont autorisées que des années plus tard, mais les parodies et les documentaires ne posent pas de problèmes. En 2002, AtomFilms lance même une compétition annuelle, les Star Wars Fan Film Awards, dont le vainqueur, issu d'une sélection concoctée par les employés d'AtomFilms et de Lucasfilm, est désigné par George Lucas lui-même. Les fans ne sont pas autorisés à jouer dans la même cour que Lucas, mais tant que leurs essais restent purement non commerciaux, ils peuvent au moins lui rendre hommage.

Les fans d'*Harry Potter*, eux, n'ont pas cette chance. Comme *Star Wars*, cette série se déroule dans un univers imaginaire riche, profondément attachant. L'auteur, J. K. Rowling, se montre généralement prompte à encourager les contributions des lecteurs ; ses éditeurs – Bloomsbury au Royaume-Uni et Scholastic aux États-Unis – les tolèrent également. Mais Warner Bros, studio hollywoodien appartenant à Time Warner ayant acquis les droits à l'international en 1998, ne partage pas cette vision des choses. Début 2001, de jeunes lecteurs qui tiennent à jour des sites de fans deviennent la cible de la Warner. C'est le début de la PotterWar.

Pour les studios, partager la magie de la saga *Potter* signifie dépenser des centaines de millions de dollars pour réaliser et commercialiser une série de films qui leur rapportera des milliards. Vu l'importance des enjeux, ils se sentent obligés de faire respecter leurs droits à la propriété intellectuelle. Ils commencent donc rapidement à envoyer des injonctions à des gamins du monde entier qui ont le tort d'utiliser le nom Harry Potter sur Internet ou empiètent d'une manière ou d'une autre sur leur domaine.

Cette façon de procéder déclenche la colère d'Heather Lawver, 16 ans, une fille de militaire qui vit en banlieue de Washington. Heather tient un Web journal qui reprend le nom du *Daily Prophet*, le quotidien des magiciens dans le livre. Elle n'est pas menacée par Warner, mais de nombreux autres fans ayant créé des sites Harry Potter le sont et elle s'en offusque. « Ils ont attaqué tout un groupe de gamins en Pologne, raconte-t-elle à Henry Jenkins dans son livre *Convergence Culture*. Quel danger représentaient-ils ? Ils s'en sont pris à des gamins de 12 ou 15 ans pour des sites minables. Ils ont sous-estimé les liens qui existent entre les fans. »

Ces derniers restent en effet extrêmement solidaires, comme Warner va vite le découvrir. Furieuse, Heather lance la « Défense contre les forces du mal », une organisation en ligne, et initie un boycott des produits dérivés Harry Potter. Comme elle l'affirme dans son ordre de mission : « Les agissements de Warner Brothers sont purement inacceptables. Contraires à l'éthique, à la morale et tout simplement révoltants. Une grande société joue les brutes de bac à sable, oppresse des enfants innocents et leur fait croire qu'ils perdront tout leur argent de poche et endetteront leur famille s'ils ne donnent pas leur nom de domaine, leur site ou quelques photos. Est-ce là le prix de la "promotion d'entreprise" ? Des enfants obligés de se sacrifier ? »

En décembre 2000, Claire Field, 15 ans, vivant dans le West Yorkshire, reçoit une lettre menaçante lui demandant de clôturer son site, Harrypotterguide.co.uk, et de céder ce nom de domaine à la Warner. Au lieu de cela, elle et son père engagent un avocat et lancent une campagne publique contre le studio, en commençant par donner une interview au *Daily Mirror*, un tabloïd. Alastair Alexander, un Londonien de 33 ans travaillant dans le conseil, lance un site d'émancipation des fans appelé PotterWar et prend fait et cause pour la jeune fille. D'autres adolescents commencent à ébruiter leurs propres histoires de harcèlement. Les forums Internet du monde entier grondent d'un sentiment anti-Warner. Les journaux relaient l'histoire. À Pâques, en 2001, certains prêtres britanniques condamnent Warner pour sa campagne contre les enfants. Confrontée à un véritable désastre en termes de relations publiques, la compagnie n'a pas d'autre choix que de prétexter une « erreur de communication » et de faire marche arrière.

Pour les sociétés de divertissement, une leçon semble aujourd'hui évidente : ne jamais s'attaquer à une bande d'apprentis informaticiens qui n'ont rien à se reprocher. Mais plus important encore, ne jamais s'attaquer au public quand il essaie de s'approprier l'histoire dont vous détenez les droits. Plagier et profiter du travail d'un autre n'est pas le sujet ici. On doit prendre modèle sur l'accord tacite entre éditeurs de mangas et *otaku* au Japon. Les gens ne cessent de réinventer les histoires qu'ils aiment parce que c'est humain. Si l'histoire est suffisamment marquante, une rencontre superficielle ne peut pas les satisfaire. Ils veulent aller plus loin. S'y imaginer, la raconter avec leurs mots. Et plus la connexion est forte, moins ils seront à même d'obéir à une injonction.

Certaines sociétés commencent à le comprendre. En 2008, quand Disney sort *La Belle au bois dormant* en Blu-ray, le coffret inclut un accès au nouveau BD-Live Network, qui, grâce à une connexion Internet, permet aux jeunes utilisateurs en différents lieux de synchroniser le visionnage, de s'envoyer des messages pendant qu'ils regardent le film et même d'y insérer leurs propres vidéos. Ils doivent tout de même accepter 58 pages de conditions d'utilisation pour pouvoir y accéder. Et, bien sûr, on ne peut jamais satisfaire tout le monde. « Disney a décidé que la jeunesse américaine souffrait d'une trop grande capacité de concentration ? grince un critique du *New York Times*. Nous sommes dans de beaux draps si les enfants doivent être divertis de leur divertissement. »

Il serait plus juste de dire que les enfants veulent se divertir eux-mêmes pendant qu'on les divertit. Mais oui, nous sommes en effet dans de beaux draps. Nous vivons à une époque où deux modes de culture populaire luttent pour la suprématie : passivité contre participation. Médias de masse contre *deep media*. Les premiers sont industriels, fabriqués par quelqu'un d'autre et consommés par vous. L'autre est digital et offre un moyen de participer.

Longtemps surnommé « l'usine à rêves », Hollywood est un parfait exemple du média de masse. À son apogée, dans les années 1930 et 1940, l'industrie cinématographique fonctionnait aussi précisément que l'usine Ford de River Rouge, près de

Detroit. Ses parties constitutives, des studios aux salles de projection, appartenaient à une poignée de sociétés à intégration verticale, dont la Warner, qui s'étaient développées depuis le début du siècle. Dans cette « colonie du cinéma », écrivains contractuels, réalisateurs et acteurs s'efforçaient de créer des films qui attireraient les spectateurs dans les salles obscures. Le glamour d'Hollywood se fabriquait en même temps que les films. Mais la majeure partie des bénéfices venait des salles de cinéma, dont le but était de louer le plus de sièges à l'heure. L'industrie cinématographique était essentiellement une opération immobilière, où le divertissement de masse jouait le rôle de rabatteur.

Tout a changé dans les années 1950, après une décision de la Cour suprême en 1948 dans un dossier antitrust interminable forçant les studios à se désolidariser des cinémas. À la même époque, la télévision commence à lui voler son pain quotidien – le public des séries B. Bientôt, les studios commencent à produire des séries télévisées à la place de ces films bon marché, mais le produit ne change pas de manière fondamentale ; il rétrécit simplement. Il ne permet en tout cas pas aux petites filles de se dévergonder avec les personnages.

Pourtant, cette pulsion – pas seulement pour les filles mais aussi pour les garçons adolescents et pas mal d'adultes également – n'a rien de frivole. Elle est profondément liée à la créativité et c'est l'argument que défend Wim Wenders quand je le rencontre au Festival de Cannes. Nous sommes au Pavillon américain, une tente très chic sur la plage, pour discuter de l'avenir du divertissement et inévitablement nous en arrivons au « piratage ». Ce mot renvoie le réalisateur à son enfance :

« J'ai peur que cela devienne un peu trop difficile, pour une simple raison. J'étais un enfant pirate. Même avant la télévision. J'avais hérité d'un projecteur à manivelle et d'une boîte de films 8 mm de mon père ; que du Charlie Chaplin et du Buster Keaton [...]. Et quand l'image est devenue trop mauvaise, parce que je les avais projetés des centaines de fois, j'ai commencé à les couper, et j'ai trouvé cette petite machine qu'avait un ami, qui pouvait les recoller pour faire de nouveaux films. Tout cela marchait du tonnerre – Buster Keaton et Harold Lloyd devenaient soudain interactifs, c'était fantastique !

Donc j'ai très peur que pour les gamins d'aujourd'hui la possibilité de prendre ce qu'ils veulent, de l'utiliser pour en faire ce que bon leur semble disparaisse bientôt. Parce qu'on va les en empêcher. Il y a toute la matière dont ils ont besoin, mais ils ne pourront plus s'en nourrir. »

En d'autres mots, ce qui est mauvais pour le contrôle peut être bon pour la créativité.

William Gibson a décrit l'excitation qu'il avait éprouvée à découvrir que William Burroughs, « l'auteur le moins imitateur de tous », découpait le travail d'autres auteurs aux ciseaux pour en recoller les morceaux à sa manière. Aujourd'hui, cette fonction existe sur tous les ordinateurs. « Le remix est la nature même du digital, écrit Gibson. Aujourd'hui, un processus fondamentalement social recombine à l'infini et génère des heures et des heures de produit créatif. » Mais les collages n'ont pas leur place dans le business des sociétés de médias de l'ère industrielle. Si le public réinvente l'histoire, alors à qui appartient-elle ? Aux grands groupes de médias, si l'on en croit les procès menés par la Motion Picture Association of America et la Recording Industry Association of America.

Ostensiblement, ces attaques en justice ont pour but de décourager le téléchargement illégal. Le piratage nuit à l'industrie musicale, c'est indéniable. Selon la firme de recherche de marchés NPD, les étudiants américains ont téléchargé 1,3 milliard de chansons rien qu'en 2006. Au Royaume-Uni, une étude de 2009 ciblant les 14-24 ans estime que 60 % d'entre eux téléchargent de la musique, pour la plupart de manière quotidienne ou hebdomadaire. Dans le même temps, entre 1999 et 2009, les ventes de musique ont chuté d'un tiers.

On peut défendre l'argument que le piratage est en large partie une réaction à la cupidité et à l'ineptie des maisons de disques. Pendant des années, les labels ont rechigné à offrir des téléchargements légaux. Après vingt ans passés à vendre des CD moins coûteux à un prix plus élevé que le vinyle, ils ne voulaient pas que les consommateurs puissent télécharger n'importe quel morceau pour 1 euro. Ils ne souhaitaient pas non plus briser les chaînes qui vendaient ces CD – des sociétés comme Tower Records, qui finiraient par couler de toute façon. Quand Apple parvient à traîner les labels dans son iTunes Store en 2001, le piratage est déjà bien ancré. Les procès provoquent un retour de manivelle qui le cimente d'autant plus.

Pourtant, quand vous observez attentivement ce que font les sociétés de médias, vous comprenez rapidement que leur peur panique du piratage n'est pas une simple réaction au vol. C'est aussi une réaction contre la culture participative. Lawrence Lessig de la Harvard Law School inclut dans ses démonstrations une courte vidéo où Holden Lenz, âgé alors de 13 mois, danse sur le sol de la cuisine de ses parents, une chanson de Prince à peine audible en fond sonore. La mère d'Holden poste la vidéo sur YouTube pour que ses amis et sa famille puissent la voir, mais s'attire des ennuis avec la police du copyright. À peine quelques mois plus tard, un avocat du groupe Universal Music – la plus grande maison de disques du monde, responsable de presque tous les artistes, de U2 à 50 Cent en passant par Prince évidemment – envoie une procédure de retrait à YouTube. Cette vidéo où un bébé danse constitue apparemment une utilisation non autorisée de la musique de Prince.

Une posture si absurde qu'elle doit être la manifestation d'une hystérie collective. Les gens qui menacent la mère d'Holden s'érigent en pourfendeurs du piratage, mais protègent en fait un média du XXe siècle d'une poussée de créativité qui ressemble pour eux à du vol. Dans leur vision des choses, les artistes comme Prince existent dans un monde de propriété exclusive : ce qui est à moi ne peut pas être à toi. Mais, comme les éditeurs de mangas l'ont compris depuis des années déjà, les histoires et les personnages gagnent de la valeur quand le public s'en empare, ils prennent plus de sens.

Dans son livre paru en 2008, *Remix*, Lessig rappelle la déclaration devant le Congrès, en 1906, de John Philip Sousa, le compositeur de *Stars and Stripes Forever*. Sousa prend la parole à une époque très différente de la nôtre, une époque où le divertissement de masse est encore une nouveauté. Les grands studios comme Universal et Warner ne sont pas encore formés ; l'industrie du disque n'est qu'un nourrisson. Mais déjà le phonographe devient de plus en plus populaire et Sousa ne le voit pas d'un bon œil : « Quand j'étais enfant [...], devant chaque maison, les soirs d'été, vous trouviez de jeunes gens qui chantaient à l'unisson les airs du moment ou de plus anciens. Aujourd'hui, vous entendez jour et nuit ces machines infernales. Nous allons en perdre nos cordes vocales. L'évolution en aura raison, comme elle a eu raison des queues que nous avons héritées des singes. »

Plus personne aujourd'hui ne se rappelle le monde que décrit Sousa – un monde d'avant le phonographe, d'avant les films, la radio et la télé. Un monde où tout le monde chante. Les photographies sépia et le verbiage vieillot donnent quelques indices de son existence. Mais peut-être que nous n'avons pas besoin de nous souvenir. Nous pouvons le recréer.

5
Aux sentiers qui bifurquent

Des erreurs sont bien sûr commises en cours de route. Un des plus étranges exemples se produit au début des années 1990, quand la société Interfilm cherche à convertir l'Amérique au « cinéma interactif ». Interfilm est le bébé de Bob Bejan, un jeune entrepreneur ayant fait fortune grâce à la mode des *Tortues Ninja*, en composant quelques chansons pour ces personnages de dessin animé luttant contre le crime et en envoyant quatre types costumés dans une tournée mondiale qui fera beaucoup de bruit. Bejan, un beau parleur qui ressemble un peu au présentateur Pat Sajak, s'habille élégamment et sait se montrer persuasif – selon certaines personnes en tout cas. Avec Interfilm, il souhaite créer « un jeu cinématique » où les spectateurs contrôleraient l'intrigue en votant à certains moments clés : pressez le bouton vert si le type piégé sur le toit doit courir vers la porte, jaune s'il doit sauter sur le toit de l'immeuble voisin, rouge s'il doit révéler qu'il est agent secret.

C'est l'un des choix proposés dans *I'm Your Man*, la première production Interfilm, un court-métrage de vingt minutes qui sort en décembre 1992, tourné en six jours pour 370000 dollars. La première projection a lieu à Manhattan, dans un cinéma dont les sièges ont des accoudoirs équipés de manettes. Les spectateurs ont dix secondes pour faire leur choix en pressant le bouton adéquat.

Bejan claironne sa réussite sans timidité ; dans une note publicitaire, il déclare qu'Interfilm est « le développement technologique le plus révolutionnaire depuis l'apparition du son », pour ne pas dire un « nouveau paradigme dans le monde des arts et du divertissement ». En mariant cinéma et jeu, Bejan essaie d'introduire au cinéma l'idée de ramifications narratives. Les conventions de la narration linéaire – et la plupart des films restent à l'époque très linéaires – nécessitent un déroulement continu et séquentiel. Mais les jeux vidéo sont à la fois non linéaires et interactifs. La fin diffère selon certaines décisions clés du joueur. Pour Bejan, Interfilm sera la prochaine étape du divertissement.

Étonnamment, le premier film de Bejan n'est pas son dernier. Avec l'appui de Sony, qui découvre encore naïvement Hollywood, il en produit deux de plus. Le premier, une comédie grasse à petit budget, est écrit et réalisé par Bob Gale, scénariste des *Retour vers le futur* de Robert Zemeckis, et sort en 1995 dans 44 salles aux États-Unis. Le rôle titre de ce film intitulé *Mr. Payback* est interprété par Billy Warlock, plus connu pour son rôle de sauveteur dans *Alerte à Malibu*, qui joue ici un homme ayant le pouvoir de punir les mécréants. Quand un homme en pleine santé se gare sur une place pour handicapés, le public doit choisir s'il doit frapper la voiture ou le conducteur. À d'autres moments, les spectateurs peuvent décider de passer le personnage en « mode flatulence », forçant ainsi son acolyte à porter un masque.

Mr. Payback récolte des critiques assassines (« idiot et choquant », déclare un Roger Ebert clément) et les salles sont presque vides. Le nouveau paradigme de Bejan ne provoque que les bâillements des cinéphiles. Les rares spectateurs se mettent dans une colère noire, hurlent des propositions quand aucun choix ne leur est proposé et se précipitent pour presser les boutons des sièges vides dès qu'ils le peuvent. Interfilm sort une dernière production avant de faire faillite deux mois plus tard. Bob Bejan travaille ensuite chez Warner puis chez Microsoft, où il devient programmeur pour MSN pendant plusieurs années.

De toute évidence, Interfilm est un gâchis – une expérience mal pensée, parfaite illustration de ce que le divertissement interactif peut créer de pire. Un critique le compare au Smell-O-Vision, technique qui pendant une brève période en 1960 promettait de révolutionner le cinéma de manière tout aussi malavisée. Un autre lance que si Bejan et compagnie connaissaient un peu mieux l'industrie, ils sauraient que le public décide déjà de l'intrigue des films ; c'est tout l'objet du test marketing. Bran Ferren, un consultant en technologie de l'industrie du divertissement qui prendra plus tard les commandes de Walt Disney Imagineering, observe qu'il ne faut pas que le public décide du moindre rebondissement de votre histoire : « C'est à ça que servent le réalisateur et le producteur. »

Bon point. Aussi horribles qu'aient été les productions Interfilm, c'est le concept lui-même qui est le plus ridicule. Interfilm illustre parfaitement les défauts des histoires « dont vous êtes le héros » – l'idée que le narrateur d'une histoire interactive puisse renoncer à ses responsabilités. Aujourd'hui, cette notion paraît simpliste, un vestige du début des années 1990, époque où les gens parlaient encore d'autoroute de l'information et décrivaient les CD-ROM multimédia comme l'avenir de l'édition. Rien de tout ça n'est pourtant évident en 1992, ni même en 1995, parce que l'interactivité est encore une idée neuve. L'idée que les spectateurs puissent créer leur propre divertissement n'est pas d'actualité. Les narrations ramifiées paraissent être la seule solution.

L'hypertexte, absent des films conventionnels, est le point commun entre jeux vidéo, CD-ROM et « autoroute de l'information ». Grâce à ces liens intégrés, devenus une caractéristique vitale du Web, il n'est plus nécessaire ni même attendu d'employer une progression linéaire. Cette innovation définit toute notre ère.

Vannevar Bush, important technocrate américain de la Seconde Guerre mondiale, détaille le premier cette notion dans un essai majeur intitulé *As We May Think*. Directeur de la

Commission nationale de recherche pour la défense pendant la guerre, il dirige les efforts de milliers de savants, y compris les responsables du Projet Manhattan qui testent la bombe atomique. Publié dans l'*Atlantic Monthly* en juillet 1945, des semaines après la reddition de l'Allemagne nazie et peu de temps avant le bombardement d'Hiroshima et de Nagasaki, son article pose la question suivante: « Et après ? »

Selon lui, le problème capital que la science doit résoudre est notre incapacité croissante à nous rappeler ce que nous savons déjà, à nous orienter efficacement dans « notre déroutante réserve de savoir », comme l'observe l'*Atlantic* dans une note d'éditeur. Les systèmes d'indexation ne remplissent pas leur tâche pour une raison simple: « L'esprit humain ne fonctionne pas de cette manière. Il opère par association. D'un objet qu'il embrasse, il passe instantanément au suivant qui lui est suggéré par association de pensées, en accord avec une toile de cheminements complexes portée par les cellules du cerveau. »

Même si cela ne paraît pas évident aujourd'hui, c'est une réflexion visionnaire. Né en 1890, Bush est l'enfant d'une époque où la taxonomie – l'organisation hiérarchique du savoir – fait loi. Originellement appliquée à la classification de la faune et de la flore, cette discipline est le résultat d'une précédente explosion de l'information: les 500 et quelques espèces de plantes connues en Grèce antique sont devenues 18000 quand le naturaliste suédois Carl Linnæus les catalogue au XVIIIe siècle. Bien sûr, aucune hiérarchisation de données n'est parfaite; chacune nécessite de nouvelles améliorations à mesure que s'amassent encore d'autres découvertes. Assez, coupe Bush: « La somme de l'expérience humaine augmente à une vitesse prodigieuse, et les moyens utilisés pour parcourir le labyrinthe ainsi créé, pour atteindre l'objet que nous cherchons, sont encore ceux que nous utilisions à l'époque des bateaux gréés en carré. »

Il propose le « memex », mécanisme servant de supplément de mémoire. Étrangement, étant donné son statut de doyen au

MIT, où l'un de ses étudiants en maîtrise, Claude Shannon, a effectué des travaux qui initieront les balbutiements de l'ordinateur, il ne pense pas à encoder les informations de son memex ni à les transmettre de manière électronique. Il parle de les miniaturiser et de les conserver sur des microfilms, alternative analogique maladroite. Il a pourtant des années d'avance sur son temps quand il écrit : « Des formes complètement nouvelles d'encyclopédies vont apparaître, prêtes à l'emploi, parcourues par un tissu de pistes associatives. » Ces dernières sont les liens qui nous conduisent aujourd'hui d'un document à un autre sur le Web.

Vingt ans après que Bush a présenté l'idée, en août 1965, Ted Nelson lui donne un nom, l'hypertexte, à l'occasion d'une conférence annuelle de l'ACM, première et plus importante société d'informatique de la planète. Nelson, un visionnaire excentrique qui s'intéresse à cette idée depuis ses études à Harvard, compose une version digitale des pistes associatives de Bush et imagine des liens intégrés permettant aux lecteurs de sauter d'un texte à l'autre. La lecture, activité linéaire par excellence, est métamorphosée.

Bush a raison de souligner que le cerveau humain fonctionne par association, mais personne ne s'étonnera d'apprendre que l'inventeur de l'hypertexte était hyperactif. Comme le raconte Gary Wolf dans un long portrait paru dans *Wired* :

« Trouble du déficit de l'attention, une expression inventée par des maniaques de la régularité, a remarqué Nelson. Des gens qui tiennent à ce que vous fassiez toujours la même chose, chaque jour, ce qui rend fous certains d'entre nous. Trouble du déficit de l'attention... il nous faut un terme plus positif. L'esprit papillonnant, peut-être.

« Xanadu, système d'information hypertexte majeur, est pour Ted Nelson une quête de libération personnelle. L'esprit papillonnant de l'inventeur et son incapacité à garder le fil le vouent à une relative impuissance. Il [...] doit trouver une méthode pour se retrouver dans la multiplication frénétique d'associations que produit son cerveau. Sa grande inspiration est d'imaginer un programme informatique capable de suivre tous les chemins divergents de ses réflexions et de ses écrits. Ces ramifications, ces écrits non linéaires, Nelson les baptise hypertexte. »

Nelson tire ce nom du préfixe grec ὑπέρ-, qui signifie « plus » ou « excessif ». C'est l'équivalent du préfixe latin *super-*, pensez à Hyperman, le double de Superman, venu d'une autre planète. Reste que Nelson invente de nombreux termes qui tomberont tous dans l'oubli au fil des années : *teledildonics*, *transclusion*, *intertwingularity*. Aucune raison de penser à l'époque que l'hypertexte ne subirait pas le même sort. Nelson fournit peu de détails techniques dans l'article qu'il présente à l'ACM. La raison en est simple : sa proposition nécessite une quantité de mémoire et une puissance de traitement inimaginables au milieu des années 1960. Les professionnels de l'informatique font très peu de cas de son idée. « Seule son ignorance des logiciels avancés lui permettait de poursuivre cette chimère », résume Wolf dans *Wired*.

Mais avec les progrès rapides, la miniaturisation des processeurs et des unités de stockage, bien des chimères – l'ordinateur personnel, par exemple – deviennent possibles. À la fin des années 1980, les chercheurs informatiques s'intéressent de plus près à l'hypertexte comme moyen de classer les informations. En 1989, quand Tim Berners-Lee – alors chercheur au CERN, l'organisation européenne pour la recherche nucléaire – propose le service Internet, devenu le World Wide Web, il fait de l'hypertexte le point central du concept. Dans la structure non linéaire du Web, le rêve de Ted Nelson prend vie, sous une forme bâtarde selon lui, mais tout de même.

La proposition initiale de Tim Berners-Lee ne concernait pas un système d'informations mondial, mais quelque chose de bien plus spécifique au CERN. Selon lui, les physiciens qui y travaillaient avaient besoin d'un moyen de garder le fil des informations dans une organisation caractérisée par une rotation importante des équipes et une ambiance soumise aux « bruits de couloir ». Dans un tel environnement, observe-t-il, « les détails techniques des projets passés étaient parfois perdus pour toujours, ou retrouvés après de véritables enquêtes de détective menées tambour battant. Souvent, l'information était notée quelque part, mais on ne la retrouvait tout simplement pas. » Précisément le problème identifié par Bush quelque quarante-cinq ans plus tôt. La solution de Berners-Lee est d'encourager le développement d'un « bassin d'informations » pouvant enfler et évoluer avec le temps. « C'est, ajoute-t-il, précisément la raison pour laquelle une "toile" de notes reliées [...] entre elles est bien plus utile qu'un système hiérarchique figé. »

Quelques années plus tard, lors d'un symposium organisé au MIT pour célébrer le cinquantième anniversaire de l'article de Bush, Berners-Lee définit le fond de sa pensée : « Je rêvais (je rêve toujours) que cette toile ressemble moins à une chaîne de télévision qu'à un océan interactif de savoir partagé. Je nous imagine immergés dans un environnement amical et chaleureux fait de toutes les choses que nous et nos amis avons vues, entendues, crues ou découvertes. » Amical et chaleureux, le Web ne l'est pas toujours. Mais question partage, interactivité et immersion, Berners-Lee a raison sur toute la ligne.

Dans le même discours, il demande malicieusement à quoi nous associons le mot « lien ». Les réponses incluent « confusion » (« correspondant à l'impression de beaucoup à un moment où la toile semble menacer le monde ordonné et hiérarchique »), « cool » et « lectorat » puisque « chaque lien apporte toujours plus de lecteurs ». Mais la connexion finale qu'il fait est la plus intéressante de bien des manières : « dollars ».

Nous sommes en 1995. L'hypertexte a déjà donné naissance à une « économie de liens » – conséquence d'un monde défini par le Web où l'information (souvent redondante) n'a pas tant de valeur que les liens guidant vers les données les plus éclairantes. Pas difficile de comprendre pourquoi. La « réserve de savoir déroutante » décrite en 1945 a grossi de manière exponentielle dans les décennies qui ont suivi. Sur la seule année 2002, selon une étude menée à Berkeley, le monde produit 5 exabytes de nouvelles informations, qu'elles soient imprimées, disponibles sur pellicule, vidéo ou disque dur – 5 milliards de milliards de bytes, l'équivalent d'un demi-million de copies des livres de la Bibliothèque du Congrès. Le double de ce qui était produit trois ans plus tôt.

Quand les gens disent qu'Internet est en train de bouleverser l'industrie des médias existants, ils désignent en fait deux phénomènes : cette cascade toujours plus importante d'informations d'un côté et l'émergence des hyperliens comme solution de l'autre. Sur une planète qui produisait déjà en 2002 une bibliothèque toutes les cinquante-sept secondes, la plupart de ces informations n'ont pas la qualité d'autrefois. Mais les liens vers la bonne information revêtent une valeur extrême – surtout pour les sociétés qui savent les utiliser à leur avantage.

Ces liens changent notre relation à l'information. Ils émancipent les individus et détruisent les hiérarchies. La plupart des entreprises médiatiques gardent encore un état d'esprit hiérarchique. Elles fournissent de l'information à un peuple censé en être affamé – sauf que ce dernier est repu. Au lieu de se chercher une place dans cette nouvelle économie, les médias chassent trop souvent les liens comme des voleurs.

Débarque ensuite Google, une société fondée par deux étudiants de Stanford qui développent un moteur de recherche classant les résultats en fonction du nombre de liens entrants qu'ils comptabilisent. Plus une page est liée à d'autres pages, et plus ces pages obtiennent des liens à leur tour, plus elle est pertinente. Ils tiennent cette idée d'Eugene Garfield, un bibliographe ayant créé en 1960 un index de citations pour les articles scientifiques. Le projet de Garfield, qui s'inspire lui-même de l'essai de Vannevar Bush, est conçu pour montrer de façon simple et directe qui cite qui. Remplacez « cité » par « relié » et vous avez l'essentiel de la formule Google.

Plus tard, Google trouve comment vendre de la publicité sur la base de ces résultats de recherche – un procédé supervisé depuis 2002 par son directeur commercial, Hal Varian, un des deux auteurs de l'étude de Berkeley. En 2010, une décennie après que l'entreprise s'est constituée en société commerciale, Google engrange 29 milliards de dollars – la quasi-totalité vient de publicités en rapport aux liens – et fait un profit de 8,5 milliards, près de 30 % de ses revenus.

L'année d'avant, plus de soixante ans après Vannevar Bush, l'*Atlantic* a publié un essai de Nicholas Carr intitulé « Google nous rend-il stupide ? » Son reproche : « Même si je ne travaille pas, je suis vraisemblablement en train de fouiller les fourrés d'information du Web, de lire et d'écrire des e-mails, de parcourir les titres et les publications de blogs, de regarder des vidéos ou d'écouter des podcasts ou simplement de voyager de lien en lien à l'infini. [...] Autrefois j'étais plongeur au tuba dans une mer de mots. Aujourd'hui je passe comme une flèche sur la surface comme un type à jet-ski. [...] Au diable memex, dit Carr, les hyperliens trouent mon cerveau comme un fromage suisse. »

Carr n'a pas tort : les hyperliens, et les médias électroniques en général, changent en effet notre façon de lire et de penser. Mais les effets sont-ils aussi néfastes qu'il le dit ? Le monde s'en inquiète au moins depuis Socrate – qui, comme le remarque Jonah Lehrer dans une critique de *The Shallows*, un livre de Carr, se plaint que les livres n'encouragent pas la mémoire. Ce que Socrate refuse de voir, c'est que les livres nous permettent aussi de nous « rappeler » une somme d'informations impossible à garder en tête. Aussi, quand les livres menaçaient de nous rendre stupides il y a deux mille quatre cents ans, nous n'y avons pas renoncé mais avons plutôt redéfini le mot « stupide ». Nous ferons la même chose avec Google, je suppose.

Pensez ce que vous voudrez des hyperliens, toujours est-il qu'ils changent notre façon d'envisager la narration. En 2005, dans une critique tirée de *Film Comment*, Alissa Quart utilise l'expression « cinéma hyperlien » en évoquant des films dont les scènes s'enchaînent au gré d'un hasard apparent plus qu'au fil d'une intrigue séquentielle. Dans *Happy Endings*, écrit Quart, Don Roos, le réalisateur, « cesse de s'angoisser et apprend à aimer son navigateur Internet, connectant une scène à la suivante grâce au hasard et à des liens hypertextes. Google rencontre Robert Altman en somme. » Robert Ebert popularise l'expression quelques mois plus tard dans sa critique de *Syriana*, bien incapable de citer le terme exact ou le nom de son inventeur parce que, « ironie des ironies, j'ai perdu le lien ».

Contrairement à l'hypertexte, les films n'offrent pas de réelles ramifications; Interfilm l'illustre parfaitement. Quart et Ebert utilisent le mot « hyperlien » dans un sens métaphorique, pour parler de films aux intrigues croisées qui révèlent une connexion cachée entre les choses. Sans doute l'exemple le plus influent de narration non linéaire dans l'histoire d'Hollywood, *Pulp Fiction* de Quentin Tarantino (1994) présente trois histoires sans ordre apparent concernant deux tueurs à gages, un boxeur corrompu et un chef de gang. *Magnolia* de Paul Thomas Anderson (1999) raconte neuf histoires qui s'entremêlent lors d'une même journée à Los Angeles. Dans *Babel* d'Alejandro González Iñárritu (2006), un coup de feu tiré par des bergers adolescents en direction d'un car de touristes ricoche et touche la vie de gens de Tokyo, San Diego et autour de Tijuana, les reliant tous.

Les narrations non linéaires sont apparues longtemps avant que le Web ne vulgarise l'hypertexte. Jusqu'à l'arrivée de Tarantino, c'est l'aire de jeux de l'avant-garde. Dans *Rashômon*, Akira Kurosawa raconte un viol et un meurtre en présentant les versions contradictoires du criminel, de la femme, de son époux assassiné et d'un témoin. Quelques années après, dans des films comme *Tirez sur le pianiste* de François Truffaut, les réalisateurs de la Nouvelle Vague commencent à placer les plans dans le désordre. Au milieu des années 1960, lors d'un entretien avec Jean-Luc Godard à Cannes, le réalisateur Georges Franju s'en prend à ces techniques non conventionnelles. « Mais sûrement, monsieur Godard, lance-t-il, vous reconnaissez la nécessité qu'il y ait un début, un milieu et une fin à vos films. » Ce à quoi Godard répond : « Certainement. Mais pas nécessairement dans cet ordre. »

En 1941, Jorge Luis Borges fait de la non-linéarité le sujet d'une nouvelle intitulée « Le jardin aux sentiers qui bifurquent ». L'histoire s'attarde sur un mystérieux roman chinois du même titre, « un vague amas de brouillons contradictoires ». « Au troisième chapitre, le héros meurt, au quatrième il est vivant. » L'illustre auteur du roman, Ts'ui Pen, s'est retiré du monde pour écrire ce livre et « pour construire un labyrinthe dans lequel tous les hommes se perdraient », mais il est assassiné avant de pouvoir le terminer et son labyrinthe n'est jamais retrouvé. Le narrateur de la nouvelle, qui vit en Angleterre et se trouve être l'arrière-petit-fils de Ts'ui Pen, est un espion à la solde des Allemands pendant la Première Guerre mondiale. Dans une tentative désespérée de communiquer à Berlin le nom d'une ville de la Somme abritant une base militaire, il décide de tuer un homme nommé Albert. Il prend le train et se rend dans un village voisin, où en tournant à gauche à chaque carrefour il retrouve finalement le domicile de Stephen Albert, sa victime désignée. L'homme est un éminent sinologue.

Invitant le narrateur à entrer, le sinologue qui ne se doute de rien se met à éclaircir le mystère du jardin aux sentiers qui bifurquent. Il pense que le labyrinthe et le roman ne font qu'un – mais c'est un labyrinthe dans le temps et non dans l'espace. Plus qu'un labyrinthe physique de sentiers qui bifurquent, c'est un labyrinthe de possibilités qui bifurquent. Comme le sinologue l'explique : « Dans toutes les fictions, chaque fois que diverses possibilités se présentent, l'homme en adopte une et élimine les autres ; dans la fiction de Ts'ui Pen, il les adopte toutes simultanément. Il crée ainsi divers avenirs, divers temps qui prolifèrent aussi et bifurquent. [...] Dans l'ouvrage de Ts'ui Pen, tous les dénouements se produisent ; chacun est le point de départ d'autres bifurcations. »

Le labyrinthe de possibilités de Borges est ce qu'on pourrait appeler un « multivers ». Inventé par William James en 1895, le terme ne s'applique que bien plus tard à l'interprétation dite « des mondes multiples » de la mécanique quantique. Dans son histoire, Borges décrit ce type de fiction comme un fouillis incohérent. Pourtant, dès les années 1980, plus de la moitié des réalisateurs hollywoodiens commencent à expérimenter leur propre multivers. Robert Zemeckis et Bob Gale, naviguant à un niveau de réflexion considérablement inférieur à celui de Borges, s'essayent aux réalités alternatives en envoyant Michael J. Fox perturber le flirt de ses parents dans *Retour vers le futur*. Ce que Borges traite comme une énigme philosophique et Zemeckis comme une astuce scénaristique devient ensuite le propos de quantité de séries télévisées. Comme Sylar le voleur de cerveau le demande dans *Heroes* : « Je t'avais pas déjà tué, toi ? »

Le concept de narration non linéaire et ramifiée s'est niché dans nos esprits. Mais l'hypertexte fausse-t-il notre perception ? Ou est-il au contraire un produit de notre conscience, une représentation naturelle de notre façon de penser ? C'est l'interrogation que soulève David Lynch quand je lui demande pourquoi tant de ses films utilisent des intrigues non linéaires : « C'est la nature de la vie d'aujourd'hui. En une journée on passe de l'Irak au Pakistan pour se retrouver finalement en voiture à New York. Les souvenirs affluent, les oiseaux volent et une part de toi pense déjà à d'autres endroits du monde. Ça influence ton travail. »

Coup de fil. Moi dans une chambre à New York, lui à 4000 kilomètres de là, à Los Angeles, nous partageons un instant la même expérience auditive.

Lynch se délecte du surréalisme du quotidien. Dans la scène d'ouverture de *Blue Velvet*, parfaite illustration de son univers, la caméra se penche sur le gazon luisant, hyperréaliste, d'un pavillon de banlieue et s'y enfonce jusqu'à dévoiler un grouillis d'insectes. Il nous offre fréquemment des scènes qui s'entrechoquent pour des raisons que nous ne comprenons que plus tard, ou peut-être jamais. Bien sûr, cela ne fait que souligner l'étrangeté dévorante de ses films.

Prenons *Mulholland Drive*, pour lequel il a reçu le prix de la mise en scène à Cannes (un honneur qu'il partage cette année-là avec Joel Coen). L'imagerie luxuriante du film, mêlée à une narration brisée, y compose un portrait sinistre et halluciné d'un Hollywood de songes. Mulholland Drive, une route boisée et isolée qui serpente au sommet des collines, représente l'apogée du succès dans le show business. Pendant deux heures la caméra s'éprend de Betty (Naomi Watts), une jeune femme naïve et irrépressiblement dynamique qui se rêve en star, et d'une mystérieuse brune qui se fait appeler Rita (Laura Elena Harring). Après avoir échappé de peu à un tueur à gages sur une portion déserte de Mulholland, Rita débarque dans l'appartement de Betty, complètement amnésique, avec 50000 dollars dans le sac à main. Pendant ce temps, des mafieux forcent un jeune réalisateur à engager pour son prochain film une actrice nommée Camilla, et un autre homme raconte à quelqu'un un rêve dans lequel il a vu un monstre derrière le restaurant où ils se trouvent – il s'effondre quand ils vont dehors pour en savoir plus et qu'ils y découvrent un sans-abri. Betty et Rita, qui enquêtent sur l'identité de cette Camilla, se rendent dans une vieille résidence d'Hollywood à la recherche d'une certaine Diane Selwyn. Elles entrent par effraction dans son appartement et retrouvent son corps en décomposition sur le lit. De retour chez Betty, elles s'envoient en l'air.

Dans les vingt dernières minutes, le film fait une brutale embardée. Adieu langueur, lenteur, tout devient par trop réel. Betty a perdu de son éclat et pris les traits de Diane Selwyn, une actrice ratée vivant dans l'appartement où elle se décompose dans la première partie. Rita s'appelle maintenant Camilla. Elle repousse Diane en plein ébat et lui dit: « On devrait arrêter. » Autre scène, Diane se masturbe mais n'arrive pas à jouir. Lors d'une soirée organisée par le réalisateur sur Mulholland Drive, elle assiste avec un désespoir croissant à l'annonce des fiançailles de ce dernier avec Camilla. Diane rencontre un tueur à gages au dîner et lui donne 50000 dollars pour tuer sa petite amie. Nous la voyons dans son appartement; sur la table basse se trouve une clé bleue, preuve que le contrat est rempli. Elle ramasse un pistolet et se tire une balle dans la tête.

Incompréhensible pour beaucoup, et ce n'est rien de le dire. Lynch, comme à son habitude, ne dit mot. Mais Stephen Holden n'est pas loin de la vérité quand il décrit dans le *New York Times* « un film comme un rêve pulp, enfiévré et postfreudien ». Et quand *Salon* interviewe un analyste freudien, il n'y trouve pas l'ombre d'un mystère. Les deux premières heures sont un rêve, dit-il, « de meurtre, d'argent et de succès ». Les dernières vingt minutes représentent la triste réalité qui lui a donné vie.

« Il n'y a rien de mal à raconter une histoire directe, me dit Lynch. Tu peux prendre une histoire très linéaire, par exemple quand Alvin Straight va d'un lieu à un autre pour voir son frère et que des choses lui arrivent en chemin » – sujet d'*Une histoire vraie*, où un vieil excentrique parcourt 400 kilomètres sur une tondeuse – « et tu pourrais balancer tous les éléments de l'histoire en l'air et les replacer au hasard, ça n'aurait rien de mystérieux, ce serait juste embrouillé. Tant que ce n'est pas fait pour juste avoir l'air cool, tu dois pouvoir la faire fonctionner quand même. »

La réflexion semble aller de soi. Mais comme Lynch continue de disserter, je comprends que son sens de la non-linéarité est plus complexe.

« Les idées sont partout, dit-il. Il t'en vient toute la journée et parfois il y en a une dont tu tombes amoureux. C'est merveilleux. Mais ça ne te tombe pas dessus d'un coup. Tu l'as en fragments. Il y a tellement de trucs non linéaires qui arrivent dans une journée. Nous avons ce truc qu'on appelle la mémoire et une image/un film est composé de souvenirs et de choses imaginaires. L'idée peut venir d'un petit rien vu en Irlande du Nord et elle nage juste à côté d'un truc devant toi par terre. Le flot de tout un tas de choses différentes – si tu rassembles ça, ça fait un film fou. »

Les juxtapositions inattendues, les élisions surprenantes, les scènes désordonnées – endormi ou éveillé, c'est comme ça que nous pensons, dans une vapeur qui se dissipe rapidement. C'est en tout cas comme ça que nous pensons aujourd'hui et l'hypertexte en est la parfaite allégorie autant que le parfait bouc émissaire. Mais, bien que le concept ait son origine dans les années 1940, il ne s'articule complètement que dans les années 1960 – après que les gens ont passé près de vingt ans à regarder la télévision.

Les films hyperliens, comme les hyperliens eux-mêmes, ont vraiment comme objet la simultanéité – l'impression que vous pouvez être en train de regarder une chose et passer instantanément à une autre qui se déroule en même temps. À un niveau basique, cela implique que nous vivons dans un multivers. La simultanéité comme composante de notre culture précède de beaucoup Internet. C'est la télévision qui acclimate les gens à cette idée – particulièrement après que les télécommandes se mettent à proliférer. Mais la simultanéité précède même les ondes. Elle commence au XIXe siècle avec des inventeurs comme Alexander Graham Bell, qui nous donne le téléphone, et Nikola Tesla, pionnier du courant alternatif.

« Aussi est-ce l'électricité, écrit Marshall McLuhan dans *Pour comprendre les médias*, qui a liquidé la succession des choses en les rendant instantanées, provoquant le plus grand des renversements. » Liquider la succession : à partir de ce moment, dit McLuhan, la disparition des narrations séquentielles est inévitable.

Le cinéma – le plus mécaniste des médias, image après image débobinée par des dents de métal à un rythme uniforme de 24 par seconde – est pour McLuhan l'apothéose du fragmenté et du séquentiel. Paradoxalement, le nombre d'images par seconde accélère tant les choses qu'il annonce une nouvelle réalité. Tout comme les images figées fusionnent à partir de 24 images par seconde pour former un film, les films eux-mêmes nous mènent hors de « l'univers de la succession », comme l'appelle McLuhan, vers un monde flou. L'invention du cinéma coïncide plus ou moins avec la naissance du cubisme, qui cherche à montrer simultanément chaque facette d'un objet, abandonnant « l'illusion de la perspective en faveur d'une conscience sensorielle instantanée de l'ensemble ». Borges, qui écrit trente-cinq ans après la naissance du cubisme à Paris, pose l'existence d'un roman qui tente de représenter toutes les réalités possibles en même temps. Tout va de pair.

« Il y a tellement de données – c'est ce qui génère ce truc non linéaire, dit Lynch, qui hésite avant d'éclater de rire. Mais je n'en suis pas sûr. »

6
Mondes ouverts

En 1993, peu de temps après qu'Interfilm a essayé de donner la parole aux cinéphiles, les gamers ont découvert une nouvelle approche de la narration ramifiée grâce à *Myst*. Ce jeu est imaginé par Rand et Robyn Miller, pères de famille installés dans le désert, à la périphérie de Spokane, dans l'État de Washington, où leur père, pasteur itinérant, s'est finalement installé. Quelques années plus tôt, les deux frères – l'un programmeur informatique, l'autre encore à l'université – avaient rencontré un succès modeste avec un jeu pour enfants. La réussite de *Myst*, elle, n'aura rien de modeste. À la surprise générale, c'est le jeu vidéo le plus vendu de la décennie.

Il s'y passe pourtant peu de chose. Ce n'est pas un jeu de tir. Peut-on vraiment parler de jeu vidéo alors que tout y est presque statique ? C'est un diaporama interactif à l'imagerie stylisée qu'accompagne une bande originale atmosphérique. Mots et images y dépeignent un monde de rêve, presque magique, qu'il faut explorer. Les joueurs doivent sortir de labyrinthes et résoudre des puzzles, mais le point fort est principalement l'histoire, que tout le monde s'accorde à trouver captivante.

Dans sa première version, *Myst* est créé en utilisant HyperCard, programme Apple qui est une des premières applications de l'hypertexte. Conçu par Bill Atkinson, programmeur légendaire de l'équipe sélectionnée avec soin par Steve Jobs, HyperCard sort en 1987, bien avant que Tim Berners-Lee n'utilise l'idée de l'hypertexte pour créer le World Wide Web. Le jeu se construit, comme le Web, à partir de documents individuels reliés par des commandes hypertextes.

Les documents sont ici des images générées par ordinateur – environ 2500, une pour chaque point de vue que peut avoir le joueur, toutes magnifiques et accompagnées de sons d'ambiance – avec en plus quelques vidéoclips pour faire avancer l'histoire. En tant que joueur, vous devez explorer l'île et comprendre son passé. Il vous faut voyager à travers une série « d'époques », où diverses énigmes doivent être résolues pour vous permettre de progresser vers la suivante. Le dénouement est déterminé par vos choix.

Le jeu ressemble d'une certaine façon à ce mystérieux roman chinois qu'évoque « Le jardin aux sentiers qui bifurquent » : il contient tous les cas de figure possibles. Au contraire du livre que décrit Borges dans sa nouvelle, pas question de les représenter tous en même temps. Même s'il ne s'agit pas réellement d'une expérience littéraire, le concept reçoit des louanges pour sa sophistication ; l'édition en ligne de l'*Atlantic Monthly* va jusqu'à écrire que son impact émotionnel « rappelle par moments » Jules Verne, Edgar Allan Poe et Franz Kafka. *Wired* se rapproche un peu plus de la vérité en disant que le jeu annonce une nouvelle forme d'art : « Une sorte de boîte de puzzle à l'intérieur d'un roman à l'intérieur d'une peinture, mais avec de la musique en plus. Ou quelque chose comme ça. »

Malgré tous ces éloges, malgré cette popularité, *Myst* se révèle être plus une impasse qu'un présage. Son succès fugace semble signaler l'arrivée d'un genre différent de jeux d'aventures, plus contemplatif. Au lieu de ça, quand sa popularité décline, ce genre de jeux disparaît avec lui, abandonnés au profit de jeux de sport et de jeux de tir à la première personne, comme *Halo*. Les jeux d'aventures se font rares parce que leur conception est onéreuse – chaque possibilité devant être imaginée à l'avance.

Myst semble également annoncer l'ascendance des CD-ROM interactifs, format naissant pour les *computer discs*. Mais, après le lancement en 1994 de Netscape Navigator, le premier navigateur Internet populaire, et le succès phénoménal de l'offre publique initiale qui a suivi, il devient évident que le Web propose un environnement bien plus souple pour la publication que le CD-ROM.

ROM signifie ici *read only memory*, c'est ce que les CD-ROM fournissent : des CD préprogrammés qui peuvent être lus, mais sur lesquels on ne peut rien écrire. Ce qu'ils offrent d'interactivité se limite à des chemins que l'auteur définit. Dans des jeux comme *Myst*, ce type d'histoire ramifiée semble innovant à une époque où beaucoup des titres populaires ne vous donnent qu'un chemin à suivre, mais même *Myst* finit par avoir l'air daté. Et même si Microsoft s'investit massivement dans le CD-ROM, via des travaux de référence comme l'encyclopédie Encarta, le format vieillit très vite.

Avec le déclin du CD-ROM et l'émergence du Web, la forme limitée d'hypertexte que représente *Myst* devient obsolète. En quelques années, tandis que de plus en plus de gens commencent à accéder au Web grâce à des connexions permanentes, les hyperliens vont permettre un niveau d'implication jamais vu – un niveau que personne n'anticipe, même pas les adeptes de la technologie à San Francisco.

Kevin Kelly décrit ce changement : « Quand j'examine les numéros de *Wired* qui précèdent l'introduction en bourse de Netscape (des numéros que j'ai fièrement dirigés), je suis surpris de les voir vendre un futur de contenu onéreux – 5 000 chaînes diffusant en permanence la réalité virtuelle avec, à côté, des e-mails parsemés de morceaux de la Bibliothèque du Congrès. En fait, *Wired* offrait une vision presque identique à celle des apprentis sorciers de l'Internet dans les industries de la diffusion, de l'édition, des logiciels ou du cinéma : basiquement, une télévision qui fonctionne. La question était de savoir qui allait programmer tout ça. *Wired* attendait avec impatience l'essor de nouvelles boîtes de médias comme Nintendo et Yahoo, pas le retour de vieux dinosaures comme ABC [...].

« Ce que nous avons raté, c'est à quel point ce nouveau monde allait être fabriqué par les utilisateurs, et non par les entreprises. [...] Tout un chacun peut créer un lien en vitesse – l'invention la plus puissante de la décennie. Les liens déclenchent une implication et une interactivité à un niveau que l'on pensait autrefois peu désirable et impossible. Ils transforment la lecture en navigation et amplifient des actes minuscules en forces puissantes. »

En ligne, le simple fait de créer un lien aide à fomenter une culture de la participation qui se manifeste dans les blogs, YouTube, Wikipédia et toute une série de médias au contenu généré par les utilisateurs, le Web 2.0. « L'hyperlien est une des plus grandes inventions de l'humanité », me confirme Kelly quand je le rencontre chez lui, à Pacifica, un village en bord de mer, au sud de San Francisco. « Mais il n'est pas reconnu à sa juste valeur. Quelque chose d'aussi simple que de créer un hyperlien, quand c'est fait par des milliards de personnes vingt-quatre heures sur vingt-quatre, crée une structure d'information qui n'est dirigée par personne mais [amplifiée par des outils comme Google] façonne notre société. »

Rand et Robyn Miller ne parviendront jamais à donner une suite satisfaisante à *Myst*, mais la popularité du jeu perdurera pendant des années, longtemps après l'émergence du Web. Il reste le jeu vidéo le plus vendu au monde jusqu'en 2002, avant d'être supplanté par *Les Sims*. Un jeu complètement différent, qui vous offre une série d'outils, définit quelques règles de base et vous laisse prendre les commandes. Au lieu de suivre le scénario d'un autre, vous écrivez le vôtre.

Comme le sous-entend son nom, *Les Sims* est par essence une simulation informatique. Le concept précède de beaucoup l'ordinateur. Mais, comme avec la fiction, le mot « simulation » connote depuis longtemps l'idée de mensonge. En 1625, Francis Bacon définit le simulateur comme « l'homme s'ingéniant à feindre expressément d'être ce qu'il n'est pas ». Aujourd'hui, les simulations permettent de résoudre les problèmes. Elles forment une excroissance de la cybernétique – l'étude des systèmes autogouvernés, qu'il s'agisse d'organismes vivants, de structures sociales ou de constructions mécaniques.

Les principes de base en sont définis par Norbert Wiener, mathématicien et collègue de longue date de Vannevar Bush au MIT, dans son livre *Cybernétique et société* datant de 1948. Bien que son succès paraisse limité à l'époque, ce livre marque le début d'une ère de la pensée systémique – étudier comment les parties du monde interagissent pour créer le tout. Et là où l'on trouve des systèmes, il y a des simulations. Tout comme l'hypertexte tisse un chemin de pistes associatives à travers un labyrinthe d'informations, les simulations de systèmes complexes nous guident à travers les multiples variables des causes et des effets. Elles peuvent être utilisées pour reproduire le comportement d'ouragans, de contaminants dans l'atmosphère terrestre ou des protopersonnages des *Sims*. Ce sont des outils de réflexion.

En ce qui concerne les jeux, l'émergence des *Sims* illustre un désintérêt pour les scenarii préprogrammés comme celui de *Myst* à la faveur de narrations générées par l'utilisateur qui sont elles-mêmes partagées et commentées en ligne par des centaines, des milliers d'autres utilisateurs. Ces espaces de jeu virtuel s'appellent des « mondes ouverts ».

Ce qui restera de *Myst* est en fait l'importance de l'histoire. Car narration et jeu forment une combinaison délicate. Quarante ans après le lancement de *Pong*, la meilleure façon de raconter une histoire à travers un jeu fait encore débat, certains se demandant même si c'est vraiment possible. Les histoires ne transmettent pas seulement des informations mais aussi des émotions, et beaucoup de gens soutiennent que les jeux n'auront jamais l'impact émotionnel de la télévision ou du cinéma. Mais cela n'empêche personne d'essayer.

Quand *Pong* débarque, la technologie est trop primitive pour même s'essayer à une histoire : le jeu ne se compose que de quelques pixels à l'écran, arrangés de façon à pouvoir figurer un match de ping-pong électronique. *Pac-Man*, icône des années 1980, n'est qu'un tout petit peu plus avancé. Il vous suffit de gober des points dans un labyrinthe et de garder un temps d'avance sur les fantômes qui essaient de vous avoir. Basique mais amusant. C'est pendant les années 1980 et 1990, tandis que les jeux se déplacent des salles d'arcade aux ordinateurs personnels vers les consoles comme la PlayStation de Sony et la Nintendo 64, que germent les premières histoires.

« L'époque de *Pac-Man* est révolue », indique Phil Spencer de Microsoft. En tant que dirigeant des Microsoft Game Studios, Spencer est chargé de développer des jeux pour la Xbox. Par le passé, dit-il, « la mentalité était de concevoir un hit – essayer de créer un produit phare que les consommateurs suivraient. C'était un groupe de types qui essayaient de concevoir des jeux pour d'autres types en se concentrant sur la technologie. Du coup, vous vous retrouviez avec quelque chose comme *Doom* dont l'histoire ferait éclater de rire n'importe qui aujourd'hui. »

Présenté en 1993, *Doom* est un jeu très populaire qui vous permet de descendre joyeusement de vastes hordes de morts vivants. « Dans le même temps, des compagnies comme Nintendo se concentraient sur leurs personnages – Mario et Zelda. » D'un côté, le petit plombier italo-américain créé par Shigeru Miyamoto, personnage central de la franchise la plus vendue de l'histoire, de l'autre, la princesse imaginée par Miyamoto pour une autre série phare, *La Légende de Zelda*. « Les personnages devenaient un élément capital pour ces sociétés, parce qu'elles savaient que les gens suivraient. Ils étaient précurseurs du *story arc*. »

Ce que décrit Spencer est vrai pour la plupart des jeux vidéo des années 1990. Mais, à l'arrivée de la PlayStation 2 en 2000 et de la Xbox de Microsoft en 2001, les consoles atteignent un niveau de sophistication qui rend non seulement les narrations plausibles mais, selon Spencer en tout cas, presque nécessaires. « À mesure que la technologie évolue, nous avons l'opportunité de faire du joueur le héros. Chose impossible au cinéma ou à la télévision. Mais cela pose une question : que fait le joueur pour atteindre ce statut ? Le seul moyen est de passer à travers une histoire. Vous construisez un synopsis et laissez le joueur jouer avec. »

Les forces économiques poussent également la tendance vers la narration. À mesure que les consoles deviennent plus puissantes et plus complexes, le coût de la création d'un titre augmente de façon exponentielle. Il n'est plus possible pour deux programmeurs de créer un jeu en quelques mois ; aujourd'hui, un titre nécessite des vingtaines si ce n'est des centaines d'employés qui y travaillent à temps plein sur des périodes allant parfois jusqu'à trois ans. Ce genre d'effort demande un budget hollywoodien, menant inévitablement à cette même obsession des suites. Il vous faut quelque chose qui fait revenir les joueurs, mais vous devez aussi trouver un moyen de réutiliser toutes ces ressources numériques onéreuses – les créatures, les arrière-plans et je ne sais quoi encore. Comme le dit Spencer, « il faut amortir le coût du développement ». C'est pour ça qu'avant d'être approuvé, un titre prospectif pour Microsoft doit avoir un synopsis qui permettra de développer plusieurs jeux.

C'est comme cela que Microsoft conçoit *Gears of War*, un jeu créé par Epic Games, un développeur au succès immense basé dans un parc d'affaires à la périphérie de Raleigh, en Caroline du Nord. La franchise *Gears* – les deux premiers épisodes sont sortis en 2006 et 2008, et *Gears 3* est sorti fin 2011 – est devenue la deuxième plus grosse vente pour Microsoft après *Halo*. Ce jeu de tir incontournable pour les gamers les plus passionnés fait du géant du logiciel un compétiteur viable pour Sony dans l'univers des jeux vidéo.

Pour les non-initiés, *Gears of War* peut ne pas paraître beaucoup plus poussé que *Doom* en termes de narration. C'est un jeu de tir à la troisième personne (vous regardez par-dessus l'épaule du personnage que vous contrôlez) plutôt qu'à la première personne, mais pour le reste l'idée de base est la même : « Crève, charogne, crève ! » Cette fois, vous affrontez la Locust Horde, un immonde assemblage de bêtes et d'humanoïdes qui rôdaient sous terre jusqu'à ce qu'ils fassent surface et décident d'annihiler les humains. Vous interprétez Marcus Fenix, un guerrier endurci sauvé d'une prison abandonnée par son pote Dominic Santiago. En tant que leader de la Delt Squad, une équipe de quatre hommes luttant pour la survie des quelques humains restants, la mission – votre façon de mériter votre statut de héros – est de poser une bombe souterraine qui permettra de liquider la Locust Horde. Le jeu n'est pas facile, mais il est excitant comme le serait une poussée de testostérone – particulièrement si vous pouvez mettre la main sur le fusil d'assaut avec la baïonnette-tronçonneuse, une chouette innovation qui vous permet de déchiqueter votre ennemi en combat rapproché et de faire pleuvoir des tripes.

S'il n'y avait que ça, *Gears of War* n'aurait rien de mémorable et n'aurait pas vendu près de 6 millions d'exemplaires dans les deux années précédant le deuxième volet – vendu à son tour à plus de 2 millions d'exemplaires dans 20 pays la semaine de sa sortie. Mais pas plus *Gears of War* que *Gears of War 2* ne se limitaient à des jeux de tir. Courir partout, votre arme à la main, en tirant à droite à gauche est le meilleur moyen de se faire descendre ; ces jeux récompensent la discrétion, la ruse et les réflexions tactiques. Le décor n'est pas qu'une planète en ruines ; il se compose d'une infinité de détails, nécessaires à un univers fictif convaincant. Et le scénario, bien qu'indéniablement limité, a néanmoins ses moments de grâce et de subtilité.

« On ne se souviendra jamais de *Gears of War* comme d'une grande œuvre de fiction et ça nous va », affirme Cliff Bleszinski, concepteur pour Epic. Mieux connu sous le nom de Cliffy B., Bleszinski est une rock star dans le monde du gaming, un type qui conduit une Lamborghini rouge et a une fois branché une « Cliffycam » sur son blog pour que les fans puissent l'observer au travail. « L'histoire est assez simple, mais il y a des personnages mémorables que les gens aiment » – principalement Marcus et Dom. Ces deux-là sont aussi durs et bruts qu'on peut l'imaginer, mais une vulnérabilité sous-jacente apparaît parfois – comme dans cette scène insoutenable de *Gears 2* où Dom retrouve finalement sa femme depuis longtemps perdue, Maria, et découvre qu'elle a été irrémédiablement marquée par la torture.

« Je trouve que beaucoup d'éléments narratifs des jeux vidéo servent simplement d'excuse cool pour les trucs marrants qui arrivent au joueur, dit Bleszinski. Le truc avec la narration dans le jeu vidéo, c'est que vous pouvez faire se demander à quelqu'un ce qui va arriver ensuite, c'est très, très puissant. Avec *BioShock* [un jeu d'un développeur rival qui se déroule dans une métropole aquatique qui a sombré dans le chaos], je voulais gagner, je voulais voir ce qui allait se passer. Mais ce n'est pas seulement l'histoire qui vous embarque. Souvent, c'est aussi l'idée de départ – la mise en place, le contexte de vos actions, la façon dont il vous fait sentir que vous êtes dans le monde. »

Dans un long portrait publié par le *New Yorker*, Tom Bissel affirme que Bleszinski et ses pairs ont « établi les principes d'une grammaire du fun ». C'est sans aucun doute leur but, mais l'évaluation qu'en fait Bleszinski est plus modeste et sans doute plus juste : « Mes deux passions sont les jeux vidéo et le cinéma. Le septième art a eu 75 ans pour apprendre au public quoi ressentir. Nous sommes encore en train d'apprendre les ficelles. »

Peu importe qu'ils soient convaincants ou non, les éléments narratifs à l'intérieur des jeux offrent une tension familière entre l'auteur et le public. Comme avec toute autre narration participative, le problème est l'idée de contrôle. Le développeur crée le jeu, le joueur tient la manette, qui raconte l'histoire ?

Une façon de régler le débat est de déconnecter la manette. C'est ce qui se produit pendant les cinématiques, les interludes vidéo joués de temps en temps entre des morceaux de gameplay. Le joueur doit attendre bien sagement pour observer le déroulement de l'intrigue. Quelquefois, comme dans le jeu *King Kong*, des stars comme Jack Black figurent dans ces scènes, mais généralement le jeu des acteurs y est insoutenable. Pourtant, le reproche principal que font les joueurs à ces interludes est cette passivité forcée : désactivez la manette trop longtemps et leurs doigts commencent à s'agiter.

Le maître de la cinématique reste Hideo Kojima, concepteur de la franchise *Metal Gear*, une série de jeux vendus à plus de 20 millions d'exemplaires dans le monde. À partir de deux jeux plus anciens créés par Kojima pour le marché japonais à la fin des années 1980, ils racontent l'histoire d'un délire militaire qui s'étend sur près de cinquante ans.

Dans le premier volet, *Metal Gear Solid*, un super soldat génétiquement modifié qui a pour nom de code Solid Snake (Soriddo Sunēku en japonais) est rappelé de sa retraite après qu'une unité de l'armée américaine dévoyée, menée par son frère jumeau, Liquid Snake (Rikiddo Sunēku), a pris le contrôle d'installations et d'armes nucléaires sur une île isolée de l'Alaska. Armé d'un mecha énorme appelé Metal Gear REX, un tank qui marche, capable de lancer une attaque nucléaire sur n'importe quelle partie de la planète, Liquid menace d'annihiler la Maison-Blanche si on ne lui remet pas le corps de son père, le légendaire commandant militaire connu sous le nom de Big Boss (Biggu Bosu), dont il veut récupérer les gènes pour pouvoir se transformer, lui et ses hommes, en machines de guerre. La mission de Solid Snake : infiltrer l'île, libérer les otages retenus par son frère et éliminer la menace rebelle. À la fin du jeu, après plusieurs actes de trahison, de manipulation, de torture et d'héroïsme, Liquid Snake est laissé pour mort et Solid Snake s'évapore dans la nature. Les volets suivants sont encore plus alambiqués, au point que Kojima lui-même reconnaît avoir du mal à s'y retrouver.

Fan de cinéma, Kojima est connu pour ses cinématiques qui, dans *Metal Gear Solid 4*, enlèvent le contrôle de l'action au joueur pour des périodes pouvant aller parfois jusqu'à une demi-heure et ce pour un total de huit heures. Bien que la plupart des joueurs détestent ça, Kojima profite, dans le monde des jeux vidéo, d'un statut d'auteur qui rivalise avec celui de Godard au cinéma. J'ai discuté avec lui à la Game Developers Conference de 2009 au Moscone Center de San Francisco, peu après qu'il a reçu un prix pour l'ensemble de son œuvre au sein de la Konami Corporation, le fabricant de machines à sous de Tokyo et concepteur de jeux vidéo où il a passé l'ensemble de sa carrière.

Ses apparitions publiques sont rares. Kojima, la silhouette fine, vêtu pour l'occasion d'une chemise grise et d'une veste de sport en cuir noire, a les cheveux en bataille qui lui retombe devant les yeux, comme un personnage de manga. Malgré une apparence branchée, son attitude est un peu rigide, sa réserve toute japonaise contraste fortement avec l'enthousiasme *made in America* de Cliff Bleszinski. « Je n'ai pas prévu de prendre ma retraite tout de suite », assure-t-il au public dans un anglais un peu haché. Il énumère ensuite les choses qu'il lui reste à faire : réaliser un film, écrire un roman – mais, « par-dessus tout », ajoute-t-il, créer plus de jeux.

Pourtant, malgré tous les complots et les intrigues alambiqués de ses *Metal Gear Solid*, même Kojima admet qu'il y a une contradiction inhérente entre narration et jeu. « Je pense qu'encore aujourd'hui on ne peut raconter qu'une histoire simple sans vraiment interférer avec le gameplay, me répète son interprète alors que nous nous trouvons autour d'une table, dans les coulisses. Mais cela restera une nécessité à l'avenir pour tous les créateurs de jeux : comment raconter une histoire plus complexe sans nuire à la jouabilité ? »

Kojima est tristement conscient de la controverse que ses cinématiques causent parmi les gamers ; à la simple mention de ce problème, il balance la tête en arrière et éclate de rire. Pourtant, ces séquences sont là pour une raison – il veut impliquer le joueur non pas simplement dans une expérience sensorielle mais émotionnelle. « C'est un sacré défi pour moi, parce que créer une histoire si intense que les gens peuvent réellement y pénétrer est d'abord une question de caméra, reconnaît-il. Mais, quand je prends le contrôle de cette caméra, les joueurs sont parfois distraits. Alors je suis vraiment ambivalent sur la solution à adopter. J'y travaille encore.

« Je crois qu'à l'avenir ce ne seront plus les cinématiques qui déclencheront l'émotion, poursuit-il. Les joueurs influenceront la caméra avec ce qu'ils ressentent. Elle pourra exprimer leur peur ou quoi que ce soit d'autre. À ce moment-là, je ne m'obstinerai plus à faire des cinématiques et à forcer les gens à être émus. Je crois que le jeu devrait plutôt sentir ce que le joueur éprouve et changer en fonction de ça. » Avec l'arrivée de systèmes de jeu comme la Kinect de Microsoft, qui utilise une caméra placée au-dessus de l'écran pour « lire » les déplacements des joueurs et interpréter leurs expressions, de tels jeux ne semblent désormais plus impossibles. Les créer, bien sûr, est un tout autre défi.

Il y a une autre façon de résoudre la tension narrative entre concepteur et joueur : laisser le joueur raconter l'histoire. Cette approche triomphe en 2002, quand *Les Sims* supplantent *Myst* en popularité. Au lieu de la progression strictement linéaire des jeux plus anciens, ou du labyrinthe de ramifications d'intrigues de *Myst*, *Les Sims* vous laissent explorer un monde ouvert, composé de myriades de possibilités imprévisibles. En tant que joueur vous créez vos propres personnages, des humanoïdes qui vivent dans un monde gouverné comme le nôtre par certaines règles de base. Grâce à l'interaction de vos choix et de ces règles émerge une narration – une histoire dont les traits principaux sont votre création.

Les Sims n'est bien sûr pas le seul jeu à offrir cette forme de narration émergente. Les *Grand Theft Auto* en sont parmi les exemples les plus frappants, vendus à plus de 115 millions d'exemplaires dans le monde. Produit par Rockstar North, un studio d'Edinburgh, on peut y jouer de manière linéaire, y retrouver des cinématiques et des missions fixées d'avance. Petit cambrioleur de banque essayant d'impressionner le syndicat du crime dans *Grand Theft Auto III*, par exemple, il vous faudra supprimer une ordure dans un bordel ou sauver un type du cartel colombien. Une fois ces missions remplies, vous recevez de l'argent et vous progressez petit à petit dans le jeu. Mais *GTA III* et les jeux qui suivent vous autorisent aussi à jouer de manière complètement différente. À votre arrivée à Liberty City, simulacre de New York, vous pouvez décider de renverser une petite vieille, de voler une voiture et de vous enfuir avec la police à vos trousses. À vous de décider.

« *Grand Theft Auto III*, c'est génial », affirme Will Wright, créateur des *Sims*, alors que nous nous tenons dans un bureau spartiate d'une rue industrielle aux immeubles bas de Berkeley. « Les graphismes laissent un peu à désirer, tout comme la physique dans le jeu, mais les systèmes interagissent entre eux de manière intéressante. Si je percute quelque chose avec ma voiture, je peux faire un tonneau et me crasher. Si je fonce dans la foule, les gens s'enfuient et me dénoncent aux flics. Et les interactions qui naissent entre ces modèles tous assez sommaires de physique, de comportement, d'environnement et de météo vous donnent une impression d'immersion.

« Je n'ai jamais eu l'impression d'être Mario quand il sautait sur des champignons », continue-t-il en parlant des exploits du plombier grassouillet de Nintendo dans le Mushroom Kingdom.

« Pourtant, j'ai l'impression de conduire une voiture à travers la ville dans *Grand Theft Auto*. Vous retrouvez vraiment les sensations d'une ville vivante, de ses respirations. Et puis vous êtes libre de dire : "Merde, je vais voler un truc, ramasser une pute, changer de tenue ou piquer une voiture." Il y a un nombre limité de choses que vous pouvez faire, mais elles contribuent toutes à vous immerger dans cette histoire de gangsters, où vous faites des trucs plutôt amusants que vous ne feriez jamais dans la vie. »

Wright, un homme de 49 ans, les cheveux longs, d'apparence sérieuse, soignée et volontaire, ne semble pas du genre à aller voir des prostituées ni à voler des voitures, même dans un jeu vidéo. Sans surprise, avec cette violence joyeuse, cette attitude tapageuse et ces scènes occasionnelles de sexe dévoyé, *Grand Theft Auto* est devenu une cible irrésistible pour les moralisateurs de tout bord. En tant que sénateur de New York, Hillary Clinton a accusé le jeu de « voler l'innocence de nos enfants ». Comme beaucoup d'autres, elle ne le reconnaît pas pour ce qu'il est : une parodie vicieuse de la vie aux États-Unis telle que se l'imagine un groupe de jeunes Britanniques modérément rebelles. De l'aveu général, *Les Sims* propose un environnement bien plus agréable. Vous pourriez y emmener vos parents. Tiens, vous pouvez même y répliquer vos parents, si l'idée vous en dit. Mais les deux séries ont essentiellement la même fonction : elles composent le décor d'histoires que les joueurs créent eux-mêmes.

« Quand les gens me racontent leurs expériences, ils ne décrivent pas les cinématiques, souligne Wright. Ils n'y ont aucune implication émotionnelle, parce qu'ils ne les ont pas créées. Les histoires qui les passionnent vraiment sont celles où ils ont accompli ce que personne d'autre n'a accompli. Comme "Oh, j'ai fait un truc vraiment cool dans *Grand Theft Auto* !" »

Allez jeter un œil sur YouTube et vous trouverez plus de 56 000 vidéos marquées *GTA*. Un pourcentage important d'entre elles sont des captures d'écran mises en ligne par des joueurs passionnés au point de documenter leurs exploits. Dans un clip intitulé *GTA IV Cool Death Gameplay*, un Canadien de 23 ans nous montre ce qui s'est produit quand il a volé une voiture de police sur un pont et que les hélicoptères de la police de Liberty City se sont mis à ses trousses : sa voiture prend feu et part en tonneaux, l'expulsant par la porte directement dans le fleuve. (Le stéréotype du Canadien doux en prend un coup.) Dans *GTA IV Prank Call Police Chase*, un autre joueur appelle les forces de l'ordre, tire sur les officiers de police qui souhaitent lui venir en aide, pique leur véhicule et mène un nombre incalculable de voitures de police et de piétons apeurés à leur perte tandis qu'il essaie de s'échapper dans une course-poursuite épique – à la fin de la scène, il s'enfuit des décombres et siffle un taxi pour retrouver son cousin au bowling. « Un jour comme les autres dans la vie de *GTA* », commente joyeusement un internaute.

Parce que ce sont des simulations, les histoires qui sortent de jeux comme *Grand Theft Auto* sont imprévisibles, même pour leurs auteurs. Comme le type qui a posté *GTA IV Cool Death Gameplay* l'observe dans son commentaire sur YouTube : « Pour tous les idiots qui pensent que c'était un coup monté... vous vous trompez. » Rien ne peut être prévu car, dans son mode monde ouvert, *GTA IV* est un programme qui ne fait que prévoir les interactions entre vous et des voitures qui dérapent, des humains écrasés, des tirs d'hélicoptères et toutes sortes d'autres facteurs pour rendre compte de ce qui se passerait si vous voliez une voiture de police et vous envoliez d'un pont. Vous faites ce que vous voulez et le jeu vous dit ce qui arrive ensuite – tout comme le fait la vie quand vous traversez sans regarder, mais les conséquences sont moins fâcheuses.

Les histoires qui sortent des *Sims* ont tendance à être un peu plus réfléchies que celles de *Grand Theft Auto*, mais elles ne sont pas pour autant ennuyeuses. « Je passe beaucoup de temps à observer la communauté des *Sims*, dit Wright, et j'ai vu des histoires extraordinaires que les gens ont racontées parce qu'ils jouaient d'une façon particulière. » Il mentionne Alice et Kev, deux personnages créés par Robin Burkinshaw, un étudiant en game design de l'université d'Anglia Ruskin en Angleterre, dans *Les Sims 3*, une mise à jour sortie en juin 2009. Alice, une étudiante, et Kev, son père, sont sans-abri. Burkinshaw commence par leur retirer tout leur argent et les laisse sans ressources dans un parc vide. Puis il lance un blog pour raconter comment ils vont réussir à s'en sortir.

Les sans-abri ont souvent plus que leur lot de handicaps et il en va de même pour Kev ; Burkinshaw le veut colérique, mesquin et fou. Alice est adorable mais manque cruellement de chance et souffre, sans surprise, d'une mauvaise estime de soi. Ce qui arrive ensuite est déterminé en grande partie par le jeu. Quand Burkinshaw envoie Kev trouver l'amour dans le parc, il débarque sans aucun vêtement. Alice devient de plus en plus déprimée et en colère jusqu'à ce qu'elle envoie finalement balader son père – à sa grande surprise ainsi qu'à celle de Burkinshaw. Dans les commentaires du blog, les lecteurs l'encouragent. « Je me retrouve un peu plus impliqué émotionnellement à chaque publication », avoue l'un. « Waouh, écrit un autre. *Les Sims* écrivent une histoire eux-mêmes. C'est comme si on n'avait rien à faire. »

Wright n'a rien contre les narrations traditionnelles. « J'adore le cinéma, dit-il. Ce n'est pas rien de découvrir la vision unique d'un professionnel qui vous retrace un récit bien construit. Mais je n'ai jamais voulu raconter une histoire dans un jeu. J'ai toujours voulu soutenir l'histoire de l'utilisateur, parce que je pense que c'est ce qui crée la valeur des jeux – que l'utilisateur raconte une histoire. Elle peut prendre racine dans un territoire spécifique, comme de la fantasy avec des orques, ou pendant la Seconde Guerre mondiale durant la bataille des Ardennes.

Mais, à l'intérieur de cette boîte, il faut vraiment donner à l'utilisateur le plus de liberté possible. La narration linéaire traditionnelle me fait penser à une montagne russe et les jeux à du motocross. »

L'histoire de Wright relève elle aussi d'une forme de motocross. Élevé à Atlanta puis, après la mort de son père, à Baton Rouge, il souhaite très tôt devenir un astronaute pionnier de la colonisation spatiale qui délivrera la Terre de la surpopulation. Après être passé par trois universités – Louisiana State, Louisiana Tech et la New School à New York – sans obtenir de diplôme, il emménage avec la colocataire de sa sœur aînée, une artiste militante d'Oakland, qu'il finira par épouser. En cours de route, il conçoit *Raid on Bungeling Bay*, un jeu de tir sur Commodore 64.

Un an plus tard, en 1985, une version du jeu sort pour la NES, une console qui a déjà beaucoup de succès au Japon et qui vient de sortir dans le reste du monde. Société fondée à Kyoto en 1889 pour créer des jeux de cartes en écorce de mûrier peintes à la main, Nintendo a tenté et échoué de se diversifier dans le business du *taxicab*, du *love hotel* et de l'*instant food* avant de s'aventurer dans l'industrie naissante du jeu vidéo en 1974. En plus de la console, Nintendo propose *Super Mario Bros.*, deuxième titre de la série de Shigeru Miyamoto, auquel Wright devient rapidement accro.

À première vue, difficile de prendre *Super Mario* au sérieux : il doit sauver Princess Peach du Mushroom Kingdom de Bowser, le hideux monstre tortue. Mais ce qui frappe Wright dans le jeu et dans ses successeurs, comme *Super Mario World* (1990), c'est qu'il est à chaque fois question d'émergence : de quelques règles simples naît un système complexe. Il fait bon usage de ce concept dans son jeu suivant, *SimCity*.

SimCity simule la vie urbaine. Il s'inspire en partie de la « Septième croisade », une nouvelle tirée d'un recueil de Stanislas Lem intitulé *La Cybériade*. L'histoire concerne Trurl, un robot quasi divin, qui trouve un despote à la dérive sur un astéroïde et lui construit un petit royaume à gouverner. Quand son congénère robot Clapaucius lui demande, étonné, comment il peut faire une chose pareille, Trurl s'exclame, sur la défensive :

« Tu veux sans doute plaisanter ! Allons, cet État tient tout entier dans une boîte, laquelle a 1 mètre de long, 65 centimètres de large et 70 de haut... et qui n'est rien de plus qu'un modèle...

– Un modèle de quoi ?

– Comment de quoi ? D'une société, réduite au cent millionième !

– Et comment sais-tu qu'il n'existe pas de sociétés 100 millions de fois plus grandes que la nôtre ? La nôtre ne serait-elle point alors le modèle de quelque communauté géante ? »

Avant de concevoir le logiciel de modélisation qui est au cœur du jeu, Wright s'est plongé dans l'œuvre de deux éminents intellectuels. Le premier est Jay Wright Forrester, du MIT, un pionnier d'une branche de la cybernétique appelée dynamique des systèmes, qui soutient que la Terre pourrait être gérée plus rationnellement par une simulation informatique que par des êtres humains. L'autre est John Horton Conway, un mathématicien de Princeton qui a conçu une simulation démontrant comment des formes de vie complexes peuvent naître de la combinaison de simples cellules. Dans leur dernier livre, *Y a-t-il un grand architecte dans l'Univers ?*, Stephen Hawking et Leonard Mlodinow utilisent le jeu de Conway pour réfuter la nécessité d'un créateur divin. Wright applique ce concept de simulation informatique à un environnement urbain et produit un jeu qui vous donne en gros le rôle d'un despote municipal.

Les gens qui jouent à *SimCity* ont plusieurs choix. Ils peuvent utiliser des scenarii réels ou imaginaires prenant appui sur des villes existantes – le tremblement de terre de San Francisco en 1906, une attaque de Godzilla sur Tokyo en 1961. Ou ils peuvent créer leur propre ville et voir ce qui arrive s'ils augmentent les taxes, changent le zonage ou s'essaient à d'autres choses que font les gouvernements municipaux. Mais Brøderbund, la société qui avait sorti le jeu de tir de Wright, ne comprend pas celui-ci parce qu'il ne suit aucune des règles clés de l'industrie du jeu : il n'y a aucun moyen de gagner. Alors Wright et un associé créent leur propre compagnie, Maxis Software, et en 1989 ils sortent eux-mêmes *SimCity*. Les ventes sont d'abord maigres, mais elles augmentent régulièrement à mesure que le jeu reçoit des prix.

Pendant ce temps, Wright passe beaucoup de temps chez lui à s'occuper de sa petite fille. Rapidement, il s'intéresse plus aux besoins humains qu'aux systèmes urbains. Il lit « A Theory of Human Motivation », l'article de 1943 dans lequel Abraham Maslow expose sa hiérarchie des besoins, qui s'étend des fonctions basiques de la vie (nourriture, eau, repos, etc.) aux ambitions plus élaborées qu'il appelle *self-actualization*. Il consulte des livres sur les motifs de l'architecture et théories de l'esprit. Fusionnant tout ça autour d'un modèle de bonheur humain, il commence à développer *Les Sims*.

Avec *Les Sims*, l'histoire se répète. Maxis, qui essaie de capitaliser sur le succès de *SimCity*, en produit des dérivés à la chaîne : *SimTown*, *SimFarm*, *SimIsle*, *SimEarth*, *SimLife* – certains conçus par Wright, d'autres non. La société s'ouvre aux capitaux extérieurs en 1995, accentuant la pression pour générer de nouveaux hits – une tâche de plus en plus ardue. Avec un nombre de ventes qui dégringolent et des pertes qui s'accumulent, le conseil rejette l'idée de Wright, qui n'est pour eux rien de plus qu'une maison de poupée interactive. Ce n'est pas une décision intelligente.

Deux ans plus tard, Electronic Arts rachète la société pour 125 millions de dollars, ce qui rapporte à Wright 17 millions de dollars net en actions et lui fournit un soutien enthousiaste. À la sortie des *Sims* en 2000, le succès est immédiat. EA a aujourd'hui vendu plus de 125 millions d'exemplaires des jeux successifs de la série dans 60 pays et 22 langues. Entre autres choses, cela signifie que Wright peut désormais plus ou moins faire ce qui lui chante.

En 2009, Wright décide de quitter EA et lance, avec l'appui de son ancienne société, une nouvelle compagnie qu'il appelle Stupid Fun Club. L'idée est d'incuber de nouvelles entreprises de divertissement – de jeux, d'histoires, que sais-je encore. Pour Wright, les deux sont presque interchangeables de toute façon.

« Pensez à *Star Wars*, dit-il. Il y a des sabres laser et l'étoile noire, la Force et toutes ces choses qui apportent une large variété d'expériences de jeu. Je peux aller me battre au sabre laser avec un ami. Je peux imaginer des jeux où je fais exploser l'étoile noire. Je peux avoir une expérience unique, revenir et vous raconter une histoire à propos de ce qui s'est passé. Les meilleures histoires mènent à la plus grande diversité de jeux, et les meilleurs jeux mènent à la plupart des histoires. Je pense qu'ils sont les deux faces d'une même pièce. »

Alors que nous discutons, nous sommes installés à une table de conférence en métal et verre dans un atrium du deuxième étage du siège mondial du Stupid Fun Club à Berkeley. Wright partage un petit complexe de bureaux assez rudimentaire – moitié eighties, moitié Bauhaus – avec un fabricant de meubles et un magasin de produits *high-tech*. Mis à part la table, la pièce est presque vide. Les hauts plafonds et les sols de béton créent de l'écho. De grandes baies vitrées donnent sur le petit parking en bas. On est jeudi matin, mais il n'y a personne d'autre.

« Pour moi, l'aspect capital est la construction de modèles, continue Wright. Nous construisons toujours des modèles du monde qui nous entoure pour nous aider à prédire ce qui arrivera, et le jeu est un des premiers moyens grâce auxquels nous construisons ces modèles. Je crois que la narration vit à côté du jeu et remplit la même fonction. »

Ce que veut dire Wright, c'est que les histoires sont autant une simulation que les jeux. Ce n'est pas une idée nouvelle ; c'est implicite, par exemple, dans la réponse de Robert Louis Stevenson à Henry James en 1884. Mais c'est une idée forte. Steven Pinker décrit la fiction comme « une sorte d'expérience de la pensée » dans laquelle les personnages « interprètent les interactions plausibles [...] dans un monde virtuel, et le public peut prendre des notes mentales des résultats ». Bien qu'il ne s'agisse sans doute pas de la définition la plus poétique donnée de la littérature, ce point de vue paraît en effet confirmé par les expériences récentes en neurosciences.

Dans un article publié en 2009, par exemple, quatre chercheurs de l'université de Washington à Saint Louis ont effectué des IRM fonctionnelles sur 28 personnes pendant qu'ils leur lisaient une série d'histoires. Celles-ci étaient toutes tirées de *One Boy's Day*, un livre de 1951 sur la vie du petit Raymond, un écolier de 7 ans. L'expérience a démontré une corrélation étroite entre les actions décrites dans l'histoire et la réaction des parties du cerveau stimulées quand une personne les effectue réellement.

L'imagerie par résonance magnétique fonctionnelle se lit via les flux sanguins à l'intérieur du cerveau. Elle ne permet pas de lire les pensées, mais peut montrer quelles parties du cerveau sont actives. Quand Raymond ramasse son cahier d'exercices, le sang afflue dans les parties du cerveau de l'auditeur qui sont associées aux mouvements de préhension. Quand il marche jusqu'au bureau de son instituteur, le cortex frontal et l'hippocampe s'éclairent – les parties du cerveau qui traitent de la situation dans l'espace. Quand Raymond fait non de la tête, la partie du cerveau qui s'active suggère, selon les auteurs de l'étude, « que les lecteurs comprennent une histoire en simulant les événements qui y ont cours, mettant à jour leur simulation au fur et à mesure que ces derniers changent ».

« Vous n'avez qu'une bulle d'expérience limitée dans la totalité de votre vie, continue Wright, et vous vous débrouillerez mieux si vous pouvez vous construire à partir d'une plus grande série d'expériences que celles que vous avez vécues personnellement. À l'âge des cavernes, si votre copain quittait la grotte et manquait d'être mangé par un tigre, à son retour il vous racontait l'histoire – ce tigre a failli me manger ! La prochaine fois que vous quittiez la grotte, vous faisiez attention aux tigres. »

Avec *Star Wars*, l'histoire fournit un cadre idéal pour le jeu. Avec *Les Sims* le jeu donne lieu à des histoires. Les histoires se changent en jeux, les jeux en histoires. « Alors à travers ce qu'on raconte, on partage les expériences que d'autres ont eues. C'est pour cela que, pour moi, le jeu et la narration forment de pair les premières technologies éducatives sur lesquelles l'évolution est tombée. »

7
Esprit de ruche et boîte à mystères

Le 22 septembre 2004, près de 19 millions de personnes à travers les États-Unis cessent toutes leurs activités pour regarder une heure de simulation de crash aérien. Ce n'est pas annoncé comme ça bien sûr mais comme le premier épisode d'une nouvelle série mettant en scène un groupe de passagers qui survit à une rupture de carlingue en plein vol et se retrouve sur une mystérieuse île tropicale. Heureusement pour ABC, qui est alors la chaîne nationale la moins regardée du pays, le public mord à l'hameçon. Mais c'est bien plus que les parts d'audimat qui font de *Lost* un événement. *Lost* ouvre la télévision à l'esprit de ruche.

La série commence par un plan serré d'un homme en costume, très désorienté. Nous découvrons Jack Shephard, la cravate de travers, le corps rompu, revenir à lui dans un bosquet de bambous sur une plage. Il se révèle être un des survivants du vol Oceanic 815 qui, devant rallier Sydney à Los Angeles avec 324 passagers à son bord, s'est brisé et s'est écrasé sur une île inconnue des cartes. Trébuchant sur la plage où la partie centrale de l'avion est tombée, Jack trouve d'autres survivants. Certains sont dans un état critique; d'autres sont simplement sous le choc. Un homme est aspiré par la turbine d'un des moteurs encore en marche, arrosant la plage d'étincelles et d'éclats. Espérant trouver une radio, Jack s'enfonce dans la jungle à la recherche de la partie avant du fuselage. Il atteint le cockpit et découvre que tout le monde est mort, sauf le commandant de bord, qui reprend conscience juste assez longtemps pour être projeté dans le ciel par une force invisible produisant un hurlement strident.

De toute évidence, cette île n'a rien d'ordinaire. Mais que cache-t-elle, exactement ? La réponse, c'est aux spectateurs de la trouver.

« *Lost* crée l'illusion de l'interactivité », dit Damon Lindelof une après-midi. Créateur de la série en partenariat avec le producteur J. J. Abrams, Lindelof est un petit homme au crâne rasé qui a l'air d'avoir du mal à contenir son enthousiasme. D'autres séries, dit-il, font beaucoup d'efforts pour éviter de répondre à certaines questions. « Cette série est ambiguë. Nous n'expliquons jamais ce qu'elle veut dire. »

La diffusion de *Lost* commence un mois après le lancement par 42 Entertainment de *I Love Bees*, le jeu en réalité alternée commandé par Microsoft pour la promotion d'*Halo 2*. Il n'y a rien d'ouvertement similaire entre les deux ; le premier est une série télévisée diffusée en *prime time* qui repose sur le mystère et le suspense, l'autre est une chasse au trésor permise par Internet pour promouvoir la sortie d'un nouveau jeu vidéo. Mais il ne faut pas longtemps à *Lost* pour devenir également un phénomène Internet, les premiers téléspectateurs ayant besoin d'un moyen pour comprendre ce qui se passe – et quel meilleur outil que le Net ? Abrams et Lindelof n'avaient pas réellement prévu cette réaction, pas plus que George Lucas n'avait prévu que *Star Wars* générerait un nombre quasi infini d'autres histoires. Mais en racontant leurs récits en fragments non linéaires et en laissant le soin au public de les rassembler, ils ont créé, en substance, une sorte de fiction participative.

« La série est devenue une excuse pour développer une communauté », indique Carlton Cuse, associé de Lindelof. Tous deux se tiennent côte à côte sur le sofa du bureau de Cuse dans le bungalow Lost – une structure de briques à un étage dans les studios Disney de Burbank, conçue comme la plupart de ses voisins dans un style faux-moderne pour compléter le bâtiment d'animation datant de 1939. « Les gens pouvaient y débattre de questions ouvertes – et nous insistions pour qu'elles soient ouvertes, pour que cela implique les fans dans la série. »

La séquence de nombres 4 8 15 16 23 42, par exemple. « Les Nombres », comme on les appelle, sont pour la première fois cités à la fin de la première saison, quand un autre survivant, l'imposant Hurley, les découvre dans les notes d'une Française, naufragée sur l'île depuis des années. Hurley, qui souffre d'un trouble de l'alimentation et de crises occasionnelles d'instabilité mentale, paraît très perturbé quand il découvre ces nombres. Grâce à une série de flash-backs, nous découvrons pourquoi.

D'abord, il regarde la télévision alors que sont annoncés les numéros gagnants du Mega Lotto : 4, 8, 15, 16, 23, et le numéro complémentaire – 42. En comprenant qu'il a gagné, Hurley s'évanouit et détruit sa table basse. Plus tard, pendant une conférence de presse devant chez lui, il annonce qu'il va envoyer son grand-père en croisière ; quelques instants plus tard, son grand-père s'écroule et meurt d'une crise cardiaque. Il arrive au volant d'un Hummer flambant neuf au nouveau domicile de sa mère, mais elle trébuche sur le trottoir et se casse la cheville. Il lève les yeux et s'aperçoit que la maison est en feu. Avant qu'il ne puisse appeler à l'aide, la police débarque, armes à la main, et l'arrête pour trafic de drogue.

Un autre flash-back le montre qui rend visite à un homme appelé Leonard dans un hôpital psychiatrique. « Que veulent dire les nombres ? » demande Hurley, mais Leonard se contente de continuer à les marmonner, encore et encore – jusqu'à ce qu'Hurley lui annonce qu'ils lui ont permis de gagner à la loterie. C'en est assez pour provoquer la fureur de l'autre. « T'as ouvert la boîte ! T'aurais pas dû utiliser ces nombres ! Ça ne s'arrête pas ! Tu dois t'éloigner de ces nombres ! » Avant que les surveillants ne l'emmènent, Leonard lui apprend comment il les a obtenus – d'un homme en Australie qui s'en est servi pour gagner lors d'une foire régionale, comme Hurley le découvre plus tard. L'homme en question a survécu à une collision frontale en rentrant de cette foire. Plus tard, il s'est explosé la cervelle au fusil à pompe.

De retour sur l'île, Hurley demande à la Française ce que les Nombres veulent dire. Elle ne sait pas. Elle était sur un bateau qui a reçu une transmission radio d'une voix répétant ces nombres ; quand le bateau a changé de cap pour enquêter, il s'est échoué, et depuis elle a perdu tout ce qu'elle avait et tous ceux qui comptaient pour elle. À la fin de l'épisode, sur une autre partie de l'île, la caméra zoome lentement sur la porte de la trappe que les survivants ont découverte enterrée dans le sol plusieurs épisodes auparavant. Ce couvercle de métal, commencent à comprendre les spectateurs, est le portail vers un mystère encore plus grand. Ou peut-être le même – car tandis que la caméra se rapproche, on peut distinguer la série de nombres gravée sur le pourtour : 4 8 15 16 23 42.

Comme la plupart des séries révolutionnaires, *Lost* a failli ne jamais voir le jour. La série est conçue à l'été 2003 lors d'une convention d'ABC au Grand Californian Hotel de Disneyland. La chaîne est sur le déclin depuis des années, avant même qu'elle ne soit rachetée par Disney en 1996. Les séries de ses rivaux dominent le *prime time* : *Survivor*, *Les Experts*, *New York police judiciaire*, *Urgences*. Tout le monde, lors de ce séminaire, du directeur général délégué de Disney (et ancien dirigeant de chaîne) Robert Iger jusqu'au bas de la hiérarchie, doit proposer une idée. Lloyd Braun, qui dirige alors ABC Entertainment, propose une série basée sur la saga *Robinson Crusoé*. Il la décrit comme un mix entre *Survivor*, l'importation suédoise qui a participé à la mode de la téléréalité, et *Seul au monde*, un film récent de Robert Zemeckis dans lequel Tom Hanks joue un analyste systèmes de FedEx dont l'avion s'écrase sur une île du Pacifique. Il appelle ça *Lost*.

Braun est chargé de démarcher les agents et producteurs d'Hollywood pour voir qui pourrait être intéressé par cette idée en plus d'une trentaine d'autres projets évoqués lors de cette réunion. Aaron Spelling, qui a produit une longue série de hits allant de *Beverly Hills, 90210* à *Dynasty*, a eu une idée similaire, alors le projet lui revient. Il le confie à un auteur qui voit le projet comme un drame social réaliste à la manière de *Sa Majesté des mouches*. Braun déteste le scénario du pilote. Alors il propose l'idée à J. J. Abrams, surtout connu à l'époque comme le créateur d'*Alias*, déjà sur ABC, série culte moitié science-fiction, moitié thriller.

Le projet n'intéresse pas Abrams plus que ça, mais il accepte d'y réfléchir. La chaîne lui demande de faire équipe avec Lindelof, un scénariste prometteur dont la plus grande réussite à l'époque est *Preuve à l'appui*. Le duo fonctionne. Ils reviennent avec un concept audacieux : imaginer une île surnaturelle – un endroit où arrivent des choses étranges et inexpliquées. Et jouer avec le temps en utilisant beaucoup de flash-backs qui permettent de montrer les personnages loin de l'île, dans le monde de tous les jours.

L'idée plaît à Braun, mais pas à ses supérieurs, chez Disney. Des années plus tôt, en tant que jeune dirigeant d'ABC, Robert Iger a défendu *Twin Peaks* de David Lynch, une autre série aux phénomènes surnaturels, pour voir au final l'audimat plonger une fois le mystère révélé. Iger, qui n'est pas un grand fan d'Abrams malgré le succès d'*Alias*, trouve que le projet rappelle trop celui de Lynch. Michael Eisner, le P-DG de Disney, est encore moins convaincu. Mais il a donné à Braun le pouvoir de lancer les pilotes, et c'est celui qu'il veut.

Mais nous sommes déjà en février 2004, trop tard dans le processus de développement des chaînes pour qu'Abrams et Lindelof écrivent un scénario, alors Braun leur donne le feu vert sans. Peu importe qu'ils aient à recréer un crash aérien et tournent à Hawaii pour 12 millions de dollars, inscrivant le pilote de *Lost* parmi les deux heures de télévision les plus chères. Peu importe qu'Abrams et Lindelof aient moins de trois mois pour écrire, faire le casting, trouver une équipe, tourner et monter. Peu importe qu'Iger considère que c'est « une perte de temps », ou qu'Eisner lui donne une note de 2 sur 10. Braun persévère. « Si la grossesse est assez avancée, dit-il, ils ne nous arrêteront pas. »

Braun est déjà mis à la porte quand la série est diffusée pour la première fois en septembre. Abrams est parti réaliser *Mission impossible III*, son premier long-métrage. Lindelof, seul en charge des 71 survivants d'un crash d'avion sur une étrange île du Pacifique, est sur le point de démissionner aussi, jusqu'à ce qu'on engage Cuse. De quatorze ans son aîné, Cuse a offert à Lindelof ses premiers contrats d'auteur, sur la série de Don Johnson *Nash Bridges*. C'était en 1999. Cette fois, le duo doit terminer le projet initié par Abrams et Lindelof.

Il y a un risque pour qu'il n'y ait pas d'histoire – que la série se dissolve dans l'incohérence parce que même les producteurs ne savent pas ce qui doit arriver. Ils ont un synopsis de base mais rien d'autre. Une petite équipe d'auteurs s'évertue à polir une histoire, à développer des biographies plus détaillées des personnages et déterminer ce qui se passe après l'épisode pilote. « J. J. aime se frotter aux grandes idées, affirme Javier Grillo-Marxuach, membre de l'équipe de scénaristes. Mais il y a l'idée et puis il y a la réalisation. Le boulot des auteurs était de transformer ces grandes idées en vingt-deux heures de télévision. »

Une des idées les plus importantes et les plus problématiques d'Abrams est cette porte métallique sur laquelle sont gravés les Nombres. L'écoutille est une trappe vers on ne sait quoi. Abrams souhaitait la présenter dès le départ – pas surprenant pour ceux qui le connaissent, puisque c'est essentiellement une boîte fermée et les boîtes l'ont toujours étrangement fasciné.

Dans sa première série TV, le mélodrame adolescent *Felicity*, la colocataire de l'héroïne possède une mystérieuse boîte en bois qui laisse perplexes les spectateurs pendant des années. Près d'une décennie plus tard, lors d'un discours en 2007 pour le TED

(Technology, Entertainment and Design) en Californie, Abrams décrit son engouement de toujours pour la Magic Mystery Box de Tannen, une boîte en carton valant 15 dollars qu'il a achetée enfant dans un magasin de magie à New York. Il ne l'a jamais ouverte et elle repose encore aujourd'hui sur une étagère dans son bureau.

« Je sais que je ne l'ai pas ouverte parce qu'elle représente une chose importante pour moi, explique-t-il lors de la conférence. Elle représente un potentiel infini. L'espoir. Les possibilités. Et ce que j'aime avec cette boîte, et je me rends compte que cela se retrouve dans tout ce que je fais, c'est que je me retrouve toujours attiré par les possibilités infinies et cette notion de potentiel.

« Le mystère, continue-t-il, est le catalyseur de l'imagination. Que sont les histoires si ce n'est des boîtes mystérieuses ? Qu'est-ce que *Lost*, si ce n'est une boîte mystérieuse ? *Star Wars* ? Qu'est-ce qui crée le mystère si ce n'est la rétention délibérée d'informations ? Et qu'est-ce réellement que le mystère, si ce n'est un personnage ? Je veux dire, regardez à l'intérieur de vous-même et cherchez ce qui s'y trouve, dit Abrams, parce qu'en fin de compte vous savez, cette boîte à mystères, c'est chacun d'entre nous. »

C'est la plus grande de ses grandes idées. Mais elle ne fait pas à elle seule une histoire convaincante. Lindelof et Cuse n'allaient pas placer la trappe – c'est-à-dire la boîte mystère – dans *Lost* avant de savoir ce qu'il y avait à l'intérieur. Trouver une réponse leur prend des mois – et c'est pour ça que les survivants la découvrent dans l'épisode 11 et non dès le deuxième.

« J. J. sait qu'il n'y a rien de plus excitant qu'une boîte verrouillée, dit Lindelof. Mais plus les gens passent de temps à essayer de l'ouvrir, plus le contenu doit être intéressant. » Et cette boîte à 15 dollars qu'Abrams a achetée enfant : « Je pense qu'il ne l'a pas ouverte parce qu'il sait qu'elle ne pourra jamais le satisfaire. »

En septembre 2005, Kevin Croy, un consultant en informatique de 29 ans, ouvre le boîtier d'un DVD de location, place le disque dans son lecteur et s'installe avec sa petite amie dans leur maison d'Anchorage, en Alaska, pour regarder les premiers épisodes de *Lost*. La deuxième saison est sur le point de commencer et ni Croy ni sa petite amie n'en ont encore rien vu. Elle les captive tant et si bien qu'ils avalent toute la première saison et se débrouillent même pour récupérer certains épisodes enregistrés sur cassettes par des amis – jusqu'à la scène finale, celle avec la trappe.

La première saison se termine, avec un *cliffhanger* classique, quand Jack et deux autres survivants font sauter la porte – juste au moment où Hurley remarque les Nombres qui y sont gravés et essaie désespérément de les arrêter. Au début de la deuxième saison, l'ensemble de la série est « tombé sur la tête », selon les mots de Croy. Dès le premier épisode, un flash-back nous montre Jack ayant un bref échange trois ans plus tôt avec un homme qui lui lance : « On se voit dans une autre vie, hein ? » au moment où ils se séparent. Puis, de retour sur l'île, quelques-uns des survivants passent par la trappe et y trouvent ce même homme qui vit dans un compartiment souterrain. Pardon ?

Cette nuit-là, Croy se met à fouiller le Net. « On se voit dans une autre vie » – qu'est-ce que c'était censé vouloir dire ? Il s'attend à trouver une page Wikipédia, créée par des fans, qui lui expliquerait tout ce qu'il souhaite savoir sur *Lost* – quelque chose comme le Wookieepedia que les fans de *Star Wars* ont lancé quelques mois plus tôt. Mais il ne trouve que quelques forums sur la série et une poignée d'articles de blogs. Alors il prend la décision qui s'impose et décide de commencer le wiki lui-même.

Rien de compliqué. Croy a abandonné l'université, mais alors qu'il vivait à San Francisco, un ami d'ami l'a engagé, il y a dix ans maintenant, pour travailler en tant que consultant en informatique pour des entreprises comme IBM et 3Com. Aujourd'hui, il est assez expérimenté pour pouvoir télécharger MediaWiki, le logiciel libre, le lancer et le faire fonctionner en vingt minutes. Après avoir fait ça, il s'attaque à la page d'accueil et y ajoute des entrées. Il en crée pour les Nombres et pour Oceanic Airlines. Il en écrit une pour Desmond Hume, l'homme mystérieux que les survivants ont retrouvé au fond de la trappe, et une autre pour Jack Shephard. Tout ça le 22 septembre 2005, un an exactement après la première diffusion de la série.

Croy lance Lostpédia au moment idéal. Les séries n'attirent généralement pas encore un public assez nombreux et assez fervent pour soutenir ce genre d'effort de groupe quand elles n'ont qu'une saison à leur actif. Mais un succès entrant dans sa deuxième saison est différent. Particulièrement pour une série comme *Lost* où vous vous attachez d'abord aux personnages avant de commencer à vous poser des questions sans réponse.

« *Lost* n'est peut-être pas directement interactif, dit Croy, se faisant inconsciemment l'écho de Carlton Cuse, mais il crée un environnement dans lequel les gens ont besoin de se parler pour comprendre toute l'histoire. » Lostpédia devient le lieu de réunion idéal pour ça. Un article écrit par un chercheur du PARC décrit le site comme « une communauté engagée dans la fouille sociale d'informations et de sens ». « Fouille », parce que c'est ce à quoi ressemble une recherche d'informations. Et « sens », parce que le besoin de comprendre la série est la raison pour laquelle vous devez vous lancer dans une fouille au départ.

Ce n'est pas exactement ce que Jimmy Wales a à l'esprit quand il cofonde Wikipédia. Wales, un entrepreneur du Web dont les précédentes encyclopédies en ligne ont sombré parce que son procédé de révision rigoureux avait fait fuir les volontaires, adopte avec enthousiasme le type de collaborations plus ouvertes rendues possibles par les logiciels wiki. Et même si son concept nécessite un point de vue neutre et détaché, la popularité de Wikipédia ne cesse d'augmenter. Pourtant, d'autres personnes utilisant des logiciels libres commencent à explorer différentes possibilités. Il y a Kamelopedia, une parodie en allemand qui vous apprend tout sur les chameaux. Puis se créent des wikis de fans comme Wookieepedia. « Je pense qu'il faut tout de même une sorte de principe sous-jacent, dit Wales, mais ce qui est évidemment plus nécessaire est une vision partagée de ce que vous essayez d'accomplir. »

Pour Lostpédia, cette vision commune est l'idée que *Lost* vaut la peine d'être regardé et qu'on en discute, peut-être même à l'infini. Mais, à mesure que les wikis de fans comme Lostpédia se développent, Wales commence à comprendre qu'ils fonctionnent de manière très différente des forums, le moyen le plus commun qu'utilisent les fans pour communiquer entre eux. Conséquence des systèmes de *bulletin board* qui fleurissaient dans les années 1980 et 1990, avant que l'accès Internet ne soit aussi répandu et que le Web ne simplifie l'accès à tous, les forums ont souvent des dizaines de milliers de membres. L'Ultimate Guitar Archive, un des plus grands forums pour guitaristes, affirme avoir plus de 1 million de membres. Mais avec leurs longs fils de discussion souvent à peine cohérents, les forums sont intimidants pour la plupart, sauf les fans les plus dévoués. Les gens qu'ils attirent veulent faire étalage de leurs glorieuses connaissances ésotériques.

Or, ce sont justement les mêmes personnes qui écrivent et corrigent les wikis. Mais, contrairement aux forums, ils sont conçus de façon à permettre de classer les informations par catégorie pour les retrouver facilement. En conséquence, ils attirent un public bien plus large. « Les wikis sont un mécanisme qui permet aux super fans d'écrire aux fans, dit Wales. Alors, au lieu de simplement discuter entre eux des points les plus mystérieux de *Lost*, ils comprennent qu'ils sont là pour expliquer les choses aux autres. »

À mesure que se développe la série, cette fouille collective s'emballe. En 2006, un étudiant en master lance une page intitulée « Economics » pour décrire l'approche des survivants concernant la répartition de leurs ressources. Comme l'observe Jason Mittell de l'université de Middlebury dans un essai universitaire, cette entrée est rapidement enrichie par des dizaines de rédacteurs et, d'une dissertation trimestrielle médiocre, elle se transforme en analyse économique exhaustive de la vie sur l'île. Une entrée intitulée « Leadership » est créée pour évaluer les qualités de dirigeant, bonnes ou mauvaises, de Jack et de deux autres personnages principaux. Rapidement elle s'étend à des dizaines d'autres personnages. Un utilisateur en Pennsylvanie, cherchant à présenter en détail le crash qui a conduit tout le monde sur l'île, crée une entrée intitulée « Mid-air break-up ». Au final, elle décrit non seulement minutieusement la catastrophe, mais fournit également des détails historiques de cas réels de désintégration en vol remontant jusqu'à 1954. Après avoir compté les résultats – 16 cas sur une période de cinquante ans, 2406 morts, 6 survivants –, l'entrée conclut que les chances pour que 71 personnes survivent à un tel crash dans la réalité sont « assez microscopiques ».

Sans surprise, quelques-uns de ces cueilleurs d'informations rapportent quelques champignons bien idiots. Une des entrées les plus intrigantes de Lostpédia est la page « Apophenia », qui est dédiée à « la perception de motifs, ou de connexions, là où il n'y en a pas ». Ce qui suit est une collection de théories sans fondement, de connexions imaginaires, de simples coïncidences et erreurs de continuité qui ont conduit certains spectateurs encore plus loin dans la troisième dimension que Lindelof et Cuse ne l'avaient imaginé. Parce que la même voiture dorée est utilisée pour différentes scènes d'accident, par exemple, beaucoup de spectateurs en concluent qu'il y a un lien. D'autres découvrent des formations nuageuses de mauvais augure dans le ciel. Non que personne ne soit terriblement surpris que *Lost* déclenche ce type de réactions. « Ils ont créé une série qui encourage les gens à faire attention à tout, observe Danny Horn, un dirigeant de Wikia, la compagnie de San Francisco (cofondée par Wales) qui héberge Lostpédia. Et malheureusement, les gens font attention à tout. »

Pendant ce temps, le site ne désemplit pas. Moins de deux ans après sa création, Lostpédia compte 19000 utilisateurs enregistrés et 3250 articles, en anglais mais aussi en néerlandais, en français, en allemand, en italien, en polonais, en portugais et en espagnol. C'est d'ores et déjà une source d'informations assez fiable et riche pour que même les auteurs s'en servent quand leur *script coordinator* n'est pas disponible. À la fin de la série en mai 2010, Lostpédia compte 6900 articles en 17 langues. L'article anglais sur Jack totalise à lui seul plus de 10000 mots et inclut des informations concernant son enfance, son éducation, sa carrière de chirurgien, son père, son mariage, son divorce, son comportement dans l'avion ou après le crash, ses tatouages et même une possible interprétation onomastique de son nom de famille : « Le nom de Jack pourrait refléter sa position de leader parce qu'un berger (*shephard/shepherd*) mène le troupeau. »

Adam Horowitz rejette la responsabilité de tout ça sur *Star Wars*. Horowitz et son partenaire d'écriture, Eddy Kitsis, sont producteurs exécutifs de *Lost*, tout comme Lindelof, Cuse et une poignée d'autres. Horowitz se rappelle avoir vu *Star Wars* dans un cinéma de Times Square avec sa mère – il avait 5 ans à la sortie – et avoir voulu le revoir dès le générique. « Mais il n'y a pas de plus grand geek de *Star Wars* que Damon Lindelof », souligne-t-il, en s'installant à la table de conférence de la salle des auteurs dans le bungalow Lost. C'est ici même qu'ils ont passé toute une matinée à se disputer pour savoir si Endor, dans *Le Retour du Jedi*, est une planète ou une lune. « Il se trouve que c'est une lune, se rappelle Kitsis. Ou peut-être une planète ? »

Lindelof n'a que 4 ans quand il voit *Star Wars*. Des années plus tard, quand Lloyd Braun l'associe à Abrams pour développer *Lost*, Lindelof se pointe à leur première réunion avec un T-shirt *Star Wars* officiel qu'il a eu quand lui et son père ont adhéré au fan-club. Abrams est emballé. « Lindelof, Abrams, Joss Whedon [le créateur de *Buffy*, *Angel* et *Firefly*], pour toute une génération d'auteurs hollywoodiens qui ont aujourd'hui la trentaine ou la quarantaine, lance Horowitz d'un air malicieux, *Star Wars* a été une échappatoire. »

– Ce n'est pas que de la science-fiction, ajoute Kitsis. Ce qui est cool avec *Star Wars*, c'est que c'est un univers en soi. Et que le héros est un gamin venu d'une petite bourgade » – Luke Skywalker, sur la planète Tatooine – « qui cherche l'aventure.

– Cela vous apprend que n'importe qui est capable de tout, ajoute Horowitz. Peu importe d'où vous venez. C'est un message très fort pour un gamin. Luke vit sur une planète déserte aux confins de la galaxie et il devient pourtant le héros de tout un univers. C'est comme à Hollywood – si vous y croyez assez, vous le ferez. »

Horowitz et Kitsis se sont rencontrés en classe de cinéma à l'université du Wisconsin, où chacun des deux a découvert une sensibilité commune à la sienne à travers les travaux d'étudiant de l'autre. Prenant ensemble la direction de l'ouest pour conquérir Hollywood, ils travaillent un temps comme assistants de producteurs très en vue. Ils sont finalement engagés pour former une équipe d'écriture, travaillant même un temps avec Abrams sur *Felicity* et plus tard avec Cuse pour une série de la Warner qui ne fera pas long feu. À la moitié de la première saison de *Lost*, Cuse leur propose de collaborer avec lui.

Les références à *Star Wars* sont monnaie courante dans la série. À l'approche de la fin de la première saison, deux des survivants – Michael, un Américain, et Jin, venu de Corée – essaient de réparer le radeau qu'ils ont construit pour quitter l'île. Ce ressort narratif rappelle de façon frappante une scène cruciale de *L'Empire contre-attaque* quand Han Solo et Chewbacca essaient de réparer le *Millenium Falcon*. « Non, non, non ! Cette pièce va là, celle-ci va là », dit Michael à Jin, faisant écho à la réplique de Solo dans le film. Bien que Michael ne parle pas coréen et que Jin ne parle pas anglais, ils parviennent tant bien que mal à communiquer ; Solo et Chewbacca ont le même problème, pourtant, ils sont également capables de se comprendre.

Mais ce n'est pas seulement une question d'hommage. Il y a aussi des similitudes entre la structure de *Star Wars* et celle de *Lost*. Les deux fournissent une somme écrasante d'informations, mais avec une façon de les distiller qui produit une anticipation maximale. Kitsis appelle ça l'effet Boba Fett, du nom du chasseur de primes qui a de fervents partisans parmi les fanatiques de *Star Wars*, bien qu'il n'ait qu'un rôle mineur dans les films. « Vous ne faisiez que l'apercevoir », dit-il. Boba Fett n'apparaît même pas dans le premier film mais, peu de temps après sa première apparition télévisée, il est disponible en jouet. « Il fallait envoyer quatre preuves d'achat. Puis, dans *L'Empire contre-attaque*, il avait quatre répliques. Mais il vous faisait réfléchir aux chasseurs de primes. *Lost* est très redevable de tout ça. »

Geronimo Jackson, par exemple. Un groupe fictif des années 1970 mentionné pour la première fois dans la saison 2, quand Hurley et Charlie, personnage de rock star accro à l'héroïne, découvrent un de leurs albums dans le compartiment souterrain. Aucun des deux n'a jamais entendu parler du groupe. Mais de petites références continuent à émailler les épisodes. Sur les bonus DVD de la deuxième saison, Kitsis et Horowitz discutent de l'histoire du groupe. Dans la saison suivante, dans un flash-back qui se déroule hors de l'île, quelqu'un porte un T-shirt au nom du groupe. Dans la saison 4, nous découvrons un de leurs posters dans un épisode et une pochette d'album dans un autre. Pourtant, ce n'est que dans la cinquième saison – où il est beaucoup question de voyage dans le temps dans les seventies – que nous entendons pour la première fois une de leurs chansons, disponible sur iTunes peu de temps après. Un type écrit sur un forum *Lost* qu'il se rappelle les avoir vus en concert au Cobo Center de Detroit au début des années 1970. « C'est pour ce type que je l'ai fait », dit Kitsis.

À un niveau moins superficiel, *Lost* rappelle *Star Wars* dans son équilibre entre apparente complexité et simplicité de nature. Malgré le souci du détail de Lucas, son histoire se résume à une poignée d'archétypes éternels, lutte entre le bien et le mal en tête. C'est la même chose pour *Lost*.

« Les mystères qu'on voit d'abord sont tous très intrigants, dit Horowitz, mais les personnages traversent les mêmes crises que tout un chacun. » Il mentionne Hurley, qui passe une période dans un hôpital psychiatrique avant de tomber sur les Nombres. « Qu'est-ce que veut Hurley ? Il veut que les gens le croient. Il veut qu'on lui dise qu'il n'est pas fou. » Qui ne le voudrait pas ?

Quand on se concentre sur les personnages, *Lost* surpasse de beaucoup *Star Wars*. Au final, le *space opera* de Lucas est un vaste spectacle wagnérien, un peu trop grandiloquent, véhiculant trop peu d'émotions authentiques. Malgré toute leur sorcellerie technique, les trois derniers films en particulier manquent d'un détail qui compte par-dessus tout : des personnages fouillés rendant plus réelle cette lutte cosmique entre le bien et le mal. « La philosophie de Damon et de Carlton est de toujours donner la priorité aux personnages, dit Kitsis. Si les auteurs arrivent en disant : "Ce ne serait pas cool que l'alligator se transforme en dragon ?", ils leur répondent que ce qui les intéresse plus est de déterminer si Jack est marié. »

La relation difficile entre Jack et son père, Charlie et son réveil du solipsisme rock'n'roll, la quête de reconnaissance d'Hurley – voilà le genre de détails qui rendent les gens accros. « Quel que soit le pouvoir qu'ait eu la série, tout vient des personnages, dit Horowitz. La raison pour laquelle les spectateurs réagissent si fortement aux Nombres est qu'ils sont attachés à Hurley et veulent mieux le connaître. Ils ont beau réclamer des réponses, ils veulent surtout être impliqués dans l'existence du personnage. »

D'accord, évidemment. Mais, bordel, ils veulent dire quoi, ces Nombres ? C'est ce qu'un fan demande à savoir en juillet 2005 lors du Comic-Con, la convention annuelle sur les comics et la fantasy à San Diego. Comic-Con est ce que l'Amérique a de plus proche du marché tentaculaire de mangas Big Sight, un immense centre de convention dans la baie de Tokyo. Lors de ce panel avec Carlton Cuse et Javier Grillo-Marxuach, Lindelof répond imprudemment : « Nous ne le saurons peut-être jamais. »

Ce qu'il veut dire, c'est que les Nombres font partie des mystères essentiels de la série – la boîte qui ne doit pas être ouverte, comme Leonard l'aurait dit à l'hôpital psychiatrique s'il avait été capable de dire quoi que ce soit avant que les surveillants ne l'emmènent. Mais Comic-Con attire les super fans, les *otaku*, et ce n'est pas ce qu'ils veulent entendre. Sans le vouloir, Lindelof déclenche un tollé.

L'automne suivant, tandis que s'ouvre la deuxième saison, la question leur est à nouveau posée alors que Lindelof et Cuse sont en train de déjeuner avec les dirigeants marketing d'ABC, Mike Benson et Marla Provencio. « Alors, on leur a donné notre explication, se rappelle Lindelof. Et ils nous ont demandé : "Quand est-ce que vous allez le révéler dans la série ?" Et on a répondu : "Jamais." Jack et Kate [une séduisante jeune survivante escortée par un US marshal pour être jugée pour meurtre] ne s'intéressent pas du tout à tout ça. » Leur survie les accapare totalement.

Lindelof et Cuse conçoivent la série comme un iceberg dont seuls 10 % sont visibles – c'est-à-dire diffusés à la télévision. Le reste relève de l'arrière-plan, sous-entendu mais jamais révélé. Mais il est déjà évident que la série a de nombreux fans en ligne. Peut-être pourraient-ils donner quelque chose de plus à ces internautes – quelque chose au sujet des Nombres, peut-être ? Depuis *I Love Bees*, les jeux en réalité alternée sont à la mode. C'est donc ce qu'ils suggèrent.

« Mike était très réceptif, dit Lindelof. Mais il ne concevait Internet que comme un outil marketing. Nous l'envisagions comme un moyen de raconter l'histoire – de partager les 90 % restants de l'iceberg. C'était l'idée d'aller plus en profondeur – de s'adresser aux fans souhaitant avoir une expérience plus poussée. » Théoriquement, cela n'aurait pas dû générer de conflit.

The Lost Experience commence en mai 2006, assez tard dans la deuxième saison, avec des spots diffusés pendant les pauses publicitaires du jeu aux États-Unis, au Royaume-Uni et en Australie. Les publicités vantent la Fondation Hanso, une organisation fictive, brièvement mentionnée au début de la saison. Dans cet épisode, Desmond, l'homme découvert dans la trappe, raconte à Jack qu'il entre les Nombres dans un ordinateur toutes les 108 minutes (4 + 8 + 15 + 16 + 23 + 42 = 108) parce que s'il ne le fait pas, ce sera la fin du monde. Desmond lui montre ensuite un film didactique émanant du projet DHARMA, une entreprise utopique financée par Alvar Hanso, un industriel danois vendeur d'armes, et la fondation du même nom. La chambre souterraine dans laquelle vivait Desmond se révèle être une station du projet DHARMA, construite pour étudier les étranges fluctuations électromagnétiques émanant de cette partie de l'île.

Le jeu en réalité alternée est censé expliquer tout ça – la Fondation Hanso, le projet DHARMA, les Nombres eux-mêmes. Pourtant, déjà, il y a des problèmes. Si vous vouliez savoir ce que les Nombres signifiaient, vous deviez jouer à *The Lost Experience*. Mais il fallait aussi que vous puissiez profiter de la saison suivante malgré cela. « L'histoire ne pouvait trop en révéler, explique Lindelof, mais si elle ne donnait rien, elle serait ennuyeuse. C'était un dilemme très épineux. »

Les publicités Hanso sont suivies d'un roman, *Bad Twin*. Publié par Hyperion (comme ABC, une filiale de Disney), il est censé être écrit par Gary Troup, le passager du vol Oceanic 815 aspiré par une des turbines peu après le crash. Il est ensuite révélé que ce Troup fictif avait également écrit un livre de non-fiction, *The Valenzetti Equation*, « en rupture de stock » parce qu'Alvar Hanso en a acheté tous les exemplaires en circulation ainsi que les droits de reproduction. Un site Web présentant le livre est malgré tout rapidement découvert, avec une accroche promotionnelle qui pose la question : « Et si une équation mathématique pouvait prédire l'apocalypse ? »

Cet été-là, lors du Comic-Con 2006, une jeune femme en colère harangue Lindelof et Cuse pendant une table ronde. Beaucoup de membres du public reconnaissent tout de suite Rachel Blake, une pirate informatique qui affirme dans un blog vidéo avoir trouvé des preuves d'exactions sinistres perpétrées par la Fondation Hanso.

« N'avez-vous pas honte ? crie-t-elle.

– Pardon ?

– N'avez. Vous. Pas. Honte ? !

– Eh bien, si un peu, répond Cuse sarcastiquement. T'as honte, Damon ?

– Ah non, jamais.

– Fais pas le malin ! Dis-nous ce que tu sais de la Fondation Hanso. »

Là, la foule applaudit. Dans l'étrange échange qui suit, Blake accuse Lindelof et Cuse de promouvoir une dangereuse organisation internationale, responsable de trafic d'organes en Afrique et d'un tas d'autres méfaits. Se tournant vers le public, elle désigne une adresse Internet sur son T-shirt, www.hansoexposed.com, avant d'être évacuée par la sécurité.

Sur ce site Web se trouvent des codes menant à des fragments vidéo – clin d'œil au roman de William Gibson, *Identification des schémas*, faisant état de mystérieuses vidéos qui lancent un culte sur le Web. Quand les fans ont fini d'assembler les vidéos de *Lost* au début du mois de décembre, ils découvrent un film didactique de 1975 dans lequel Alvar Hanso explique l'équation Valenzetti et, avec elle, les Nombres. La tirade d'Hanso est d'une admirable concision : « En 1962, il y a seulement treize ans, le monde était au bord d'une guerre nucléaire. Les États-Unis et l'Union soviétique ont failli tenir leur promesse d'une destruction mutuelle [...]. Après la crise des missiles de Cuba, les deux nations ont décidé de trouver une solution. Le résultat est l'équation Valenzetti [...]. Elle prédit le nombre exact d'années et de mois avant que l'humanité ne s'éteigne, que ce soit par le feu nucléaire, les guerres chimiques ou biologiques, les guerres régulières, une pandémie, la surpopulation. Les résultats font froid dans le dos et requièrent toute notre attention. Valenzetti donne une valeur numérique aux principaux facteurs humains et environnementaux de son équation : 4, 8, 15, 16, 23 et 42. Ce n'est qu'en manipulant l'environnement pour trouver des solutions scientifiques que nous serons en mesure de changer ces facteurs et de donner à l'humanité une chance de survie. »

Ils jouent donc avec l'équation du Jugement dernier. Pas étonnant que les choses n'arrêtent pas d'exploser.

Malheureusement, *The Lost Experience* semble sur le point d'exploser en vol à son tour. Pour la télévision, Lindelof, Cuse et ABC savent ce qu'ils font. Dès qu'ils s'aventurent au-delà surgit toute une série de nouvelles questions. Et tout d'abord comment étendre la narration sans laisser personne sur le bord de la route. Après tout, à qui s'adresse réellement *The Lost Experience* ? Pour Lindelof et Cuse, elle s'adresse aux fans. Mais l'équipe marketing d'ABC voudrait attirer de nouveaux spectateurs. Ils veulent aussi quelque chose de pointu pour montrer à quel point ils sont innovants.

Leurs trois buts semblaient amplement suffisants : rendre les fans heureux, en convaincre de nouveaux et que toutes les personnes impliquées aient l'air cool. Mais il se trouve qu'on attend également d'eux qu'ils fassent une place dans le jeu pour les annonceurs publicitaires de l'émission. Jeep, Verizon, Sprite, le site Monster.com – chacun devait avoir son propre site Web consacré à *The Lost Experience*. Une des façons de mesurer le succès du jeu, découvrent les producteurs, est l'importance du trafic qu'il génère vers ces sites.

Au cours de l'été, un autre problème devient évident: malgré la récompense promise, le jeu commence à ennuyer. Y jouer nécessite de résoudre une interminable série de puzzles, qui pour la plupart ne vous apportent que de maigres récompenses. Pas étonnant que le nombre de joueurs n'arrête pas de baisser. « La grande leçon qu'on en a tirée, dit Lindelof, c'est qu'il y a un ratio direct entre le temps investi et la récompense attendue. »

Mais la leçon de *The Lost Experience* est en fait bien plus importante que cela. Aussi talentueux qu'aient été les producteurs de *Lost* en créant une série télévisée qui donnait l'impression d'être un jeu et fédérait une communauté en ligne, ils ont rencontré beaucoup de difficultés quand leur but est devenu de créer un jeu et de construire une communauté. Tout en jonglant avec des intérêts contradictoires et des conflits internes – cela fait-il partie de la narration ou est-ce juste une opération marketing? – ils échouent à implémenter le type de système de récompense qui aurait accroché les gens. En cours de route, ils sont tombés sur la différence entre un mystère et un puzzle. La série se concentre avant tout sur le mystère; mais dans le jeu, le mystère des Nombres n'est rien de plus qu'une série de puzzles. « Nous pensons que c'est une belle expérience, conclut Cuse. Mais elle n'a pas été particulièrement réussie. »

Quand ce ne sont pas les Nombres qui obsèdent les fans, c'est la statue aux quatre orteils. Dans le dernier épisode de la saison 2, trois survivants naviguent autour de l'île dans un bateau qui appartient à Desmond quand ils découvrent un énorme pied en pierre qui, vu de plus près, se trouve n'avoir que quatre orteils. Et c'est tout. Les années suivantes, de mai 2006 à mars 2009, la statue ne fait plus d'apparition et il n'en est presque plus, voire jamais question. Pendant ce temps, les utilisateurs de Lostpédia ont publié des théories sur ses origines (Égypte ancienne? Grèce ou Rome? l'Atlantide?), son identité (Anubis, dieu égyptien des enfers? Narasimha, une incarnation du dieu hindou Vishnou? John Locke, un des personnages de la série ? un quelconque pharaon ?), la raison de sa destruction (tremblement de terre ? éruption volcanique ? tsunami ? explosion nucléaire ?) et sa signification dans la série.

« Parfois les engouements du public vous surprennent, reconnaît Cuse. Nous voulions leur montrer qu'il y avait déjà eu des gens sur l'île il y a longtemps. Nous ne nous attendions pas à ce que les fans se passionnent autant pour ce que représentait cette statue. »

À la fin de la cinquième saison, dans un flash-back qui mène les spectateurs jusqu'au XIXe siècle, la statue est montrée dans sa totalité. Peu après, grâce à une énigme publiée dans une édition spéciale de *Wired* dont Abrams est rédacteur en chef, il est révélé qu'il s'agit de Taouret, déesse égyptienne de la fertilité. « Cette série est en fait un exercice en gratification retardée », déclare Lindelof.

En d'autres termes, un exercice de narration extrêmement contrôlée. Comme *Mad Men*, série avec laquelle elle semble en apparence ne rien avoir en commun, *Lost* s'appuie sur des effets d'accumulation et la révélation sélective d'informations. Les créateurs de la série écartent à l'occasion le rideau et offrent aux fans un aperçu alléchant qui les tient occupés pendant des mois, voire des années. Cette rétention délibérée de l'information crée « l'illusion de l'interactivité » décrite par Lindelof. Loin de donner au public un rôle dans la narration, l'aspect participatif de *Lost* est en fait le résultat du contrôle strict exercé par ses créateurs.

Les spectateurs sont ambivalents concernant le rôle qu'ils souhaitent avoir. La question qui revient le plus souvent aux oreilles des producteurs est : « Dans quelle mesure tout cela a été prévu à l'avance ? » « Les fans voudraient que nous ayions tout planifié, explique Lindelof, mais ils veulent aussi avoir leur mot à dire. Ils ne peuvent pas avoir les deux. »

En fait, c'est plus compliqué que cela. Comme Dickens, qu'ils citent parfois comme inspiration, les producteurs de *Lost* ont un cadre général pour leur histoire, mais pour le compléter ils prennent parfois en compte la réaction des fans. « Il y a deux fins différentes pour *Les Grandes Espérances* », remarque Lindelof, une tragique, dans laquelle Pip et Estella se quittent pour toujours, et celle publiée, imposée à Dickens par le romancier Edward Bulwer-Lytton, qui sous-entend qu'ils trouveront le bonheur ensemble. « Cela vous en dit long. »

Dans *Lost*, le même « sentiment de participation immédiate du public » qui a guidé Dickens se retrouve dans le sort réservé à Nikki et Paulo, deux des 71 survivants du vol. Nikki Fernandez, actrice, et Paulo, un chef cuisinier, sont deux racailles de Los Angeles qui rentrent de Sydney après avoir assassiné l'ancien amant de Nikki et s'être enfuis avec 8 millions de dollars en diamants. Ils ne font leur apparition que dans la troisième saison, mais dès qu'il les découvre, le public se plaint. D'où sortent-ils, ceux-là ? Et pourquoi sont-ils si pénibles ?

Onze épisodes plus tard, en mars 2007, Nikki et Paulo disparaissent soudain de la série. De façon improbable – mais qui peut dire ce qui est improbable dans *Lost* ? – ils sont mordus à quelques minutes d'intervalle par des araignées méduses. La morsure entraînant la paralysie, les autres survivants les croient morts. Nikki rouvre les yeux au moment où elle et son compagnon sont déjà enterrés, mais personne ne le remarque, sauf les spectateurs.

Pour Lindelof et Cuse, la scène est une reconnaissance tacite de leur erreur.

« Ah, d'accord, vous voulez qu'on les tue ? plaisante Cuse. On ne va pas seulement les foutre en l'air, on va les enterrer vivants.

– C'était un *mea-culpa*, concède Lindelof. Une lettre d'amour aux fans, pour nous excuser de leur avoir fait perdre leur temps. »

En mai 2007, peu de temps après la diffusion de cet épisode, Lindelof et Cuse parviennent à convaincre ABC de fixer une date de fin pour la série. Maintenant que la série est un succès, les dirigeants de Disney sont aussi réticents à l'idée de la voir se terminer qu'ils l'étaient à celle de la diffuser. C'est une dynamique familière de la mauvaise télévision – une série, à la base brillante, est gardée en vie bien après que la dernière étincelle a disparu parce que la chaîne veut la presser jusqu'à récupérer la dernière goutte d'audimat. Déjà très mauvaise pour une série à épisodes comme *Urgences*, qui a duré quinze saisons avant que NBC ne débranche finalement la machine, une absence de clôture serait fatale à *Lost*. Lindelof et Cuse, dont les contrats arrivent à leur terme, font de cette date de fin une condition pour poursuivre l'aventure.

Lindelof compare le temps passé sur la série à un *road trip* de Los Angeles à New York. « Nous connaissions le début et la fin, dit-il, mais le milieu était plus délicat. Nous ne savions pas quelle quantité d'essence nous avions ni même si la voiture tiendrait le coup. Ce n'est qu'à la moitié de la troisième saison que nous avons réussi à les persuader. Mettre un terme à la série était le seul moyen de la sauver – mais il nous a fallu beaucoup tourner en rond pour en arriver là. »

Mais et si la série n'avait pas à se terminer ? Et si, comme dans un monde vraiment ouvert, elle pouvait continuer indéfiniment ? Tandis que nous sommes installés dans leur bungalow, Lindelof spécule sur l'union d'une série et d'un jeu massivement multijoueurs. « Dans *World of Warcraft*, il n'y a pas de fin au jeu, dit-il. Vous créez un monde dans lequel les gens veulent rester, au contraire d'un monde que les gens peuvent visiter. Nous n'avons cherché qu'à créer des portails. »

Ou peut-être grâce à un autre genre de mariage. « *World of Warcraft*, c'est un peu un truc de geek, continue Lindelof. Mais Facebook, non. Twitter, non. Je crois que l'outil essentiel d'Internet est le réseau social. Mais comment unir réseaux sociaux et narrations ?

– Pour moi, tout est une question d'immersion, dit Cuse. C'est ce qui m'a frappé à propos d'*Avatar* – la qualité d'immersion. Je vois bien que la narration en deux dimensions à

24 images par seconde est obsolète. Si vous pouviez utiliser la force d'immersion d'*Avatar*, la qualité 3D, les combiner à des mondes où vous pouvez vous plonger tout en recevant également un contenu narratif – là on aurait une expérience différente. Si nous savions comment faire ça, nous le ferions. Mais nous n'avons pas trouvé. »

8
Télévision : le jeu

Des volontaires pour travailler chez Dunder Mifflin ? Attention grande opportunité : Dunder Mifflin est l'entreprise qui sert de décor à la version américaine de *The Office*, l'une des séries comiques les plus drôles et les plus innovantes jamais créées. Participez aux changements technologiques excitants qui bouleversent l'industrie des fournitures de bureau ! Massez des épaules virtuelles avec Steve Carell ! Soyez payés en Schrute Bucks ! Branchez-vous au cyberespace pour n'avoir jamais vraiment à visiter Scranton, en Pennsylvanie !

Dunder Mifflin Infinity, l'incarnation Web de l'entreprise fictive, est lancé en octobre 2007 dans un épisode de *The Office* où Ryan Howard, l'un des personnages les plus odieux de la série, débarque après un séminaire au siège avec un plan pour revigorer l'entreprise. Ryan veut donner à chaque employé un BlackBerry et se lancer dans la vente en ligne. Il est jeune, branché et déterminé. Toujours vêtu de noir, il ne s'est pas rasé depuis un moment. Dunder Mifflin Infinity est son plan pour ramener ce négociant de papier en crise dans le XXIe siècle.

Les jeux télévisés apparaissent dès les années 1940, quand des programmes comme *Kay Kyser's Kollege of Musical Knowledge* testent les connaissances en musique populaire des candidats (ainsi que des spectateurs). Dunder Mifflin Infinity – rebaptisé Dunder Mifflin Sabre en septembre 2010 après le rachat de la société par Sabre Corp, un fabricant d'imprimantes dont les produits ont une fâcheuse tendance à prendre feu –, c'est tout autre chose : un jeu à propos d'une émission, un concours

Internet conçu pour approfondir la connexion du public à *The Office*, l'un des rares points lumineux de la récente grille de NBC. Il sert aussi de réseau social, ce qui encourage les fans à s'impliquer non seulement dans la série mais aussi les uns avec les autres. De manière très limitée, il offre le type d'immersion que décrivent Lindelof et Cuse.

Sur Dundermifflininfinity.com, les gens ayant une « passion consommée pour tout ce qui est papier » peuvent y devenir employés virtuels. Tous se voient confier une tâche hebdomadaire pour laquelle ils sont payés en Schrute Bucks (du nom de Dwight Schrute, un des personnages principaux de la série). Après avoir gagné au moins 2000 Schrute Bucks, ils peuvent postuler dans une des 100 filiales de DMI qui, pour exprimer l'« idéal de la petite ville » de la société, se trouvent toutes dans des endroits comme Ypsilanti, dans le Michigan, ou Woonsocket, à Rhode Island.

Quand la fusion a lieu, DMI compte quelque 260000 employés virtuels, parmi lesquels peut-être 20000 sont ce que NBC.com appelle des *power users*. C'est-à-dire des gens qui remplissent leur tâche toutes les semaines, communiquent grâce au forum, utilisent DMI comme réseau social, regardent les épisodes tout en s'envoyant des messages les uns aux autres, se réunissent pour regarder la série, organisent des soirées à thème et en postent les vidéos sur le site. « J'ignore s'ils ont un vrai travail », s'interroge Nate Federman, l'un des deux « auteurs digitaux » que NBC.com a engagé pour le site.

Pour les utilisateurs plus occasionnels, les tâches hebdomadaires sont au cœur de l'expérience. Pour accompagner la diffusion de l'épisode intitulé « Niagara » en octobre 2009, par exemple, les auteurs du site inventent une épreuve intitulée « Niagara Do's and Don'ts ». L'épisode est centré sur Jim et Pam, le charmant jeune couple dont l'amour naissant est depuis longtemps un des éléments clés de la série. Ils se rendent aux chutes du Niagara pour se marier. Jim, craignant non sans raison que ses collègues ne se comportent pas forcément de la manière la plus appropriée, leur présente une liste de choses à faire et à ne pas faire. En haut de cette liste se trouve un avertissement de ne pas reproduire la vidéo *JK Wedding Entrance Dance* – une marche nuptiale au son de « Forever » de Chris Brown, à la fois touchante et hilarante, mise en ligne par un couple de jeunes mariés du Minnesota. Le clip a fait sensation, atteignant les 3 millions de vues quarante-huit heures après la mise en ligne et envoyant l'heureux couple sur les plateaux de *Good Morning America* et du *Today Show*. Inévitablement, les invités au mariage de Jim et Pam reproduisent malgré tout cette danse. Les employés de Dunder Mifflin Infinity ont donc dû créer leur propre liste de choses à ne pas faire lors d'un mariage, de funérailles, de fêtes d'anniversaire, etc. Les vainqueurs des différentes filiales reçoivent 250 Schrute Bucks, le vainqueur du siège 350 Schrute Bucks.

Il y a une symétrie merveilleusement tordue dans cette épreuve : une vidéo mise en ligne par un internaute inspire une série TV à mettre au défi ses spectateurs de poster leurs propres commentaires sur le Net. Mais ce type d'échanges est une des clés du succès de *The Office* : faux documentaire humoristique diffusé par épisodes de vingt minutes, la série présente à travers un microcosme une vision délirante du monde que nous connaissons déjà. Dunder Mifflin Infinity et le nouveau Dunder Mifflin Sabre vont encore plus loin en nous proposant d'entrer dans le délire. « Le principe, c'est d'être emporté dans un autre monde, explique Greg Daniels, un des auteurs et producteurs de la série, qui rappelle soudain James Cameron quand il parle d'*Avatar*. Et vous aimez tant ce monde que vous voulez vous y impliquer. »

Greg Daniels est un vétéran de la télévision. Grand et maigre, une attitude douce presque effacée, il pourrait lui-même passer pour un personnage de télévision. Il s'est d'abord fait un nom en écrivant pour le *Saturday Night Live*, ce qui lui a valu un Emmy en 1989. Après cela, il a passé plusieurs années à travailler sur *Les Simpson* et aidé ensuite à la création de l'autre série d'animation longue durée de la Fox, *Les Rois du Texas*. Il a adapté *The Office* de la série britannique du même nom, un grand succès de la BBC, et a ensuite créé *Parks and Recreation* pour la NBC avec Michael Schur, un membre de son équipe d'auteurs.

The Office, tout comme *Parks and Recreation*, s'éloigne de la tradition stricte et de plus en plus moribonde des sitcoms qui, depuis les années 1950, sont tournées avec trois caméras en une seule prise et accompagnées de rires enregistrés pour que le public sache ce qui est drôle. Les « mockumentaires »[1] de Daniels ont leurs propres règles : une seule caméra, pas de gros plan, pas de musique, rien qui pourrait indiquer que vous ne regardez pas réellement un reportage sur Dunder Mifflin ou le département des parcs et loisirs de la ville de Pawnee, dans l'Indiana. C'est de la comédie du sous-entendu, de la télévision pour les blasés des médias : au lieu de se laisser guider par les rires, les spectateurs sont de mèche.

Daniels est aussi sérieux et drôle que son format de prédilection. Quand nous nous rencontrons dans les bureaux de *Parks and Recreation*, près de l'intersection entre Gunsmoke Avenue et Gilligan's Island Road dans la vallée de San Fernando à Los Angeles, il demande à Michael Schur, également présent, de ne pas monopoliser la parole : « Je veux être dans le bouquin, moi aussi ! » Puis il explique qu'il a entendu parler d'Internet pour la première fois au milieu des années 1990. « J'écrivais pour *Les Simpson*, se rappelle-t-il, et quelqu'un a dit : "Il y a ce truc, l'Internet – ça permet à tout un tas d'universitaires et d'employés gouvernementaux de communiquer, et ils y parlent des épisodes des *Simpson*." » Il est allé voir et a découvert des articles universitaires sur des sujets comme l'utilisation de la

1. Faux documentaire parodique. (N. d. T.)

fable et de l'allégorie dans l'épisode « Lisa's Wedding », qu'il avait lui-même écrit. « C'était incroyablement savant », se rappelle-t-il.

L'épisode est diffusé pour la première fois en mars 1995, cinq mois avant que l'introduction en bourse de Netscape ne déclenche la première vague d'enthousiasme pour Internet. À l'époque de la première diffusion de *The Office* en mars 2005, le Net est devenu un endroit où les gens parlent de tout et n'importe quoi – y compris, très vite, de *The Office*. Les sites Web dédiés à la série se multiplient peu après les premiers épisodes. Les fans essaient d'interagir avec la série – classant leurs épisodes préférés, se vendant les uns aux autres des T-shirts et des tasses. Daniels et son équipe, qui suivaient ce que les gens disaient et faisaient en ligne, ne pouvaient pas ne pas prendre en compte ce phénomène. « Pendant un long moment, on a eu l'impression d'être un peu en retard sur nos spectateurs », dit Paul Lieberstein, auteur et producteur qui joue également le rôle de Toby dans la série et la dirige depuis que Daniels et Schur ont lancé *Parks and Recreation* en 2008.

« On s'est rendu compte qu'il y avait un vrai désir de choses en plus, explique Schur. Des épisodes Web. Des trucs à trouver sur Internet. Ils en veulent plus.

– Je trouve que c'est une bonne façon de juger de la qualité de la série », ajoute Daniels.

« Les trucs en plus » de *The Office* sont apparus après la rencontre de Daniels avec Stephen Andrade, le dirigeant de NBC.com, et quelques autres cadres de la chaîne. Andrade a l'enthousiasme communicatif. C'est un grand type, à forte carrure, au teint hâlé et aux cheveux blond vénitien coupés court. « J'adorais la série », m'avoue-t-il une après-midi dans son bureau situé dans un des immeubles à l'entrée des studios Universal, le siège de NBC sur la côte ouest. « En interne, il y avait quelques interrogations sur le succès qu'elle rencontrerait. Mais nous nous sommes très vite dit que nous pourrions faire beaucoup de choses avec. »

Alors, en septembre 2005, pendant que Damon Lindelof et Carlton Cuse réfléchissent à *The Lost Experience* à quelques kilomètres de là et que Kevin Croy lance Lostpédia à Anchorage, Dwight Schrute lance un blog. Dwight, interprété par Rainn Wilson, est l'acolyte désespérément gauche, incroyablement puéril et furieusement mégalomaniaque de Michael, le personnage de Steve Carell, manager régional à la tête des bureaux de Scranton. Si, pour Daniels, Internet parlait des *Simpson*, pour Dwight, il n'y est question que de... Dwight :

« Bonjour, l'Amérique. Dwight Schrute au clavier. Assistant manager régional du négociant en papier Dunder Mifflin.

« Ceci est mon journal Web. Ou "blog". Je l'ai appelé "Schrute Space". Parce que mon nom de famille est Schrute. Et c'est un espace. Où je peux écrire.

« Je suis heureux de voir les milliards d'individus qui parcourent la toile chaque jour (que ce soit pour s'informer de la météo, de la circulation, pour trouver des articles universitaires et/ou télécharger de la pornographie) se tourner vers SCHRUTE SPACE pour obtenir leur dose quotidienne de ce que Dwight a à dire.

« Premier sujet :

« Je hais le saumon. C'est rose. Et ça pue le poisson. Le saumon, c'est pourri ! »

Un internaute répond : « Dwight, je te trouve plutôt gay. Mais chui *[sic]* pas homophobe, alors ça va. » Un autre : « Je ne sais pas si tu t'en rends compte, mais t'es vraiment un naze. » Un autre encore dit simplement : « Ouais, le saumon, c'est pourri. » « Ce qui est cool, remarque Andrade, c'est que les gens commentent comme s'ils parlaient à une personne réelle. » Et d'une certaine façon, c'est le cas puisque les premières publications sont rédigées par Rainn Wilson lui-même, qui écrit tout en interprétant son personnage.

Dwight se révèle être un grand fan de *Lost*. Dans un article du blog, il propose même ses propres théories. « Qui a déjà entendu parler d'Oceanic Airlines ! écrit-il. Sûr que c'est une fausse compagnie qui crashe ses appareils volontairement pour faire des expériences sur ses passagers. » Là aussi, la passion des fans permet de créer des ponts entre réalité et fiction. Lors des Writers Guild Awards de 2006, où *Lost* remporte le prix de la meilleure série dramatique, Damon Lindelof et Eddy Kitsis rejoignent la table de *The Office* et invitent tout le monde à leur soirée. Pour les remercier, l'équipe de *The Office* leur envoie ensuite des rames de papier Dunder Mifflin. « Nous sommes de très grands fans de *The Office*, avoue Kitsis. C'est une question de génération, nous avons grandi avec Internet. »

Daniels commence déjà à mettre en ligne les scènes coupées. Comme toutes les émissions de vingt-deux minutes, *The Office* ne doit jamais dépasser cette limite pour permettre la diffusion de huit minutes de publicité. Mais les épisodes sont tournés plus long – entre trente-sept et trente-huit minutes. La partie la plus dure pour les producteurs est précisément de choisir les quinze minutes qu'ils doivent couper pour faire le compte. Mais il n'y a aucune raison pour que les scènes coupées ne puissent pas être diffusées sur le site Web. D'ailleurs, il n'y a aucune raison pour que la série dure vingt-deux minutes sur Internet, c'est pour cela qu'ils finissent par poster également les *producer's cuts*.

C'est Dunder Mifflin Infinity qui transforme *The Office* en jeu. Bien que développée en interne, l'expérience a été affinée pour NBC.com par Bunchball, une petite start-up de la Silicon Valley. Bunchball utilise les principes fondamentaux de la conception de jeux, comme prendre des tours et gagner des points, pour convaincre les utilisateurs de revenir sur leur site. « Le tout est de donner un but aux gens, explique Rajat Paharia, fondateur de Bunchball, et de les récompenser quand ils font quelque chose. »

Nous sommes installés dans le hall du W Seattle. Paharia vient d'y faire un discours intitulé « Manuel à l'usage du meneur de jeu » lors d'une conférence organisée par la Casual Games

Association, l'association professionnelle des entreprises qui font des jeux vidéo simples et faciles à jouer qui ressemblent plus au solitaire qu'à *Grand Theft Auto*. « Les gens adorent avoir des objectifs », continue Paharia. Ils adorent aussi d'autres choses : gagner des points, passer un niveau, récolter des récompenses. « Mais ils détestent trouver des trous dans une collection, ajoute-t-il. Ils sont prêts à tout pour la compléter. »

Dunder Mifflin Infinity est conçu pour impliquer les gens en utilisant des mécanismes communs à tous les jeux, de *World of Warcraft* jusqu'au golf. Paharia le décrit comme un « système incitatif ». Quand les internautes accomplissent quelque chose sur le site – qu'ils terminent un travail, écrivent un commentaire, notent le commentaire d'un autre –, le système leur remet des points sous forme de Schrute Bucks. « Et quand vous avez un système de points, explique Paharia, il y a pas mal de possibilités. »

L'une d'entre elles est de satisfaire la soif de classement des gens en dressant le tableau des leaders – c'est-à-dire ici publier une liste des employés et des bureaux les plus performants. Vous pouvez satisfaire le désir d'acquisition des internautes en leur créant un bureau virtuel et en leur vendant des choses qu'ils payent en Schrute Bucks. De cette façon, ils peuvent étaler leur richesse en exhibant des trucs sur leurs écrans – euh, leurs bureaux – et exprimer leur créativité dans leur manière de les organiser. (« Les joueurs consacrent un temps surprenant à peaufiner leur bureau », observe Paharia.) Vous pouvez aussi leur offrir des opportunités de promotion. Certains objets ne peuvent être achetés qu'en atteignant une position de manager.

Dunder Mifflin Infinity et Dunder Mifflin Sabre ont certes offert un moyen aux fans de participer à la série mais ils ont aussi permis à NBC d'externaliser le procédé onéreux et chronophage de créer des bonus disponibles sur Internet. Ils sont conçus pour que les utilisateurs fassent la plus grosse partie du travail et qu'ils soient contents de le faire. Les annonceurs s'y retrouvent également puisque cela donne aux fans une opportunité d'interagir avec eux. Toyota y vend des petites voitures que les internautes exposent sur leur bureau. MasterCard donne à chaque « employé » une carte cadeau d'une valeur de 200 Schrute Bucks qui leur permet d'acheter d'autres choses. Paharia semble perdu devant le côté vertigineux de tout ça. « NBC paye des gens en fausse monnaie pour faire un vrai travail, s'émerveille-t-il, et MasterCard paye NBC en argent bien réel pour donner de la fausse monnaie. » Qui sait jusqu'où ça peut aller ?

Quand Andrade commence à travailler pour *The Office*, NBC.com se résume à six personnes. Andrade lui-même rejoint l'opération en tant qu'avocat en 1996. Une de ses premières missions est de gérer les questions juridiques dans le cadre d'un partenariat avec Microsoft qui mène à la création de l'hybride Web/câble nommé MSNBC. Depuis, la chaîne a essayé, comme il le dit, « toutes les approches concevables » pour le Web.

Parmi ces premières expériences, l'une des plus prometteuses concernait *Homicide*, une série policière de sept saisons diffusée dans les années 1990[1]. Basée sur un livre de David Simon, ancien journaliste au *Baltimore Sun* qui imaginera ensuite *Sur écoute* et *Treme* pour HBO, la série, sombre et réaliste, est tournée caméra à la main dans les quartiers défavorisés de Baltimore. Bien qu'elle n'ait jamais réellement trouvé son public, elle a remporté quatre Emmy et attiré des *guest stars* comme Steve Buscemi, Marcia Gay Harden, Neil Patrick Harris ou James Earl Jones.

Déjà, à l'époque, la télévision perd des spectateurs au profit du Web. NBC s'en inquiète, non sans raison. En 1996, j'ai interviewé quelques personnes au 30 Rockefeller Plaza, le siège de NBC, pour le magazine *Fortune*. Les gens du 30 Rock

1. La série a été diffusée en France sur Série Club de 1989 à 2001. (N. d. T.)

n'ignoraient pas que la donne avait changé. « Mon instinct et nos groupes témoins me disent que, dans dix ans, les gens ne seront plus confortablement installés devant leur téléviseur, disait Bob Meyers, l'un des dirigeants de NBC. Le petit groupe témoin que j'ai à la maison ne le fait déjà plus – ils attendent de la télé qu'elle joue le même rôle qu'un PC. »

Cela a eu de profondes implications pour la télévision. Pendant des années, les programmateurs de chaînes s'étaient non seulement évertués à attirer les téléspectateurs, mais à les canaliser tout au long de la journée. L'arrivée de la télécommande a déjà considérablement compliqué cette tâche. Aujourd'hui, les dirigeants de chaînes se mesurent à Internet ainsi qu'à la prolifération de chaînes câblées. Ils doivent reproduire le savoir-faire du programmateur mais à une échelle bien plus grande, non seulement durant les différentes parties de la journée, mais aussi sur une panoplie de médias différents, de la télévision au câble en passant par Internet et vice versa. La quête du contrôle devient étourdissante de complexité.

Pour accompagner *Homicide*, NBC.com envoie une équipe de producteurs Web sur la jetée de Baltimore où se tourne la série et leur demande d'interviewer tout le monde, des acteurs aux décorateurs. La série finit même par engendrer une petite sœur Web, *Homicide: Second Shift*, qui suit une autre équipe de policiers qui patrouillent quand les héros de la série rentrent chez eux. Parfois, les personnages de la série TV s'invitent dans la série Web et vice versa. C'est un travail de pionnier. Mais ces vidéos Web, au coût trop élevé dans les années 1990, sont peu attrayantes pour les annonceurs, et difficiles à regarder, car presque personne n'a encore de connexion haut débit. Cet essai a, en fait, une décennie d'avance sur son temps.

« Ce n'est que ces deux ou trois dernières années que nous en sommes arrivés là où je pensais qu'on allait en 1996 », me confirme Andrade quand je le rencontre à Universal City. *The Office* reste la série qui lui a permis de percer. « Les comédies fonctionnent très bien, continue-t-il, parce qu'il y a des idées dans les blagues que vous pouvez étendre en ligne. Mais je pense que nous pourrions le faire avec n'importe quelle série. »

Dix ans après ses premières expérimentations sur *Homicide*, l'idée de prolonger les programmes télévisés devient soudain le cœur de la stratégie de NBC. L'annonce est faite en mai 2006 par Jeff Zucker, alors directeur des opérations télévisuelles chez NBCUniversal, le géant du divertissement créé par la fusion de NBC, de la General Electric et des studios Universal de Vivendi. Zucker prend la parole pendant l'*upfront* de printemps, le tralala annuel où les chaînes de télévision américaines présentent leurs programmes de la rentrée aux annonceurs. Les *upfronts* sont une longue tradition de la télévision, une semaine de soirées somptueuses et de présentations à la mise en scène élaborée culminant – avec un peu de chance – en une vente aux enchères enfiévrée pendant laquelle Madison Avenue déverse son argent sur les chaînes. Année après année, alors même que le public a continué à dériver vers le câble, les jeux vidéo et Internet, les chaînes ont réussi à disposer de toujours plus d'argent pour leurs programmes parce que les annonceurs en quête d'un public de masse n'avaient nulle part ailleurs où aller. Mais, cette année-là, pour la première fois, cela ne marche pas.

Et tout particulièrement pour NBC qui, en dix ans, a dégringolé de la première à la quatrième place des principales chaînes nationales. Au milieu des années 1980, NBC paraît pourtant imbattable en *prime time*. Le *Cosby Show*, *Cheers*, *Seinfeld*, *Urgences* : entre 1985 et 1999, la chaîne diffuse les émissions les plus regardées du pays. Mais, d'abord, *Seinfeld* puis *Friends* et enfin *Frasier* se terminent sans trouver de relève. Désormais, CBS est en tête, surfant sur le succès de *Survivor* et des *Experts* d'Anthony Zuiker, qui est si populaire qu'il réussit à faire de l'expert légiste une mode. NBC commence à renvoyer une image triste et datée.

La présentation *upfront* de NBC se déroule au Radio City Music Hall, la salle de danse et de concert des années 1930 à quelques pâtés de maisons seulement du 30 Rock dont les formes aérodynamiques et glamour rappellent une époque où la National Broadcasting Company était la première station radio d'Amérique. L'après-midi commence de manière assez prometteuse. Steve Carell arrive sur scène en lançant quelques blagues. Il n'y a pas une, mais deux comédies autoréférentielles inspirées par *Saturday Night Live*: *30 Rock*, de Tina Fey, qui a l'air plutôt cool; et *Studio 60 on the Sunset Strip*, d'Aaron Sorkin, qui paraît étrangement vaniteux. Il y a aussi une étrange nouvelle série appelée *Heroes*, sur des gens ordinaires dotés de super pouvoirs. Enfin, Zucker arrive sur scène.

La grande annonce de Zucker est la « TV 360 », une initiative qui offre aux annonceurs plus que de la télévision. TV 360 veut dire prendre ce que NBC.com a fait avec *The Office* et l'étendre à toutes les émissions de *prime time* et le reste. Bonus en tous genres: des webisodes de la série sur le football américain *Friday Night Lights*; une nouvelle page d'accueil pour le *Tonight Show* et *Saturday Night Live*; les coulisses de *30 Rock*; un comic en ligne pour *Heroes*; une version exclusivement diffusée sur Internet de *The Biggest Loser*, l'émission de téléréalité sur la perte de poids, suivant des concurrents qui n'ont pas été sélectionnés pour l'émission de télévision; même des re-looking beauté en ligne via iVillage, le site Web que NBC Universal vient de racheter. L'intérêt est d'utiliser « la puissance du Web, déclare Zucker, d'élargir l'expérience télévisuelle, de construire des communautés et un niveau d'implication jamais vus » – des communautés auxquelles les annonceurs vont pouvoir s'adresser. Désormais, NBC ne cherche plus seulement à attirer les spectateurs au travers de plates-formes diverses, télévision, câble ou Internet; elle cherche également à canaliser les annonceurs.

Pour ce virage à 360 degrés, *Heroes* est le point de départ idéal. Cherchant clairement à reproduire le succès de *Lost*, la série est créée par Tim Kring, l'auteur-producteur responsable de la série policière *Preuve à l'appui* sur laquelle Damon Lindelof s'était fait remarquer pour la première fois. Jeph Loeb, un des coproducteurs exécutifs, a écrit pour la deuxième saison de *Lost*. Jesse Alexander, un autre coproducteur exécutif, a travaillé avec Lindelof et J. J. Abrams sur la conception de *Lost* et avec Abrams encore avant ça sur *Alias*. Le mieux, c'était le concept : après le succès de *Lost*, NBC n'a qu'une hâte, avoir une série dramatique chorale servie par une histoire qui ferait sensation au Comic-Con.

Heroes met donc en scène des personnages tirés de comics : une pom-pom girl dont le corps se régénère spontanément ; un artiste new-yorkais qui voit dans le futur, mais seulement après s'être shooté ; un employé de Tokyo qui voyage dans le temps ; une strip-teaseuse Internet à la double personnalité et à la force surhumaine ; un policier de Los Angeles qui lit dans les pensées ; un homme politique qui peut voler ; un infirmier qui imite le pouvoir des autres ; un tueur en série qui vole le cerveau des gens et s'approprie leur pouvoir. Il y a également un complot, des histoires de génétique sophistiquées et une menace de destruction de New York.

Le premier épisode est diffusé au Comic-Con en juillet 2006, la semaine où Lindelof et Cuse sont accusés de couvrir la Fondation Hanso lors d'une table ronde, et il fait un tabac. Quand il passe à la télévision à l'automne, le pilote rassemble 14 millions de spectateurs – près de 5 millions de moins que le premier épisode de *Lost* cette saison-là, mais plus que n'importe quelle nouvelle série que NBC a diffusée dans les cinq années précédentes.

Jesse Alexander prend en charge l'aspect 360 de la série – tout ce qui se passe en dehors du petit écran. Il se révèle être l'homme de la situation. Comme Abrams et Lindelof, Alexander est un enfant de *Star Wars*. Il a 10 ans à la sortie du film. Il achète tous les comics, tous les objets dérivés, et rapidement il utilise ses petites figurines Luke Skywalker et Dark Vador pour réaliser des films *Star Wars* avec la caméra Super 8 que son père lui a offerte. Il comprend d'instinct le principe de l'interaction entre public et narration *deep media*. Il a grandi avec.

Pour créer du contenu autour d'*Alias*, il s'inspire du *Majestic* de Neil Young et du jeu en réalité alternée créé par Jordan Weisman pour *A.I.* Un personnage mentionne un nom de site dans la série et, quand les fans le visitent, ils y découvrent non seulement le site conçu par Alexander, mais les fichiers audio qu'il y a cachés. Sous l'identité d'un personnage de la série, il remet des informations à un autre espion sous le regard des fans connectés. *Heroes* lui offre une chance de faire ça d'une façon bien mieux intégrée à l'histoire. Alexander et son équipe créent des comics disponibles en ligne après chaque épisode, publiés ensuite en romans graphiques. Ils interviewent les acteurs et les membres de l'équipe de tournage pour NBC.com. Ils produisent *Heroes 360 Experience*, un jeu en réalité alternée à petite échelle auquel les fans jouent en visitant des sites et des pages MySpace, en appelant un numéro vert et en envoyant des SMS.

Comme l'espère Zucker, tout cela séduit les sponsors et notamment Nissan. Les publicités pour la nouvelle Versa quatre cylindres, chic et compacte, récemment introduite dans le marché nord-américain, fleurissent pendant les pauses publicitaires. Et juste au cas où quelqu'un les aurait manquées, la voiture apparaît également dans l'histoire. Dans le troisième épisode, quand Hiro arrive à l'aéroport de Los Angeles et loue une voiture pour se rendre à New York, il n'accepte pas n'importe laquelle, il insiste pour avoir une Versa. « Nissan Versa. Nissan Versa, psalmodie-t-il devant le comptoir de location. Elle a du succès, lui répond l'employé. Laissez-moi regarder s'il nous en reste. » Surprise ! Ils en ont bien encore une. Hiro garde la voiture pendant sept épisodes. La Versa apparaît également sur la couverture des comics. Sprint et Cisco signent des accords du même type.

Malgré tout, la deuxième saison est un désastre. Les fans se plaignent du rythme, trop lent. Les six premiers épisodes, qu'Hiro passe à voyager dans le Japon du XVIIe siècle, et les nouveaux personnages qui n'arrêtent pas de débarquer sans raison ne rencontrent pas l'adhésion. L'audimat chute. Kring présente ses excuses dans *Entertainment Weekly* : « Nous comprenons les critiques et essayons d'y remédier. » Mais il n'y a que peu d'amélioration. Les retournements de situation se font encore plus déconcertants. Le public est de moins en moins au rendez-vous. Loeb et Alexander sont virés deux mois après le début de la troisième saison. Beaucoup se disent que la production s'est égarée.

« Au début d'*Heroes*, les gens de chez NBC étaient très excités à l'idée de lancer une franchise qui marche aussi bien que *Lost* », se rappelle Alexander, autour d'un déjeuner dans le restaurant d'Universal, situé dans un bâtiment d'un étage entouré de voiturettes de golf – le véhicule idéal pour se déplacer sur les 168 hectares de décor des studios. À 4 millions de dollars l'épisode plus les dépassements, le programme n'a jamais été bon marché. Il a d'autres avantages. « Ce type de séries génère vraiment une communauté de fans dévoués, poursuit Alexander. Et, plus important encore pour le marché, elle s'exporte très bien à l'international. » Est-ce suffisant pour garder NBC à flot ? Y a-t-il vraiment une solution ?

En novembre 2007, alors que NBC et les autres chaînes luttent pour redéfinir leur modèle économique, les auteurs et scénaristes mettent le holà. Au cœur du problème, la compensation pour les nouveaux médias. Les chaînes gagnent de l'argent en vendant des contrats publicitaires sur des comics et d'autres produits, mais les gens qui les écrivent ne sont pas rémunérés en proportion. Au début, ils ne gagnent même rien du tout ; les auteurs d'une série en *prime time* sur une chaîne nationale touchent généralement 30000 dollars par épisode, mais s'ils écrivent du « contenu Web », ils le font sur leur temps libre. Quand on accepte enfin de les rémunérer, il n'y a aucune mention des droits de seconde diffusion – les paiements additionnels quand leur travail est réutilisé. Le travail sur Internet n'est pas encore couvert par les accords du travail hollywoodien. Plus d'une décennie après que l'introduction en bourse de Netscape a lancé le premier boom Internet, la relation entre télévision et Internet n'est toujours pas définie et est gérée au cas par cas.

Un étrange interlude s'ensuit. Pendant quelques mois, Hollywood se transforme en laboratoire. Les syndicats donnent des consignes aux auteurs qui arrêtent leur travail pour le cinéma ou la télévision, mais il n'y a aucune injonction contre les productions Web – même financées par un studio de cinéma ou une chaîne de télévision. Pour les auteurs et les producteurs, c'est une bonne configuration. Ils ont un retour instantané des spectateurs, écrivent des blagues que n'aurait jamais diffusées une chaîne nationale, sont libres de leurs mouvements et gagnent même peut-être un peu d'argent. C'est presque comme s'ils réinventaient la télévision en ligne.

Hollywood s'est déjà essayé au Web. Tout le monde en ville le remarque quand deux habitants de Beverly Hills de 27 ans – Mesh Flinders, scénariste, et Miles Beckett, un apprenti chirurgien esthétique qui veut apprendre le métier – se révèlent être les créateurs de *Lonelygirl15*, qui fit sensation sur YouTube en 2006. Présenté comme le vrai blog vidéo de Bree, une gentille adolescente chrétienne un peu perturbée, *Lonelygirl15* se révèle trois mois plus tard être une fiction dont la star est en fait une actrice tout droit sortie d'une école de cinéma. Cette révélation provoque d'abord un tollé : Bree n'est pas celle qu'elle prétendait et beaucoup s'en offusquent. Mais la plupart des internautes suivent ses vidéos malgré tout. Et comme les fans qui commentent le blog de Dwight Schrute, ils continuent à lui écrire comme si elle était réelle. Ils lui révèlent leurs secrets, la conseillent. Après quelques semaines, Flinders et Beckett comprennent qu'il leur faut un auteur pour répondre à toutes ces questions.

Michael Eisner, qui, faisant face à une crise sans précédent, a dû démissionner de son poste de P-DG de Disney, finance *Prom Queen*, une série Web brillamment produite qui sort en avril 2007. Deux mois avant le début de la grève des scénaristes, Marshall Herskovitz et Ed Zwick annoncent qu'eux aussi vont créer une série Web. Ces deux-là n'en sont pas à leur coup d'essai et on leur doit notamment *Le Dernier Samouraï*, *Légendes d'automne*, ou encore des succès télévisés comme *Deuxième chance* et *Génération Pub*. Quand ils signent un contrat avec NBC pour la diffusion de leur série Web, *Quarterlife*, en *prime time*, beaucoup de gens dans le business se mettent à voir les vidéos en ligne comme un bon tremplin pour la télévision.

En surface, cela semble logique. Au lieu de dépenser 2 millions de dollars pour tourner un pilote d'une demi-heure, pourquoi ne pas tourner quelques épisodes Web de qualité à 10000-30000 dollars l'unité, les mettre en ligne pour créer le buzz, les coller les uns aux autres pour faire une série télévisée et ensuite transférer tout ça vers le média où se trouve l'argent? *Quarterlife* semble être le prototype parfait: ses épisodes se trouvent justement durer entre sept et dix minutes, à peu près l'intervalle entre les pauses publicitaires à la télévision. Mais, même si elle fonctionne sur Internet, la série ne rassemble que 3,9 millions de spectateurs lors de la diffusion de son premier épisode sur NBC – le plus mauvais résultat de tous les temps pour la chaîne dans cette tranche horaire. Elle est presque instantanément déprogrammée.

Entre-temps, la grève est passée, laissant derrière elle un petit boom de séries Web professionnelles. *Dr Horrible's Sing-Along Blog*, une vidéo en trois parties de Joss Whedon avec Neil Patrick Harris, est visionnée 2,225 millions de fois en cinq jours avant que le trafic trop important ne rende le site indisponible. *Childrens Hospital*, une parodie tordue des séries hospitalières par Rob Corddry du *Daily Show*, offre au site Web de la Warner une fréquentation record. Sur *Gemini Division*, avec Rosario Dawson de *Sin City*, le producteur Jeff Sagansky, ancien directeur des divertissements de CBS, signe des accords de placement de produit avec Acura, Cisco, Intel, Microsoft et UPS.

« Vous avez le sentiment d'être à l'avant-garde de quelque chose qui pourrait exploser, me dit Sagansky une après-midi, alors que nous sommes dans l'Upper East Side, à Manhattan, installés dans sa maison à la décoration exquise. Vous connaissez la télé – elle existe dans sa forme actuelle depuis *Capitaine Furillo*, série policière des années 1980 ayant ouvert la voie à toutes les séries à épisodes d'*Urgences* à *24 heures chrono* en passant par *Lost*. Mais ça, c'est tout nouveau. »

Ce qui était de toute évidence le plus novateur était la durée réduite des séries Web. Les trois actes de *Dr Horrible's* ne durent que quatorze minutes chacun ; les épisodes de *Prom Queen* ne durent que quatre-vingt-dix secondes. Hulu, site cofondé par la Fox et NBCUniversal pour diffuser les films et les séries télévisées en ligne, démontrera plus tard que les gens peuvent regarder avec plaisir des programmes plus longs en ligne. Mais, à l'époque, la plupart des gens sont persuadés que le Web ne peut mobiliser qu'un temps d'attention limité.

En fait, ces séries – *Prom Queen*, *Quarterlife*, *Gemini Division* –, et c'est là le plus intéressant, sont totalement influencées par les jeux vidéo. Avec Activision, un des éditeurs de jeux les plus importants au monde, dont le siège se trouve à Santa Monica, et Electronic Arts, qui installe un important studio à Playa Vista, les croisements entre jeux et télévision deviennent inévitables. Brent Friedman, le scénariste de *Gemini Division*, en est le parfait exemple. Après des années passées à travailler pour la télévision, il a été engagé pour scénariser des jeux pour Electronic Arts et s'est aperçu qu'il devait réapprendre son métier : les conventions des films et de la télévision ne s'appliquent pas à un monde interactif. Désormais, lui comme d'autres s'emploient à créer un hybride TV-jeu.

En apparence, la ressemblance se limite à une question de structure. Dans un épisode d'une heure, m'explique-t-il un jour, sur le plateau de *Gemini Division*, « vous commencez par réunir les personnages autour d'une bière et ils lancent l'intrigue. C'est de l'exposition déguisée en dialogue ». Mais les jeux permettent de se dispenser de tout ce premier acte, la partie qui met l'intrigue en mouvement. « Quand l'histoire commence, vous êtes dans le monde – vous avez un pistolet, c'est l'enfer sur Terre et votre boulot en tant que joueur, c'est de rester en vie et de comprendre où vous êtes. » Les vidéos Web sont sujettes à ce même algorithme de compression.

En même temps, brouiller la frontière entre télévision et jeux vidéo offre une nouvelle façon d'impliquer les gens, à la fois avec l'histoire et entre eux.

Tous les personnages principaux de *Prom Queen* ont un profil MySpace avec leurs propres textes et blogs vidéo. Quand les fans les ajoutent à leur liste d'amis et leur envoient des messages, les producteurs se grattent la tête : est-ce que les gens jouent simplement le jeu ou est-ce qu'ils croient vraiment à la réalité de ces personnages ? Depuis, les réseaux sociaux accompagnent de plus en plus systématiquement les séries Web. Alors même que Rosario Dawson essaye d'esquiver des formes de vies simulées et des agents de la mystérieuse Gemini Division, des spectateurs, sur le site de la série, sont recrutés comme agents Gemini, ce qui leur permet de parler à d'autres agents, d'autres spectateurs, par Webcam. « C'est l'avenir du divertissement, me dit Friedman. En tout cas, c'est l'avenir que je veux vivre. »

La grève des scénaristes prend fin en février 2008, après trois mois. Le syndicat obtient la plupart de ses revendications, dont une juridiction sur les médias Internet et des droits de seconde diffusion pour les émissions en ligne, ainsi que pour les films et les programmes de télévision distribués en ligne. Maintenant qu'il y a des règles, des séries comme *Heroes* et *The Office* peuvent engager des auteurs à temps plein pour le digital. Et donc la plupart des scénaristes s'en retournent travailler pour le cinéma et la télévision – mais ils ont gagné un nouvel appétit pour l'expérimentation, autant qu'une notion nouvelle de ce que le divertissement vidéo pourrait devenir dans un monde complètement interactif.

Il faut plus qu'une approche 360 pour sauver NBC. Envolés les jours bénis où *Friends* et compagnie rapportaient jusqu'à 450 000 dollars pour un spot publicitaire de trente secondes. La Fox reçoit encore des sommes rondelettes pour *American Idol*, mais le prix moyen de ce type de spots en *prime time* en 2008-2009 s'approche plus de 120 000 dollars. La situation financière est désespérée. Début 2008, J. P. Morgan estimait que NBCUniversal pèserait 55 milliards de dollars. Pourtant, quand General Electric vend sa participation majoritaire à Comcast en décembre 2009, l'accord n'évalue la même société qu'à hauteur de 30 milliards. Comcast regarde surtout du côté des chaînes du câble de NBCUniversal, dont Syfy et USA Network ; la chaîne nationale n'est qu'un détail si insignifiant qu'elle n'est mentionnée qu'à la fin des 2 700 mots du communiqué officiel.

Mais NBC n'est pas la seule concernée. Les audimats des quatre chaînes américaines principales s'effondrent rapidement. Rien qu'en 2008-2009, ABC perd 10 % de ses spectateurs, NBC en perd 14 et la Fox presque 18. Les séries les plus importantes – *Mad Men, Battlestar Galactica, Larry et son nombril* – sont désormais diffusées sur le câble, où elles attirent une attention de plus en plus disproportionnée par rapport à leur nombre réel de téléspectateurs. À mesure que le public de masse se disperse, les programmateurs se détournent des émissions niches dans une dernière tentative désespérée de canaliser ce public qui s'évapore. Le succès de CBS se construit sur des séries sans ambition comme *Mentalist*, un Sherlock Holmes remâché qui est aussi populaire au Royaume-Uni et en France qu'aux États-Unis. D'autres chaînes suivent la même stratégie.

Pourtant, même chez CBS, les producteurs ne se satisfont plus de la vieille formule. « Il ne s'agit plus simplement d'une heure le jeudi soir et d'une autre le jeudi suivant », confirme Anthony Zuiker, créateur des *Experts*, quand je le rencontre dans les locaux de Studio City où travaille Greg Daniels. « La télévision ne rebondira pas miraculeusement sans l'aide des autres plates-formes. L'émission d'une heure deviendra un point de lancement pour une narration continue sur plusieurs appareils. »

Le décor est typiquement californien – dans une petite ville, un bâtiment à deux étages couvert de bardeaux, entouré d'imposants studios beiges et inaccessibles sans le laissez-passer adéquat. Zuiker, avec son visage rond et sa barbiche, ressemble à David Suchet dans le rôle d'Hercule Poirot en plus imposant : légèrement enrobé, extrêmement précis et très conscient de ses propres talents. Moins de quinze ans auparavant, il conduisait un tram de touristes à Las Vegas ; aujourd'hui, il est un des producteurs les plus importants de la télévision. Ses *Experts* – succès instantané dès les premières minutes de diffusion – sont, en 2009, la série dramatique la plus suivie sur la planète, avec plus de 74 millions de spectateurs à travers le monde.

L'emphase obsessive et graphique de l'expertise médico-légale des *Experts* brise un tabou. Les séries d'enquête sont depuis longtemps un pilier de la télévision, mais la science des fraîchement décédés ne s'y était jamais autant exposée auparavant. En choisissant Las Vegas comme décor, Zuiker a épicé son fantasme nécrophile d'un soupçon de sordide. Le résultat offre une rare occasion de voyeurisme global. Quelque part au milieu de leur vie chaotique, les spectateurs semblent espérer un brin de réconfort. La preuve de notre existence réside dans la mortalité. Nous voulons du gore, de préférence en haute définition.

Mais pas seulement en haute définition. Zuiker en a l'intuition en 2002 quand il se surprend à consulter ses e-mails, à répondre au téléphone, sur son premier BlackBerry, tout en regardant la télévision. « 80 % des téléspectateurs ont un téléphone dans leur poche, dit-il. Comment incorporer cet appareil dans la narration sans interrompre la diffusion ? »

Comme ses confrères à Hollywood, Zuiker a du temps libre pendant la grève des scénaristes. Il fait de longues balades et réfléchit à ce qu'il n'a pas pris en compte en commençant *Les Experts* – « la possibilité d'une immersion », comme il le dit. Ce qui la rend possible n'est pas seulement Internet mais la prolifération d'appareils qui permettent d'y accéder – ordinateurs, consoles de jeux, smartphones. « La technologie répond à nos besoins comportementaux. On a besoin d'aller plus loin. De s'impliquer. »

Un an après la fin de la grève, début 2009, Zuiker applique sa philosophie narrative au plus vieil appareil qui existe, le livre. Il appelle le résultat « digi-roman » – un hybride papier-vidéo qui se sert du Web pour délivrer des « cyberponts » de deux à quatre minutes entre les chapitres. Le premier s'intitule *Level 26 : Dark Origins*, un thriller qui cherche à être aux tueurs en série ce que *Les Experts* sont à l'expertise médico-légale. De l'aveu général, il est malaisé de passer du texte aux vidéos – mais, moins d'un an plus tard, Apple présente l'iPad, et soudain l'idée de combiner texte et vidéos ne paraît plus si délicate.

Pour compléter le tout, Zuiker fait équipe avec Miles Beckett, le cocréateur de *Lonelygirl15*, pour créer un site Web, Level 26, qui offre les caractéristiques incontournables des réseaux sociaux : forum d'utilisateurs, profil personnel où vous pouvez mettre en ligne vos photos et vos fanfictions, une fonction « communauté » qui permet d'entrer en contact avec de vrais enquêteurs criminels et Zuiker lui-même. « J'espère appliquer la philosophie du digi-roman à d'autres plates-formes », remarque Zuiker, et en octobre 2010, quand Sqweegel

– le tueur en série de *Level 26* – apparaît dans un épisode des *Experts*, c'est chose faite. Le même mois, CBS annonce un jeu sur Facebook.

La BBC les a déjà tous surpassés en produisant quatre épisodes de *Doctor Who* écrits par les scénaristes de la série sous forme de jeux vidéo à télécharger gratuitement. Les joueurs interprètent le Docteur, l'humanoïde sauveur de l'humanité qui voyage à travers le temps et l'espace à bord d'une cabine de police. « Beaucoup de ceux que l'on peut regrouper sous l'appellation "geeks" ont une obsession pour *Doctor Who*, affirme Dan Taylor, le responsable Internet du Television Centre de la BBC à Londres. Les gens souhaitent réellement pouvoir se vautrer dans la marque. »

Pendant qu'Anthony Zuiker initie le grand public à cette forme d'immersion, l'institut Nielsen[1] la vend comme un nouvel outil de mesure. IAG, filiale de Nielsen, promeut non pas l'audimat mais l'engagement du spectateur comme moyen, pour les annonceurs, de déterminer la valeur d'une émission. Selon IAG, les séries cultes comme *Lost*, *Heroes* et *Desperate Housewives* obtiennent plus efficacement l'attention des téléspectateurs qu'*American Idol* ou *Dancing with the Stars*, qui rassemblent un public plus nombreux. « Le spectateur attentif, indique le magazine *Advertising Age*, est plus susceptible de suivre un programme en détail – et, en théorie, de visionner les publicités qui les financent. »

Les chaînes nationales abandonneront-elles un jour la course à l'audimat pour se concentrer sur les spectateurs qui s'intéressent à ce qu'ils regardent ? Les gens en rient – mais en fait, NBC a déjà une bonne illustration de la théorie d'IAG sur sa grille de programmation. La série s'appelle *Chuck* et est au centre d'une attention intense sur le Net début 2009. Mais, cette

1. Institut spécialiste de la mesure d'audience en télévision, radio, presse écrite et Internet. (N. d. T.)

fois, la chaîne n'y est pour rien. Tout est arrivé spontanément, d'une façon qui montre à quel point le public peut être possessif.

Chuck est un hybride de comédie et d'action dont le héros, un dingue d'informatique malchanceux, a toutes les données des instruments de sécurité nationale américaine téléchargées dans le cerveau. Hautement improbable, c'est vrai, mais très drôle, un peu dans l'esprit de *Max la Menace* revu au goût du jour. Pour ne rien arranger, Chuck – Chuck Bartowski, un membre de la Nerd Herd, l'équipe de support technique d'un point de vente de la chaîne fictive d'un magasin d'électronique de Burbank – se trouve être le dépositaire de la seule copie dont disposait le gouvernement. Chuck, soudain riche de toutes ces données, est intercepté par des agents du renseignement américain dont la mission est de se servir de lui pour lutter contre le terrorisme jusqu'à ce que le gouvernement puisse reconstruire sa base de données. Après quoi, sans que Chuck en soit informé, il devra malheureusement être éliminé.

Interprété par Zachary Levi, acteur inconnu jusque-là, Chuck Bartowski est gentil, charmant et quelque part étrangement crédible. Il ne parle pas dans sa chaussure comme Maxwell Smart (héros de *Max la Menace*) le faisait dans la sitcom des années 1960 du duo Mel Brooks-Buck Henry, mais son interprétation bafouillante suggère effectivement que l'assistance technique est pour lui une vocation plus adéquate. Il porte un protège-poche de la taille de Rhode Island; et bien qu'il soit grand et beau, sa voix aiguë et essouflée paraît toujours sur le point de le lâcher. Il est le symbole du nerd, chargé (assez littéralement) de tous les secrets du gouvernement américain.

Créé par Josh Schwartz, l'auteur-producteur responsable du succès pour adolescents *Newport Beach*, et par son pote d'université, Chris Fedak, *Chuck* est diffusé pour la première fois en septembre 2007, deux mois avant que ne commence la grève des scénaristes, et reçoit dès le départ des éloges pour son esprit, sa chaleur, son côté loufoque et son intelligence. Mais alors que la série est diffusée dans des dizaines de pays à travers le monde, NBC la programme à un horaire difficile aux États-Unis : le lundi à 20 heures, en préambule d'*Heroes* qui bat déjà de l'aile. Elle doit ainsi faire face à la concurrence du *Dancing with the Stars* d'ABC et à la série populaire de la Fox, *Dr House*, qui attirent régulièrement deux fois plus de téléspectateurs. Sans surprise, le public met du temps à s'intéresser à *Chuck*, mais ceux qui découvrent la série l'apprécient souvent beaucoup. Tant et si bien que, lorsque NBC menace de l'arrêter après la deuxième saison, les fans organisent un mouvement de protestation.

En soi, cela n'a rien d'extraordinaire. Des protestations de fans, qu'elles soient entendues ou non, il y en a eu autour de tout un tas de séries en difficulté. Une des tentatives les plus organisées concerne *Jericho*, un récit postapocalyptique dont les fans ont inondé CBS de plus de 20 tonnes de cacahuètes quand la série a été arrêtée après seulement une saison. Vingt tonnes de cacahuètes, une façon comme une autre d'attirer l'attention. Mais il est évident, vu les audiences, que les organisateurs de la protestation n'étaient pas représentatifs du grand public – et c'est ce public que les diffuseurs souhaitent atteindre. Comme l'observe quelque temps plus tard dans son blog James Poniewozik, journaliste au *Time*, « 4 millions de personnes qui regardent une série avec ferveur ne représentent malgré tout que 4 millions de personnes pour les annonceurs ». Personne ne s'est encore penché sur cette autre composante, encore plus cruciale, de la télévision : les annonceurs.

Début avril 2009, à l'approche de la fin de la deuxième saison, un mois avant que NBC n'annonce sa grille de rentrée, il est évident que *Chuck* est en danger. Des fans éminents prennent fait et cause. Les critiques de télévision en font la promotion dans leurs magazines, leurs blogs et sur Twitter. Kath Skerry instaure la « *Chuck* week » sur Give Me My Remote, son blog télévisuel populaire, allant même jusqu'à changer temporairement son adresse Web pour www.givememychuck.com.

Des milliers de gens le remarquent. Wendy Farrington, une représentante de 30 ans travaillant dans le New Jersey pour une compagnie pharmaceutique multinationale, est de ceux-là. Séduisante, les cheveux sombres détachés et les manières engageantes, Farrington vit dans une petite ville de Pennsylvanie. Elle suit plusieurs séries – dont pour un temps même si, comme beaucoup, elle s'arrête avec la deuxième saison –, mais elle se considère comme une fan invétérée de *Chuck*. « L'idée de départ est un peu idiote, me dit-elle. Mais ils ne se prennent pas trop au sérieux. J'aime l'action et toutes les références à la pop culture. C'est un peu comme *Princess Bride* » – une comédie désormais classique réalisée par Rob Reiner en 1987 – « mais avec des espions. Les lundis sont toujours gris, mais pendant une heure, j'avais le sourire. »

Le jour où *Chuck* fut sauvé commence comme beaucoup d'autres. Wendy Farrington consulte les forums dédiés à une ou deux de ses séries favorites. Mais, ce jour-là, il se produit quelque chose de particulier. Sur le site où elle est connectée, Television Without Pity – un site appartenant à la chaîne du câble Bravo, du groupe NBCUniversal, soit dit en passant –, quelqu'un remarque qu'ils feraient mieux d'écrire aux publicitaires plutôt que de mettre la pression sur la chaîne. Elle rit. Et puis l'idée fait son chemin : et pourquoi pas ?

L'un des plus importants sponsors de *Chuck* est Subway, la chaîne de fast-food, qui se sert de la série pour faire la promotion de ses prix abordables. En 2008, selon l'institut d'études TNS Media Intelligence, Subway a dépensé plus de 34 millions de dollars en publicité chez NBC, en grande partie sur *Chuck*. Le dernier épisode de la saison doit être diffusé dans trois semaines, le 27 avril. Et si chaque fan de *Chuck* allait chez Subway ce jour-là pour commander un de leurs sandwichs à 5 dollars et laissait un mot à propos de la série dans la boîte à commentaires ?

Plus tard ce matin-là, en plein milieu d'une longue conférence téléphonique, Farrington griffonne les mots « dernier épisode et sandwich » sur un Post-it. Pendant sa pause-déjeuner, elle se connecte sur Internet pour trouver quelqu'un à contacter chez Subway. Elle écrit des lettres aux dirigeants de l'entreprise (pas les bons, découvre-t-elle plus tard, mais peu importe) et à des dirigeants de NBC. Avant que la journée ne se termine, elle retourne sur Television Without Pity, ouvre un fil de discussion intitulé « Keep *Chuck* alive » où elle explique son projet : « dernier épisode et sandwich ».

L'idée prend rapidement de l'ampleur. Poniewozik annonce qu'il achètera un Sub. Farrington devient comodératrice du groupe Facebook « Save *Chuck* ! », qui rassemble près de 5 500 membres à travers le monde. Zachary Levi, la star de la série, déclare sur un site de fans que le programme « dernier épisode et sandwich » est « une super idée » et annonce qu'il prendra quant à lui un sandwich poulet au pain complet – « en attendant bien sûr qu'ils ajoutent un spécial Bartowski au menu ». À la fin du mois d'avril, « Save *Chuck* ! » est le cinquième sujet le plus discuté sur Twitter.

Des mois plus tôt, avant que toute cette histoire ne commence, Farrington a réservé un voyage en Angleterre pour la deuxième moitié du mois d'avril. Elle découvre maintenant que Levi y sera aussi, à la Starfury Convention de Birmingham. Elle décide de s'y rendre. L'événement est modeste, alors une fois sur place, elle peut le rencontrer et se présenter. Levi est fasciné :

« C'est vous qui avez commencé ça ? Ça nous arrive jamais de rencontrer les gens qui lancent ces trucs.

– Eh bien, répond-elle. On ne vous rencontre pas souvent non plus. »

Deux jours plus tard, tandis que la convention s'apprête à fermer ses portes, Levi mène quelque 200 personnes dans une marche vers le Subway le plus proche. Une fois arrivé, il serre Farrington dans ses bras, indique à l'employé qu'il leur faudra à tous une addition individuelle et passe lui-même derrière le comptoir pour donner un coup de main. Il passe les deux heures suivantes à préparer des sandwichs.

Le lendemain, le 27 avril, Subway connaît un pic de vente important. Ce n'est pas la première fois que *Chuck* offre un coup de booster à la firme. Dans l'épisode diffusé deux semaines plus tôt, Subway avait payé NBC pour placer un de ses produits dans le scénario : le meilleur ami de Chuck livre un sandwich poulet teriyaki à leur patron, affirme que c'est un délice et va même jusqu'à répéter « seulement 5 dollars ». Le placement est si évident qu'*Ad Age* le prend comme exemple de ce que les publicitaires sont prêts à faire pour faire « gonfler » leur présence à la télévision. *TVWeek* annonce ensuite que c'est le placement le plus efficace que Subway ait fait depuis des années – et que Tony Pace, directeur du marketing pour l'organisation de franchisés de Subway, a appelé un des dirigeants du département des ventes d'emplacements publicitaires à NBC pour lui dire que Subway espérait que la chaîne maintiendrait la série.

Même après cela, la question reste en suspens pendant des semaines. La série n'est pas mentionnée quand NBC annonce sa grille de rentrée juste avant les *upfronts*. Elle reste dans les limbes jusqu'au 19 mai, quand Ben Silverman, le chef de NBC Entertainment, annonce que la chaîne a conclu un deal avec Subway pour sauver la série. Dans le même temps, la comédie *Earl* et la série paranormale *Médium* sont toutes les deux annulées, bien que *Médium* compte presque autant de téléspectateurs que *Chuck*. « L'engouement pour *Chuck* qui venait des internautes, la réception critique et nos principaux annonceurs nous ont poussés à prolonger cette série, indique Silverman lors d'une conférence téléphonique avec les journalistes. Pour ce qui est de ces autres séries, il n'y avait pas ce type d'attention ou d'énergie. »

Pendant tout le printemps, tandis que la campagne « Save *Chuck* ! » prend de l'ampleur, NBC.com observe depuis la ligne de touche. Alors que la série vient d'être reconduite, Andrade souhaite se servir de la dynamique initiée par les fans. Pour ces derniers, cependant, NBC est une présence distante et presque menaçante. « Il n'y avait pas de voie de communication avec la chaîne », indique Farrington. Mais, représentante de commerce, elle est tout de même habituée à démarcher des inconnus au téléphone. Elle décroche le sien et appelle le 30 Rock.

Quelques semaines plus tard, lors d'une conférence téléphonique avec plusieurs dirigeants de NBC, elle découvre le plan imaginé par NBC.com afin d'attiser cette énergie : un nouveau site Internet consacré à *Chuck* conçu pour héberger un concours en ligne intitulé « Mission : Chuck Me Out ». Vous pouviez y gagner des points en partageant la grandeur de *Chuck* avec vos amis sur Twitter, Facebook et autres réseaux sociaux. Vous pouviez vous comparer à d'autres joueurs grâce à un classement en ligne. Farrington suggère qu'ils demandent aux fans d'envoyer leurs photos pour apparaître dans la série, lors d'un des flashes mentaux que subit Chuck lorsque quelque chose déclenche une poussée d'informations venant de l'amas de données confidentielles emmagasinées dans son cerveau. Il se trouve qu'ils avaient déjà prévu que ce soit le grand prix. « C'était bizarre », me dit-elle.

Mais le vrai jeu *Chuck* est encore en train de se jouer. Les fans comme Wendy Farrington l'ont créé eux-mêmes sur des forums, des blogs, Facebook, YouTube ou encore des sites de fans. Avec « dernier épisode et sandwich », ils ont dépensé de l'argent réel pour continuer à regarder un faux nerd à la télévision. Avant que la série ne reprenne pour une troisième saison en janvier 2010, une vidéo YouTube de la marche de Levi dans les rues de Birmingham avait été vue plus de 60 000 fois. Une autre vidéo du même événement avait été visionnée plus de 20 000 fois. Et une troisième comptait encore 40 000 vues. Le groupe Facebook « Save *Chuck* ! » de Farrington rassemblait plus de 22 000 membres. Et tandis que le compte à rebours commence pour le lancement de la nouvelle saison, la page Facebook se remplit de messages : « Impatient de voir *Chuck* ! » « Plus que cinq heures !!!! » « Dans vingt minutes !!!! » « *CHUCK* !!!!! »

C'est la récompense de ce jeu, une récompense que tous les fans peuvent partager, Andrew, Kemal, Mohammed, Josh, Chiara, Gianluca comme des milliers d'autres à travers le monde – ils gagnent le droit de regarder une série qui leur donne le sourire. Et encore plus important peut-être, ils y ont participé, ont mis la main à la pâte. Comme le fait remarquer l'un d'entre eux dans un commentaire sur un forum destiné à Farrington au printemps précédent, quand ils sont encore loin d'être certains que *Chuck* soit reconduit : « De toute façon, tout ça est plutôt marrant ! »

9
Twitter et le néant

Apprendre à connaître Noah Brier... Rien de bien difficile, parce qu'en plus de son existence physique Noah a un blog, deux sites Internet, un profil Facebook, un profil LinkedIn, un compte Flickr pour ses photos, une chaîne YouTube pour ses vidéos, un compte SlideShare pour ses présentations d'affaire, un profil Last.fm pour la musique qu'il écoute, un compte Delicious pour les pages qu'il veut garder dans ses favoris, un compte Twitter pour des observations et commentaires en tous genres et un compte Dopplr pour que lui et ses amis sachent où chacun se trouve et puissent se retrouver s'ils sont dans la même ville. « C'est important pour moi d'être relié aux gens », m'explique-t-il alors que nous sommes installés dans un Starbucks du Lower Manhattan. C'est le moins qu'on puisse dire. Âgé de 28 ans, Brier s'est offert le don d'ubiquité, d'une façon que permet aujourd'hui le Web: présent, même quand il ne l'est pas.

Ce n'est pas le seul dans ce cas. En juillet 2010, Facebook se vante de compter plus de 500 millions d'utilisateurs à travers le monde – plus d'un quart des 2 milliards de personnes possédant une connexion au Net, selon la dernière estimation de l'International Telecommunication Union. « Un demi-milliard est un joli nombre, déclare Mark Zuckerberg, cofondateur et P-DG du site, dans une vidéo postée sur le blog de Facebook, mais [...] ce qui importe, ce sont toutes les histoires que vous nous racontez à propos de l'impact que vos connexions ont sur vos vies. »

Pendant ce temps, un sondage de l'institut Nielsen révèle que les internautes espagnols passent en moyenne cinq heures et demie par mois sur les réseaux sociaux (principalement Facebook), les Britanniques, les Américains et les Italiens six heures, les Australiens presque sept. C'est grâce à cela qu'une commerciale d'une société pharmaceutique du New Jersey peut organiser, d'un jour à l'autre, un mouvement international capable d'influencer la programmation d'une chaîne de télévision américaine. Jeffrey Cole, directeur du Centre pour le futur digital à l'USC, remarque que les gens s'attendent forcément aujourd'hui à trouver la personne qu'ils cherchent sur Facebook. « Vous savez qu'une technologie s'est démocratisée, ajoute-t-il en se remémorant une transition plus ancienne, quand on ne demande plus "Vous avez un fax ?", mais "Je peux avoir votre numéro de fax ?" »

Brier ne passe pas beaucoup de temps sur Facebook, parce qu'il trouve le site plein de distractions sans intérêt. Mais sur Flickr, le site de partage d'images, il poste une photo de lui presque chaque jour, entre mai 2006 et octobre 2007. Il y a des photos de lui à l'aéroport, dans un taxi, dans une chemise verte, en Floride, en Irlande, en plein milieu d'une conversation, rasé de frais, avec une barbe, affublé d'une fausse moustache, l'air endormi, l'air d'avoir une gueule de bois, l'air – comme indique la légende – « légèrement dingo ». SlideShare offre un service plus professionnel ; c'est là qu'il sauvegarde ses présentations comme celle qu'il a réalisée sur les médias sociaux et les marques lors d'une conférence sur la publicité en 2007 à Chicago. Mais le centre de sa présence cybernétique reste son blog, qu'il a démarré peu de temps après avoir décroché son diplôme de l'université de New York en 2004. C'est là qu'il commente tout, de la politique aux films en passant par le marketing. C'est aussi grâce à cela qu'il a obtenu les deux choses les plus importantes de sa vie : son premier gros poste en tant que stratège marketing et sa petite amie.

Aujourd'hui, Brier travaille comme chef du planning et de la stratégie au sein du groupe Barbarian, une firme renommée de marketing interactif à New York. Dans la biographie disponible sur le « Barbaripedia » de la compagnie, il remarque que la chose la plus importante que nous ait offerte Internet est « une compréhension des liens et des réseaux (deux choses que nous pensions pourtant comprendre avant le Web, alors que ce n'était pas le cas) ». *BusinessWeek* l'a décrit il y a peu comme un des quatre plus importants innovateurs en termes de médias sociaux. Un soir de 2008, explique l'article, il a commencé à réfléchir à la façon dont les marques sont réellement définies – pas par les publicitaires, mais par les consommateurs. Il s'est réveillé au milieu de la nuit et a commencé à créer un site Web où les gens pouvaient exprimer leurs impressions sur différentes marques. Le site s'appelle Brand Tags et il montre des logos, un à la fois, et les gens peuvent taper la première chose qui leur vient à l'esprit. Il montre aussi les résultats, avec les mots clés les plus fréquents en grand. Parmi les dix principaux résultats pour NBC, on trouve : paon (en raison de la forme du logo), informations, *30 Rock*, *Friends*, *The Office*. Pour la BBC : informations, qualité, intelligent, fiable, britannique. Vous pouvez aussi chercher par mot clé. Parmi les dix marques décrites par le mot « stupide » : *American Idol*, MTV, Hummer et Facebook. Tout cela n'a rien de scientifique, mais reste révélateur.

Et puis un jour il demande aux lecteurs de son blog s'ils souhaitent le rencontrer en personne, autour d'un café peut-être. Un autre blogueur marketing de New York, Piers Fawkes, lui envoie un e-mail pour qu'ils en discutent. Quand ils finissent par le faire, Fawkes lui demande quelle sorte de rassemblement il a en tête. Des individus partageant le même état d'esprit se réunissant pour discuter, répond Brier. Fawkes fait une recherche rapide et découvre que le nom de domaine likemind.us est disponible. Ils enregistrent le nom et postent des avis concernant l'événement à venir sur leurs blogs respectifs.

Une quinzaine de personnes se joignent à eux pour le premier « likemind », qui se tient dans un *coffee shop* de Greenwich

Village. Il n'y a pas d'ordre du jour, mais la discussion est vivante et spontanée. « Je restais assis là sans comprendre comment ce groupe avait pu se former, se rappelle Brier. Encore plus quand ça s'est reproduit le mois suivant. » L'initiative se propage à San Francisco quand Brier en parle à deux de ses amis là-bas. Puis à Seattle. À l'été 2010, des rassemblements « likemind » s'organisent dans quelque 70 villes du monde entier – Amsterdam, Ankara, Atlanta... Un millier de personnes à travers la planète s'y rendent – beaucoup d'entre elles travaillent dans le marketing et connaissent pour la plupart au moins une personne en contact avec Brier ou Fawkes. « Il n'y a pas de sujet, indique Brier. Pas de modérateurs. Juste le désir de rencontrer d'autres gens et d'avoir une conversation sur tout ce sur quoi les gens peuvent avoir une conversation. C'est ça qui est extraordinaire. »

« Par nature, l'homme est un animal social », écrivait Baruch de Spinoza dans *L'Éthique*, son grand opus paru en 1677, faisant écho à Aristote. Nous sommes enchâssés dès la naissance dans un réseau composé de nos semblables – nous n'en connaissons qu'une minorité, mais nous comptons sur tous. Parce qu'Internet a fait du réseau une métaphore si centrale, nous en sommes conscients à un degré sans doute plus important que l'Européen moyen du XVIIe siècle. Mais les réseaux sociaux ne sont pas seulement antérieurs aux sites du même nom, ils sont aussi fondamentaux que le récit et en sont très proches.

Les contacts sont la monnaie des réseaux sociaux – les liens, si l'on peut dire –, qui sont aussi cruciaux dans la vie qu'ils le sont sur le Web. Ces liens déterminent si vous avez beaucoup d'amis ou juste quelques-uns, si vous êtes au centre ou à la marge, si vous êtes seul dans votre coin ou au cœur des choses. Le pouvoir et l'ubiquité des liens sont démontrés à la fin des années 1960 lors d'une expérience aujourd'hui célèbre menée par Stanley Milgram, un psychologue d'Harvard qui cherche à mesurer la densité de nos liens. Le « problème du petit monde », comme on l'appelle, est formulé par l'écrivain hongrois Frigyes

Karinthy dès 1929. Dans les années 1950 et 1960, Ithiel de Sola Pool du MIT et Manfred Kochen d'IBM en construisent un modèle théorique et concluent qu'il y a 50 % de chances que n'importe qui aux États-Unis puisse contacter n'importe qui dans le même pays grâce à seulement deux intermédiaires. Mais c'est Milgram qui teste leurs conclusions.

Résidant à Boston, centre présumé de l'univers, Milgram décide de découvrir combien d'étapes sont nécessaires à ce qu'une lettre partant de là puisse atteindre un endroit extrêmement lointain. Il choisit Wichita dans le Kansas et Omaha dans le Nebraska – des villes qui « paraissent vaguement "par là-bas", dans les grandes plaines, ou par là », comme il l'écrit plus tard. Des individus choisis au hasard dans ces villes reçoivent une enveloppe adressée à quelqu'un à Boston accompagnée d'instructions leur demandant de la faire suivre à l'ami ou la personne de leur connaissance qui a le plus de chances de connaître le destinataire. Parmi les lettres qui arrivent à destination, le nombre d'intermédiaires oscille entre deux et dix, cinq étant le médian. Cela implique que chaque personne aux États-Unis n'est qu'à six étapes de n'importe quelle autre personne. D'où l'expression « 6 degrés de séparation », que John Guare utilise comme titre de sa pièce jouée à Broadway en 1990.

En 1967, quand les résultats des recherches de Milgram sont publiés, ils vont à l'encontre, comme il le dit lui-même, de « beaucoup d'études en sciences sociales [qui] montraient un individu aliéné et séparé du reste de la société ». À l'époque, les médias de masse sont à leur apogée. L'atomisation sociale est foisonnante. « Aliéné de la société » est un code pour « jeunesse en révolte ». Aujourd'hui, presque quarante-cinq ans plus tard, les médias de masse sont sur le déclin. Internet nous pousse à nous concentrer non pas sur l'aliénation mais sur les connexions. Si l'on s'inquiète d'une chose, c'est d'être trop connecté pour notre propre bien. Et l'étude de Milgram est à nouveau d'actualité, d'une façon totalement différente.

« Chacun d'entre nous fait partie d'un réseau géant que nous appelons "société", écrit Albert-László Barabási, théoricien des réseaux à l'université de Northeastern à Boston. Notre monde est petit parce que la société est une toile très dense. »

Le plus sûr moyen de forger un lien sur Twitter, que ce soit avec un nouveau collègue ou avec des étrangers, est de transmettre de l'information – un processus qui nécessite souvent de raconter une histoire. Débarrassée de tous les agrès d'une civilisation avancée et des soucis pécuniaires – débarrassée d'Hollywood, de la télévision et de l'édition –, la narration est un simple acte de partage. Nous partageons de l'information. Nous partageons des expériences. Parfois nous en disons trop. Mais pourquoi au juste partageons-nous ?

Parce que la vie est un échange d'informations constant. « Nous nous occupons les uns des autres de façon compulsive, avec des radars émotionnels aussi rapides que l'éclair », écrit Brian Boyd de l'université d'Auckland dans *On the Origin of Stories*, une enquête sur le fonctionnement et l'évolution de la narration. Ce radar est plus remarquable encore quand il est absent. La raison qui rend *The Office* si fascinant – l'original britannique est adapté dans de nombreux autres pays, comme la France, l'Allemagne et la Russie en plus des États-Unis – est que la série représente un déraillement provoqué par un dysfonctionnement de ce radar. Chaque personnage ou presque manque tellement de connexion émotionnelle qu'il ne se rend même pas compte qu'elle lui fait défaut. Les exceptions sont une jeune femme et un jeune homme – Tim et Dawn dans le modèle britannique, Jim et Pam dans la version américaine, Paul et Laetitia dans l'adaptation française, Ulf et Tanja en Allemagne. C'est à eux que nous nous identifions, les spécimens humains normaux condamnés à passer leurs journées de travail dans un faux documentaire sur un asile de fous.

Boyd et *The Office* rendent tous deux évident que la fonction de ce radar émotionnel est de nous permettre de ne pas toucher le fond. En tant qu'animaux sociaux, nous avons besoin de réactions sociales pour garder nos repères. Heureusement, nous semblons gagner autant à fournir ces informations qu'à les recevoir.

Une question de statut, d'abord : raconter une histoire, (presque) n'importe quelle histoire, nous offre une chance de demander l'attention des gens autour de nous. Du coup, nous entrons en compétition pour les raconter, pour ajouter des détails aux histoires d'autres personnes, pour les commenter. Et nous obtenons en récompense un surplus d'ego.

Il y a d'autres avantages sociaux à fournir de l'information. Quand nous partageons des histoires, nous fortifions nos liens avec les autres. À l'intérieur d'un groupe – n'importe quel groupe, d'une famille à un bureau en passant par un culte –, les histoires établissent les normes et articulent un mythe identitaire. La rumeur est utile parce qu'elle fixe les limites des comportements acceptables, mais ce n'est pas pour ça que nous l'affectionnons – nous l'aimons parce qu'elle nous offre le frisson de partager des détails pseudo-intimes de la vie d'autres personnes tout en exprimant subtilement (ou non) notre désapprobation. En tant que conteur comme en tant qu'auditeur, nous utilisons les histoires de manière stratégique et sélective pour arriver à nos fins. Parfois, nous mentons. Et pourtant, comme l'observe Boyd, « à long terme, nous servons au mieux nos propres intérêts en nous faisant une réputation de conteur plein de tact aux comptes rendus fiables, pertinents et, nous l'espérons, parfois fascinants ».

Durant la majeure partie du XXe siècle, il existe deux modes bien distincts de narration : un mode personnel et un mode professionnel. Les histoires que nous racontons de manière informelle – au téléphone, à notre domicile, au travail – existent dans une sphère entièrement différente des narrations produites professionnellement à la télévision et au cinéma. Mais là où, autrefois, il y avait séparation, il y a aujourd'hui un flou.

Blogger, Flickr, YouTube, Twitter : ces outils nous encouragent à nous exprimer d'une façon qui n'est ni brillamment professionnelle ni purement improvisée. Un demi-million de personnes se sont mises à Facebook parce qu'il leur permet de raconter leurs histoires, avec tout ce que cela entraîne : poussée d'ego, amélioration du statut, positionnement stratégique. Mais cela les connecte aussi à un aspect différent de la narration, un aspect qui n'offre aucun avantage direct mais permet de forger un lien avec le public.

« Les médias sociaux fonctionnent grâce à l'empathie », remarque un panéliste lors d'une conférence sur les futurs du divertissement au MIT. Nous sommes en novembre 2009 ; Henry Jenkins a rassemblé quelque 200 universitaires et praticiens dans une classe fonctionnelle du campus pour sa conférence annuelle sur la narration transmédia. Empathie ? Vraiment ? Cette affirmation étonne. Cet homme, David Bausola, un entrepreneur londonien, n'a-t-il jamais entendu parler de l'augmentation de la grossièreté du discours social, du foisonnement de messages injurieux et du déclin civilisationnel général engendré par les commentaires anonymes en ligne, le piratage omniprésent et un assortiment d'autres maux nés du Net ?

Apparemment pas.

L'empathie est un sujet chaudement débattu ces temps-ci. En mai 2010, six mois après cette conférence au MIT, un article présenté à Boston lors de la réunion annuelle de l'Association for Psychological Science affirme que l'empathie parmi les étudiants à l'université est sur le déclin – et de manière dramatique. Sara Konrath, de l'Institut en recherche sociale de l'université du Michigan, analyse les résultats de 72 études conduites à partir de 1979 et découvre une perte d'empathie, pour ainsi dire, d'approximativement 40 % – perte plus prononcée après l'an 2000. Elle obtient ce chiffre en plaçant dans une courbe les réponses des étudiants à une série de questions standard au fur et à mesure des années : « Je suis souvent très touché par des choses que je vois arriver. » « Je me décrirais plutôt comme une personne qui a la main sur le cœur. » Ce genre de chose. Bien qu'elle spécule sur les raisons – saturation médiatique, violence dans les jeux vidéo, un facteur de décrochage encouragé par les médias sociaux, les fantasmes de célébrités nourris par les émissions de téléréalité –, il est évident que personne n'a de réelle explication à ce moment-là. Konrath espère avancer sur ces questions lors de ses futures recherches.

En attendant, il est difficile de savoir quoi penser de ces résultats, mais l'idée que les médias sociaux sont responsables d'un déficit d'empathie paraît suspecte. En citant des exemples réels au lieu des chiffres de sondages, on peut au moins aussi facilement soutenir que les médias de masse – la radio et la télévision en particulier – alimentent la peur et la colère tandis que les médias sociaux promeuvent l'empathie. Prenez le cas de MadV, qui en 2006 poste une vidéo de quarante et une secondes sur YouTube dans laquelle on le voit écrire « One World » dans la paume de sa main et inviter les gens à répondre. Cette vidéo devient rapidement celle ayant provoqué le plus de réponses jamais postées sur YouTube. Michael Wesch, anthropologiste de l'université du Kansas, cite des exemples de ce type quand il décrit YouTube comme un forum mondial qui permet à chacun de s'installer seul dans une pièce et de communier avec des étrangers à l'autre bout de la planète. « On en revient à l'idée que vous vous faites de votre horizon, dit-il. Qui incluez-vous dans votre sphère ? Je pense qu'il y a plus de gens qui considèrent la planète entière comme étant dans leur sphère que jamais auparavant. »

Évidemment, il y a des comportements abusifs en ligne. Mais mettre la grossièreté sur le compte d'Internet reviendrait à blâmer les autoroutes pour les accès de colère au volant. C'est une dérobade facile, une façon d'esquiver les responsabilités pour ce qui paraît être un déclin beaucoup plus général du contrôle des pulsions. C'est par exemple en dehors de tout anonymat apporté par le Net qu'un élu du Congrès se met à crier « Menteur ! » lors d'un discours du président au Capitole en 2009. Mais, surtout, affirmer que ces comportements sont omniprésents en ligne est une distorsion de la réalité. Malgré quelques exemples très bien documentés prouvant le contraire, la tonalité générale des médias sociaux est extrêmement... eh bien, extrêmement sociale.

Il y a peut-être une explication à cela, une base biologique pour l'empathie. En 1991, des chercheurs en neurologie de l'université de Parme ont fait une découverte saisissante. Les scientifiques ont placé des électrodes dans la tête de macaques pour tenter de cartographier le cortex prémoteur – une zone du lobe frontal impliquée lors de la répétition d'actions. Comme l'explique Daniel Goleman dans son livre *Cultiver l'intelligence relationnelle*, les électrodes sont si fines qu'elles peuvent s'implanter sur des neurones distincts, permettant aux chercheurs de voir lesquels s'éveillent chaque fois que les singes font quelque chose.

Ils découvrent que les cellules du cerveau sont extrêmement spécialisées : certaines ne se déclenchent que lorsque le singe tient quelque chose dans sa main, d'autres seulement quand le singe déchire ce même objet. Puis une après-midi, un assistant rentre de sa pause-déjeuner avec un cône glacé. Alors qu'il l'approche de ses lèvres, un des chercheurs remarque qu'un neurone réagit chez un singe en train de l'observer. Les scientifiques essaient de mettre un morceau de nourriture sur une table, de le reprendre, de le prendre des mains d'un autre chercheur, chaque fois avec le même résultat : les mêmes neurones qui avaient réagi quand un singe faisait quelque chose lui-même réagissaient quand le singe observait une personne produire la même action.

Les recherches suivantes révèlent que le même phénomène existe chez les êtres humains. Une étude menée en 1999 à UCLA se servant d'IRM fonctionnelles, bien moins précises, a montré que les mêmes zones du cerveau sont activées quand les participants regardent quelqu'un d'autre remuer un doigt que quand ils remuent le leur. L'étude de 2009 effectuée sur des gens en train de lire des histoires tirées de *One Boy's Day* avait eu les mêmes résultats. Regardez quelqu'un croquer une pomme ou frapper un ballon, affirment les scientifiques, et le système moteur de votre cerveau est activé presque comme si vous l'aviez fait vous-même. Les chercheurs en neurologie considèrent ce type de résultats comme une preuve de l'existence de « neurones miroirs » dans le cortex prémoteur – des cellules qui imitent l'expérience de cellules dans d'autres cerveaux, comme si l'observateur et l'observé ne faisaient qu'un. Comme le dit Vittorio Gallese, l'un des chercheurs de l'université de Parme, ces neurones miroirs « permettent une connexion sociale en réduisant l'écart entre soi et les autres ».

D'autres neuroscientifiques ont découvert des mécanismes du même type dans différentes zones du cerveau. Dans une étude également basée sur des IRM fonctionnelles à l'University College London (UCL), des chercheurs s'intéressant à la douleur – de toute évidence quelque chose qui provoque l'empathie chez les êtres humains – fixent des électrodes aux mains de 16 couples. Ils découvrent qu'avec chaque couple quasiment toujours les mêmes circuits neurologiques s'activent quel que soit celui qui reçoit réellement un choc. La même équipe demande à un autre groupe de volontaires de jouer à un jeu avec les chercheurs, certains d'entre eux jouant loyalement, d'autres non. Quand les chocs sont administrés après coup aux chercheurs qui ont perdu, les centres de la douleur des sujets s'activent quand ceux qui ont joué selon les règles sont touchés. Mais ils s'activent moins, beaucoup moins dans le cas des hommes, quand les adversaires injustes reçoivent une décharge.

Parce que les IRM fonctionnelles mesurent les changements des flux sanguins dans le cerveau, elles ne peuvent pas montrer son fonctionnement au niveau cellulaire ni même s'en rapprocher. Pour des raisons évidentes, les sondes neurales comme celles utilisées sur les singes à Parme ne peuvent pas être administrées à des êtres humains vivants. En 1999, pourtant, une équipe de l'université de Toronto a pu utiliser la même technique sur un groupe de sujets humains qui subissaient une forme de chirurgie du cerveau appelée cingulotomie – un traitement de dernier recours pour la dépression chronique et les troubles obsessionnels et compulsifs. Pendant que les patients étaient sous anesthésie locale, les chercheurs ont inséré des électrodes ultrafines dans leur cerveau. Comme pour les singes, ils ont découvert que le neurone qui réagit quand le sujet s'attend à recevoir une piqûre réagit également quand le sujet voit une autre personne être piquée.

La découverte de ces mécanismes miroirs est considérée comme une étape déterminante pour les neurosciences. La théorie est encore controversée, cible de tentative de démystification à l'université de New York et ailleurs, mais elle est assez solide pour être communément acceptée comme une explication générale de l'empathie. Cette théorie n'en est pas l'explication à elle seule ; si c'était le cas, nous serions trop déboussolés par ce qui arrive aux autres pour fonctionner normalement. Elle ne nous explique pas pourquoi certaines personnes n'en ressentent pas. Elle ne fournit aucune explication concernant l'autisme, les psychopathies ou le sadisme. Mais il est très révélateur de voir que nos cerveaux sont structurés de façon à nous faire ressentir les émotions d'autrui en provoquant les mêmes chez nous. Les bonnes histoires provoquent des émotions. Si tout ce qui nous importait était de trouver une façon de tirer profit de nos narrations, la vie deviendrait très vite ennuyeuse. La compassion nous donne une raison plus profonde de nous lier.

Ce n'est sans doute pas un hasard si l'homme qui se cache derrière Blogger et Twitter, deux des plus importants sites de réseaux sociaux des dix dernières années, vient d'une ferme perdue en plein milieu du Nebraska. Evan Williams a grandi près de Clarks (plus ou moins 316 habitants), qui compte un ou deux silos à grains et s'étend en bordure d'une autoroute fédérale à deux voies dans un comté aussi plat qu'une table de billard et qui dénombre en moyenne moins de 7 habitants par kilomètre carré, ou un tous les 16 hectares. Clarks n'est pas complètement isolé – Central City, le chef-lieu du comté, n'est qu'à une vingtaine de kilomètres et vous pouvez aller en voiture à Omaha en deux heures à peu près – mais c'est tout de même un peu paumé : la définition de nulle part de Stanley Milgram était encore une métropole distante aux yeux du jeune Williams.

Ce dernier, dont la famille cultive des graines de soja, du maïs et élève du bétail, est dans une classe comptant seulement 14 élèves, dans la seule école publique de la ville. Après le lycée, il prend la direction de Lincoln pour étudier à l'université du Nebraska, mais il abandonne après un peu plus d'une année et se promène à travers le pays – Key West, Dallas, Austin, Lincoln à nouveau. Puis il finit par rentrer à Clarks, pour contempler l'horizon.

Nous sommes en 1996. Il aurait pu rester là-bas s'il n'y avait eu le World Wide Web, sorti du CERN cinq ans plus tôt. Williams a monté une petite entreprise à Lincoln qui propose de créer des sites Web, il sait pourtant à peine ce qu'il fait et les clients ne se bousculent pas au portillon dans la région de toute façon. Il décide donc de rejoindre la Californie, là où le Web prend vraiment son essor.

Il atterrit à Sebastopol, une petite ville au charme désuet située dans les collines au nord de San Francisco, et travaille pour Tim O'Reilly, éditeur de livres et de manuels de programmation ainsi que partisan précoce du Web. Rapidement, Williams se met à travailler en free lance, développant des sites pour des compagnies comme Hewlett-Packard et Intel. Lui et son associée, Meg Hourihan, créent un logiciel de gestion de projet avancé qui a une caractéristique intéressante : une fonction de prise de notes facile à utiliser qui conserve tous ses écrits en ordre chronologique. Pendant son temps libre, Williams et un autre collègue font de cette fonction un programme qui permet de mettre facilement nos pensées en ligne.

Une poignée de spécialistes de l'informatique tiennent déjà des journaux en ligne depuis des années, mais il faut des connaissances en programmation pour pouvoir le faire et, à l'époque, les gens ne sont même pas encore tombés d'accord sur un nom pour ces journaux. À la fin de l'année 1997, pourtant, quelqu'un décide d'appeler son journal un « Weblog ». Un peu plus d'un an plus tard, un autre, Peter Merholz, annonce qu'il faut le prononcer « wi-blog. Ou "blog" pour faire court. » Comme Merholz est un ami de Williams, au moment de sortir son nouveau programme à l'été 1999, ce dernier l'appelle Blogger. Il faut encore avoir une base de code HTML pour créer votre « blog », mais une fois que c'est fait, il ne vous reste plus qu'à taper ce que vous voulez, cliquer sur un bouton et attendre que les lecteurs vous trouvent. Soudain, l'autopublication en ligne devient bon marché et ne réclame presque aucun effort.

Williams n'attend pas grand-chose de ce petit programme. Il n'existe qu'une cinquantaine de blogs et la réaction la plus fréquente quand il dit aux gens qu'ils peuvent en créer un est « Pourquoi je voudrais faire ça ? » Ce sentiment s'intensifie après l'éclatement de la bulle technologique, qui convainc beaucoup d'observateurs qu'Internet est une mode aussi passagère que la radio CB, qui connaît un pic à la fin des seventies avant de tomber dans l'oubli. Pourtant, à la fin de l'année 2000, les blogs se comptent déjà par milliers. Dès le milieu de l'année 2002, 600 000 personnes utilisent Blogger.

La plupart, Hourihan et Williams inclus, utilisent cet outil comme un journal intime, compte rendu chronologique de leur vie personnelle. Cette explosion de narrations est étonnamment révélatrice et peut également avoir des conséquences politiques. En 2002, des blogueurs réagissent à une déclaration du sénateur du Mississippi, Trent Lott, faisant l'éloge de Strom Thurmond, sénateur de la Caroline du Sud, qui s'était présenté à la présidence des États-Unis avec un programme ségrégationniste en 1948. Les médias classiques ne considèrent pas ces déclarations comme dignes d'intérêt – ce n'est pas la première fois que Lott tient ce genre de propos après tout. Mais parce que les blogueurs ont tendance à partager intensivement leurs liens les uns avec les autres et parce que les résultats de recherche sur Google sont calculés en grande partie à partir du nombre de liens qui envoient vers un site, leur voix est amplifiée bien au-delà de leur lectorat réel. Les médias n'ont rapidement pas d'autre choix que de relater ce qui est arrivé. Le tapage qui s'ensuit force Lott à renoncer à son poste de leader de la majorité républicaine au Sénat.

Au début de l'année 2003, Williams vend Blogger à Google, juste au moment où la blogosphère, comme on l'appelle déjà, devient une des composantes clés de ce que Tim O'Reilly nomme le « Web 2.0 » – la deuxième génération de services Web, celle qui ne fait pas que transmettre de l'information, des biens ou du divertissement mais invite les gens à participer. En même temps que Blogger, émerge toute une série d'autres sites : Wikipédia en janvier 2001 ; le site de réseau social Friendster en mars 2003 ; son rival MySpace en août 2003 ; Facebook – réservé à l'époque aux étudiants d'Harvard – et Flickr en février 2004 ; YouTube en mai 2005. Google lance son propre service de streaming vidéo en ligne la même année – « une plate-forme où faire vivre les vidéos du monde sur le Web », m'affirme à l'époque le directeur de produit. Mais aussi ambitieux qu'ait pu être Google Vidéos – certains parleront d'outrecuidance –, les utilisateurs se tournent vers YouTube. En octobre 2006, Google annonce un accord pour le rachat de son petit compétiteur médiocre pour 1,65 milliard de dollars. Deux mois plus tard, le « contenu généré par les utilisateurs » a pris une place si importante que le magazine *Time* vous désigne « vous » comme la personnalité la plus marquante de l'année.

« Et après ? » Voilà la question que se pose Williams. Il annonce qu'il quitte Google dans un billet sur son blog en octobre 2004, peu de temps après que l'introduction en Bourse de la société a fait instantanément de lui un multimillionnaire. Il monte un projet de service de podcast, mais quand Apple propose la même chose sur iTunes, cela éclipse rapidement tout ce qu'il aurait pu faire. Sans stratégie définie, l'entreprise de Williams patauge. Puis Jack Dorsey, un de ses développeurs, a l'idée d'un programme qui fonctionnerait comme les SMS, le service de messages texte sur les téléphones mobiles, tout en permettant aux gens d'envoyer ces messages à un groupe plutôt qu'à une seule personne. Williams est intrigué. Dorsey crée un prototype en deux semaines qu'il appelle Statuset, rebaptisé Twitter.

Jack Dorsey, 29 ans à l'époque, est un garçon à la voix douce vêtu d'un jean délavé et affublé d'une tignasse noire qui lui retombe sur le front. Ado, à Saint Louis, il développe une curieuse obsession pour la logistique des services motorisés – ambulances, livreurs, camions de pompiers, coursiers, voitures de police, taxis, tout ce qui permet de savoir ce qu'il se passe dans une ville à la minute près. Il écrit des programmes informatiques spécialisés dans ce domaine et, après une période à l'université de New York, il déménage dans la Bay Area et lance une entreprise de logiciels d'organisation logistique. Un jour, il rencontre Williams – déjà une célébrité dans les cercles technologiques en Californie – dans la rue à San Francisco. Il lui demande directement du travail et Williams l'engage.

À l'époque, Dorsey est aussi fasciné par les SMS et les messageries instantanées qu'il est passionné par les systèmes de logistique et il comprend que ce qui manque à son activité, c'est le facteur humain. C'est essentiellement l'idée derrière Twitter : offrir aux gens une façon simple de publier des nouveaux statuts sur eux-mêmes. Vous pouvez dire ce que vous voulez, tant que cela ne prend pas plus de 140 caractères. (En raison de contraintes de bande passante, le nombre de caractères dans un SMS est limité à 160 caractères, 140 laisseraient donc assez de place pour ajouter le nom de l'utilisateur.) C'est la seule règle et elle a permis à Twitter d'accomplir un paradoxe significatif : liberté maximale à travers une contrainte maximale.

L'hypothèse de départ était que les messages que publieraient les gens seraient de nature assez banale – des micro-histoires sur l'endroit où ils se trouvent et ce qu'ils mangent au petit-déjeuner. Cela arrive en effet bien trop souvent, bien que les détails du quotidien puissent être fascinants quand ils sont présentés sous forme d'actualités Twitter, qu'elles viennent de votre meilleur ami ou d'un astronaute de la NASA dans l'espace, répondant à des questions venues de la planète qu'il surplombe. Mais il ne faut pas longtemps avant que Twitter n'évolue en un canal d'actualités et de communications instantanées. Bien que Twitter offre d'infinies possibilités d'être frivole, il insuffle aussi la volonté de transmettre des informations de réelle valeur – parce que c'est comme cela que vous gagnez des followers. Et dans le jeu des réseaux sociaux, amis et followers sont encore plus attrayants à collectionner que les décorations de bureau virtuelles de Dunder Mifflin Infinity.

Mais tout cela ne devient visible que petit à petit, à mesure que des événements majeurs se produisent et que les gens se tournent vers Twitter parce que c'est la façon la plus économique, simple et rapide d'en rendre compte. En mai 2008, quand un tremblement de terre dévastateur frappe la province du Sichuan en Chine, c'est sur Twitter qu'on découvre les premiers témoignages. En janvier 2009, quand un Airbus A320 fait un amerrissage forcé dans les eaux glacées de l'Hudson après que ses turbines sont entrées en collision avec une volée d'oies au décollage, la première photo est publiée via Twitter par un témoin qui l'a prise avec son téléphone portable. En juin 2009, quand les Iraniens descendent dans la rue pour protester contre l'élection présidentielle, Twitter sert à en informer le monde extérieur. Comme Jonathan Zittrain, cofondateur du Berkman Center for Internet and Society de Harvard, l'observe dans le *New York Times*, « c'est parce qu'il a l'air stupide et niais que Twitter est aussi puissant ».

Ici, l'intime et l'universel s'unissent. Une personne parle de sortir prendre un café. Une autre d'un avion privé qui s'est écrasé contre un immeuble de bureaux à Austin. Ou la même personne fait les deux en quelques minutes. Les mots se propagent de manière fortuite et en apparence aléatoire parce que, comme tout système performant de diffusion de l'information, Twitter fonctionne en écrasant les degrés de séparation. Parce que je suis quelqu'un qui suit quelqu'un, un jour je découvre une série de tweets de John Moe, un humoriste, animateur de l'émission de radio *Weekend America* et auteur d'un livre intitulé *Conservatize Me*, une parodie de politique de droite. Ses commentaires s'affichent immédiatement après la nouvelle du suicide d'Andrew Koenig, l'acteur de 41 ans qui joue le rôle de Boner dans la série des années 1980 *Quoi de neuf, docteur ?* Bien que Koenig et Moe soient séparés par quelques degrés, ils ont fréquenté les mêmes réseaux dans le monde réel. Et les tweets de Moe n'ont rien de drôle ce soir-là :

– 19 h 34 : Terrible nouvelle à propos d'Andrew Koenig. Condoléances à ceux qui l'aimaient. Sa douleur prend fin, pour ceux qui restent derrière, c'est le début.

– 19 h 38 : Si vous souffrez de dépression, faites-vous aider s'il vous plaît. Votre famille et vos amis en ont besoin. Les choses peuvent changer.

– 19 h 55 : Je connaissais pas Koenig, quelques amis communs, mais je ne peux pas m'arrêter de pleurer ce soir.

– 19 h 57 : Voilà ce que la personne qui meurt n'apprend jamais : la mort résonne infiniment, elle endommage les survivants pour toujours. Rien n'est plus jamais pareil.

– 19h59 : Les gens qui touchent le fond écrivent souvent que les gens qui les aiment iraient bien mieux sans eux. Mais ce n'est pas vrai. J'aimerais pouvoir leur faire entendre ça.

– 20h05 : Twitter est une superbe plate-forme pour les blagues, mais c'est aussi un endroit pour partager des informations importantes.

– 20h08 : Mon frère Rick s'est tiré une balle en 2007. J'y pense constamment. Je ne partage pas ça pour attirer la pitié mais mettre ce problème au grand jour. Merci.

Le nouveau mot à la mode est « hyperconnecté ». Un journaliste qui écrit un article sur Williams le décrit non pas comme « juste un praticien de l'hyperconnectivité » mais comme la personne qui a plus ou moins inventé le concept. Ce n'est pas exactement le cas, bien sûr ; l'idée est dans l'air qu'il respire, laissée là par Tim Berners-Lee, Ted Nelson, Vannevar Bush, Nikola Tesla et Alexander Graham Bell, qui a inventé ce premier appareil génial, le téléphone. Twitter, Facebook, YouTube – chacun offre une façon de créer des liens. Chaque lien représente une histoire, un événement, une poussée d'ego, une micro-explosion de haine, un acte d'empathie, un partage. Ensemble, ils forment une toile dense. Et plus il y a de liens, plus les gens sont connectés entre eux.

En janvier 2010, le trafic sur Twitter est évalué à 35 millions de messages publiés par jour, alors qu'il n'y en avait que 300 000 au début de l'année 2008. En juin 2011, ce chiffre atteint la barre des 200 millions. Pendant ce temps, Twitter s'est infiltré dans beaucoup d'autres services de réseaux sociaux, dont Facebook, et Facebook s'est ouvert à presque tous les services Web imaginables. Alors, vos tweets surgissent sur les pages Facebook de vos amis quand ils se connectent. Vos tweets sont intégrés dans votre blog et qui sait dans combien d'autres endroits encore. Votre blog, votre profil Facebook et vos photos sur Flickr sont tous liés les uns aux autres. Et ils sont aussi connectés à un nombre incalculable de blogs, de chaînes YouTube, de comptes Flickr d'autres gens.

C'est là que la théorie de réseaux entre en jeu. La profusion grandissante de liens rend l'analogie avec le cerveau non seulement en vogue mais inévitable. Les neurones et les synapses, nodules et liens – au figuré, la gelée électrochimique à l'intéricur de nos crânes est en train d'être répliquée à une échelle bien plus vaste par des milliards de cerveaux qui se connectent électroniquement. Si chaque nodule sur un réseau n'a qu'une connexion, la distance d'un nodule à un autre peut être importante, souligne Barabási. « Mais à mesure que nous ajoutons des liens, la distance entre les nodules se réduit soudain. » Evan Williams œuvre donc à la réduction du monde.

Dans ce monde nouvellement réduit, nous représentons tous un nodule. Être un nodule peut être embarrassant, même douloureux parfois, comme le découvre Williams lui-même en mars 2010, quand il donne une conférence qui ouvre South by Southwest Interactive, un dérivé du vénérable festival de musique de la ville d'Austin consacré aux nouvelles technologies. L'événement fait beaucoup parler, non seulement à cause de la célébrité de Williams dans l'univers des geeks mais aussi parce que certains avancent qu'il y annoncera finalement une stratégie pour vendre des publicités sur Twitter, dont les revenus s'estimaient en 2009 à seulement 25 millions de dollars.

Au lieu de discuter de ce que la foule debout devant lui veut entendre, Williams décrit brièvement un nouveau programme, loin d'être révolutionnaire, pour connecter Twitter à d'autres sites. Le modérateur – Umair Haque, économiste et intello du Web qui tient un blog pour la *Harvard Business Review* – ne lui pose pas de questions en ce sens et les deux hommes passent rapidement à des généralités, certaines intéressantes, d'autres non. Williams évoque sa volonté de permettre aux gens de s'entraider plus facilement grâce à la diffusion d'informations. Haque anônne quelques questions vagues et radoteuses avant de poursuivre en racontant comment, une nuit où il avait réservé un hôtel miteux, Twitter a sauvé ses vacances en monopolisant tellement l'attention que son agence de voyages l'a remboursé.

C'est une voie périlleuse à emprunter. Deux ans plus tôt, Twitter a déjà explosé quand il se fait l'instrument d'une révolte du public contre une autre conférence d'ouverture à South by Southwest impliquant Mark Zuckerberg, le P-DG de Facebook, et Sarah Lacy, une jeune journaliste de *Newsweek*. Le public s'offense rapidement des techniques d'intervieweur de Lacy, tour à tour séductrice et agressive. Plus Lacy interrompt son interlocuteur et parle pendant ses réponses, plus l'ambiance tourne au vinaigre. « Dites des choses intéressantes ! » crie-t-on du fond de la salle. Clairement déconcertée, Lacy fait une remarque sur le « règne de la populace ». Mauvaise idée. Rapidement, les spectateurs prennent la relève et commencent à poser directement leurs questions à Mark Zuckerberg. « Quelqu'un m'a envoyé un message plus tard pour me demander ce qui s'était passé pour que tout le monde dise que j'étais tellement à chier », s'irrite Lacy. « Jette un œil à Twitter ! » lui répond-on face à son incrédulité.

La réaction au mode de questionnement d'Haque est tout aussi rapide et presque aussi impitoyable. Utilisant au mieux l'outil de Williams, les gens dans la salle partagent silencieusement leur consternation. Et cette fois, au lieu de prendre le pouvoir sur la rencontre, ils se contentent de se diriger vers la sortie. Pendant ce temps, Haque et Williams continuent à bavasser, sans se rendre compte de rien, alors que les tweets s'accumulent en ligne :

– Pourquoi est-ce qu'Umair Haque ne pose aucune question qui fâche au P-DG de Twitter ? Beaucoup de balles molles et de lèche.

– Là où les gens se sont endormis pendant l'interview de #evwilliams à #sxsw, les questions d'Umair Haque nous offrent une toute nouvelle définition de l'ennui.

– Assez avec cette autopromotion pompeuse, @umairh. Sérieusement, je n'ai pas envie d'entendre parler de ton blog.

– Choses un tout petit peu plus sèches que l'interview de #evwilliams : Lubbuck *[sic]* County, La Vallée de la mort ; Death Valley ; P. G. Wodehouse.

En un sens, c'est un bon exemple d'empathie qui se retourne contre celui qui l'a permis – ou plus précisément, contre son intervieweur. (Beaucoup de tweets épargnent explicitement Williams pour ce fiasco.) Mais plus directement, c'est un exemple d'empathie déployé spontanément par un groupe frustré de la situation dans laquelle il se trouve. La foule ressent une consternation partagée et, grâce à Twitter, ses membres agissent en conséquence. Que Twitter soit une force du bien dans cette situation dépend de votre point de vue. Mais cela n'a pas posé de problème à Williams ; au contraire, il le voit comme une source utile de critique constructive. Dès la fin de la discussion, il tweete :

– J'ai cru comprendre que les gens veulent que je réponde à des questions plus difficiles. Vous voulez savoir quoi ? Je répondrai à 10 questions. C'est parti.

Inévitablement, parce que c'est comme cela que les réseaux fonctionnent, l'hyperconnectivité de gens comme Williams a une vie propre, imprévisible et de plus en plus importante. Aujourd'hui, nous connaissons la première bouffée d'excitation, d'expérimentation et de peur. Grâce à Twitter, Facebook, Blogger, Flickr et YouTube, nous devenons de plus en plus actifs dans notre rapport aux séries télévisées, avec les marques qui y font leur publicité, ou les uns avec les autres. C'est pour cette raison que, quand NBC.com essaie de maintenir la dynamique créée par Wendy Farrington pendant la campagne « Save *Chuck* ! », Facebook est la solution la plus évidente. « C'est un peu le rêve pour un publicitaire, me confirme Stephen Andrade, la voix pleine d'émerveillement. Mais ce n'est pas du marketing comme on a l'habitude de l'imaginer. Les gens viennent le chercher ! »

10
Votre marque sur YouTube

Andy Puzder a un problème. Nous sommes au début de l'année 2009 et, en tant que directeur des restaurants CKE, la compagnie de fast-food qui possède la marque Carl's Jr., il est sur le point de présenter un nouveau burger – le Carl's Jr. Portobello Mushroom Burger à 6 dollars, une combinaison gluante de viande hachée, de champignons, de fromage suisse et de mayonnaise accompagnée de laitue, d'une tranche de tomate et d'oignon. Mais, après douze années de métier dans le fast-food, Puzder n'est plus très sûr de savoir comment présenter un produit. Il se sent un peu perdu.

Carl's Jr. cible les « jeunes types affamés », mais ceux-là ne regardent plus autant la télévision et ne prêtent sans doute plus tellement attention aux publicités. Pour ne rien arranger, la récession vient de rogner une bonne partie du budget publicitaire. À 58 ans, Puzder n'est plus tout jeune et se rend compte que son entourage non plus. Lors d'une réunion à Los Angeles avec l'agence qui crée la majeure partie des publicités de la chaîne de restaurants, il fait le tour de la pièce en martelant son verdict : « Trop vieux ! Trop vieux ! Trop vieux ! » Il veut de nouvelles idées et pense qu'on ne les lui donne pas.

Dans les bureaux d'Initiative, l'agence média de CKE qui achète les plages de diffusion et les encarts dans la presse papier, personne ne souhaite s'entendre dire par Puzder qu'il est trop vieux. Ils prennent leurs dispositions pour lui faire visiter le IPG Emerging Media Lab, à Los Angeles. Appartenant au même groupe qu'Initiative, cette installation mène des recherches de tendance pour les agences IPG et leurs clients. Mais ces bureaux, situés dans un immeuble tape-à-l'œil de Wilshire Boulevard, juste en bas du musée d'Art du comté de Los Angeles, abritent aussi une de ces maisons du futur qui ont tant de succès dans les villes comme Los Angeles ou Tokyo où se concentre une forte population de consommateurs d'électronique. C'est ce qu'Initiative souhaite lui montrer.

Quatre ans plus tôt, en 2005, Puzder a payé Paris Hilton une petite fortune pour la faire tourner dans un spot de publicité où on la voit mastiquer un burger tout en prenant des poses lascives sur le capot savonneux d'une Bentley, vêtue d'une combinaison moulante. La publicité a fait des vagues, particulièrement après que le Parents Television Council et d'autres groupes de chiens de garde autoproclamés la condamnent comme relevant du *soft porn*. « Trouvez-vous une vie », a rétorqué Puzder, savourant la controverse. Après sa diffusion initiale au milieu de séries comme *Desperate Housewives*, *Newport Beach* et *The Apprentice*, une version longue de la publicité cumule 1 million de visionnages en ligne – et YouTube, à l'époque, n'en est qu'à sa version bêta. Cette fois, le labo affirme à Puzder qu'en ce qui concerne les jeunes types affamés (dans le jargon de l'industrie publicitaire, cela désigne les hommes entre 18 et 34 ans), il n'y a en fait pas de différence entre YouTube et la télévision. Pour Puzder, c'est une révélation.

Quelques semaines plus tard, le labo reçoit une visite de l'organisation des franchisés de Carl's Jr. au Moyen-Orient, venue directement du Koweït. Ensuite, le conseil de direction, tous les principaux dirigeants et l'équipe de l'agence de création arrivent en troupes. Pendant ce temps, le groupe Initiative imagine quelque chose de différent des spots de télévision classiques. Un flux de « contenu engageant, me dit Robert Holtkamp, responsable des comptes clients. Des contenus assez convaincants pour que les gens les trouvent eux-mêmes et les consomment volontairement. »

La publicité a toujours cherché à produire des contenus convaincants. Il n'a par contre quasiment jamais été question de laisser les consommateurs les trouver eux-mêmes. Bien sûr, leur découverte n'est pas entièrement laissée au hasard. L'idée est de placer le spot là où les jeunes affamés vivent en ligne, c'est-à-dire sur Facebook et YouTube. Une fois le « contenu engageant » en place, ils le trouveront. En théorie.

Pour tester ce concept, Initiative contacte neuf célébrités de YouTube – des internautes qui mettent régulièrement des vidéos en ligne et dont le nombre d'abonnés se compte en centaines de milliers – et propose à chacun 5000 dollars pour tourner une vidéo sur le nouveau Carl's Jr. Portobello Mushroom Burger à 6 dollars et la diffuser sur leur chaîne. On leur demande de s'exprimer à leur façon. La seule autre contrainte est que leurs vidéos répondent à une question : comment mangeriez-vous ce burger ?

À en juger par le résultat, la réponse la plus courte semble être : « avec la bouche ouverte ». Mais il y a d'infinies variations, et aucune d'entre elles ne ressemble, même vaguement, à ce que fait la télévision. Dave Days mange le sien après lui avoir chanté la sérénade. HotForWords – Marina Orlova, une institutrice moscovite devenue la philologue la plus sexy au monde – mange le sien après l'avoir passé en douce dans une bibliothèque. Smosh – un duo composé d'Anthony Padilla et d'Ian Hecox – le rattrape avec la bouche après l'avoir lancé en l'air, pris le temps de jouer à la marelle, d'apprendre à un chien à s'asseoir sur commande, de tricoter un pull, de tomber dans l'herbe, de faire un peu de break dance. Nigahiga – Ryan Higa, un Japonais-Américain vivant à Hawaii et comptant plus de 1 million d'abonnés – le mange après s'être essuyé les aisselles avec la boîte. iJustine – Justine Ezarik, une blonde pleine d'esprit aux quelque 100000 abonnés – mange le sien avec un couteau, une fourchette et 1 tonne de ketchup. Phil DeFranco, connu par ses aficionados sous le nom de sxephil, essaie également de manger le sien avec un couteau et une fourchette – mais iJustine lui fiche une beigne, le pousse de sa chaise et se goinfre. Alphacat – Iman Crosson, un comédien dont l'imitation de Barack Obama lui a valu une invitation pour se produire pendant la soirée d'anniversaire d'Aretha Franklin – mange le sien à la place du bol de légumes cuits à la vapeur que sa petite amie lui a préparé. Cory Williams, a.k.a. « Mr. Safety », mange le sien tout en ignorant les appels à l'aide d'un pote qu'il a envoyé valdinguer en skateboard sur l'autoroute. WasteTimeChasingCars, pseudo de Mac, un lycéen de Denver, déclare : « Je mange mon Carl's Jr. Portobello Mushroom en esquivant les voitures » – juste avant qu'une voiture n'arrive et qu'il saute par-dessus. « Comment vous le mangez, vous ? »

Les neuf vidéos sont toutes en ligne le 3 juin, un vendredi. Initiative a conclu un partenariat avec YouTube pour s'assurer qu'elles soient bien mises en avant. Mais l'illusion de contrôle qui accompagne une campagne de télévision est impossible à maintenir. Personne ne sait vraiment ce qui va arriver. Est-ce que les internautes apprécieront et feront passer ? Ou est-ce qu'ils n'y verront rien de plus qu'une grosse compagnie essayant de s'immiscer dans leur espace ? Est-ce que la campagne créera le buzz ou est-ce que Carl's Jr. est condamné à se couvrir de ridicule ? « Le client était nerveux, admet Holtkamp. Quand ils lancent une publicité à la télévision, il n'y a pas des milliers de commentaires qu'ils peuvent lire immédiatement. Mais l'énorme volume de visionnage finit par être éloquent. »

Initiative espérait 3 millions de vues, maximum, et pensait que le tout s'essoufflerait au bout d'une semaine à peu près. Au lieu de quoi, les gens ont regardé les vidéos plus de 3 millions de fois la première semaine et ils ont continué ensuite. Plutôt que de voir une alerte concernant une vidéo sur une chaîne, les gens en reçoivent plusieurs pour des vidéos différentes, et découvrent ensuite qu'il y en a encore plus. « Nous ne nous sommes pas rendu compte à quel point les abonnés à une chaîne l'étaient aussi aux autres, dit Holtkamp. Il y a une part importante de chevauchement. » S'ils en voient une ou deux, il faut qu'ils les voient toutes. Ensuite, ils copient l'adresse et publient ces vidéos sur leur blog pour que plus de gens encore les voient.

Après quelques jours, des parodies font leur apparition. Shane Dawson, un habitué de YouTube avec près de 1 million d'abonnés, parle au nom de tous quand il se pare d'une perruque blonde, d'un ruban bleu, de rouge à lèvres, de fausses perles et se campe devant la caméra pour demander : « Pourquoi ils ne sont pas venus voir *cette* pétasse pour goûter leur burger ? Genre, j'ai pas l'air d'une pétasse qui irait chez Smarls Jr. pour manger un putain de burger ? » En comptant la parodie de Shane, Carl's Jr. compte tout à coup 8 vidéos parmi les 20 plus populaires.

Mais l'explosion du Portobello Mushroom suit encore d'autres voies. iJustine a six fois plus de followers sur Twitter que d'abonnés sur YouTube, et chaque fois que l'un d'entre eux commente la vidéo, de nouvelles personnes vont la regarder. Les vidéos apparaissent sur Facebook. Les commentaires pleuvent sans discontinuer. « Ça a lancé une incroyable chaîne de réactions, dit Holtkamp. Ça s'est en quelque sorte enflammé. Et vu la nature de YouTube, nous avons vraiment pu suivre tout le déroulement. »

Comme l'observe *Adweek* dans un article consacré à la campagne, « ces réseaux [YouTube, Twitter, Facebook] constituent une nouvelle sorte d'espace publicitaire ». Ne reste qu'un écueil : tout cela n'a induit presque aucun achat d'espace. Génial pour le client – mais l'agence ne reçoit presque aucune commission, alors qu'elle a monté toute la campagne. Lori Schwartz, directrice de l'Emerging Media Lab, admet que c'est un problème. « Si nous ne gagnons pas d'argent grâce à l'acquisition de ces espaces, dit-elle, où allons-nous gagner de l'argent ? C'est la question du moment. »

La publicité était autrefois une affaire si simple. Une compagnie vend un produit. Une agence trouve une manière de le vendre et achète des encarts dans les journaux et à la télévision pour répandre le message. Les consommateurs voient les publicités et s'empressent d'acheter. Ou pas, auquel cas l'entreprise sélectionne une nouvelle agence et le processus reprend depuis le début.

Il y a des variations infinies sur ce scénario. Dans les années 1950, « la proposition exceptionnelle de vente » de Rosser Reeves est reine – la théorie qui veut que, pour avoir du succès, une publicité doit affirmer que la proposition est unique et d'un grand intérêt pour le consommateur. En pratique, la proposition exceptionnelle de vente est un instrument émoussé, efficace mais peu subtil. Dans son livre publié en 1961, *Le Réalisme dans la publicité*, Reeves illustre ses propos en raillant une campagne de publicité Coca-Cola qui à l'époque dure déjà depuis trente ans :

« Prenons un magazine et feuilletons-le, même si c'est simplement pour aiguiser notre définition. Alors que nous le soulevons de la table, nous entrapercevons le dos de la couverture, en couleurs pleines et glorieuses. On y voit le Père Noël sortir un soda d'une glacière en souriant au consommateur. Il n'y a pas de texte.

« Où est la proposition au consommateur ? Où est le caractère exceptionnel ? Où est la vente ? »

Il poursuit tristement sa lecture, découvrant un jambon qui prétend faire saliver (ce n'est pas le cas de tous ?), une compagnie d'assurances qui salue la maternité, une bière qui promet une bonne vie, une essence qui loue les joies de la conduite – tout ça dans un chapitre intitulé « L'Art fatigué de la flagornerie ». Puis il écrit :

« Au milieu de tout cela, tombe une proposition unique de vente :

« "Met un terme à la mauvaise haleine !"

« La proposition s'élève presque de la mêlée et s'envole vers un coin de notre cerveau. »

Ted Bates & Company, l'agence new-yorkaise de Reeves, produit un nombre incalculable de campagnes de ce type. « M & M's fond dans la bouche, mais pas dans la main. » « Anacin vous soulage vite ! vite ! vite ! » Encore et encore, l'aspect le plus vendeur du produit est enfoncé sans merci dans le crâne de la victime. C'est la méthode agressive.

Chez Ogilvy & Mather, David Ogilvy, le beau-frère de Reeves, lui oppose la théorie de « l'image de marque ». Selon Ogilvy, pas question de vanter une quelconque « différence triviale du produit », comme il le dit avec un peu d'insolence, mais d'associer la marque à une série d'images cohérentes choisie pour leur cachet et leur allure. (Ogilvy et Reeves ont été brouillés pendant des années.) Ainsi, Hathaway, une médiocre marque de chemise du Maine, devient l'exemple même de la sophistication et du raffinement parce qu'elle est portée par « l'homme Hathaway », un gentleman d'âge moyen portant un cache-œil mystérieux. C'est la méthode douce.

Comme Reeves, Ogilvy se concentre principalement sur le contenu de la publicité – ce qu'elle dit. Mais le début des années 1960 – l'époque revisitée par *Mad Men* – voit triompher une approche entièrement différente. Bill Bernbach de Doyle Dane Bernbach soutient que ce qui importe est la réalisation. La « révolution créative » de cette agence brise toutes les règles avec une série de publicités au succès décoiffant pour la Coccinelle de Volkswagen affublées de slogans tels que « Pensez petit » et « Citron ». Dans une édition défiant les lois du temps d'*Advertising Age* datée du 23 juin 1960, le personnage de *Mad Men*, Don Draper, balaye « les fées clochettes » [*sic*] de l'industrie et affirme que « nous n'allons pas être mis sur la paille par la prochaine mode ». Mais, comme toutes les entreprises traditionnelles sur la vraie Madison Avenue, la firme de Draper allait devoir affronter la méthode astucieuse ; et dans les sixties, cette méthode allait l'emporter.

Malgré tous ces débats sectaires, les affaires continuent à vrombir à vive allure, générant de bons profits pour tous les acteurs du secteur. Mais, arrivé dans les années 1990, il est évident pour tous les observateurs que les roues ne vont pas tarder à lâcher. Pendant des décennies, la rareté et le prix des ressources physiques (les imprimeries, le spectre radio) ont limité le nombre de journaux, de magazines et de chaînes de télévision disponibles. Avec la prolifération des chaînes du câble et du satellite, la rareté laisse place à une infinité électronique de choix.

À mesure que les spectateurs commencent à délaisser les chaînes principales, s'adresser à eux devient plus onéreux : on passe de moins de 2 dollars pour 1 000 spectateurs sur un *prime time* de la télévision nationale américaine en 1972, si on en croit le Television Bureau of Advertising, à 17 dollars en 2002. Le magnétoscope numérique crée la panique chez les dirigeants des chaînes de télévision en donnant aux spectateurs la possibilité de passer en avance rapide les publicités. Et puis, à la fin de l'année 2003, l'institut Nielsen met l'industrie en alerte rouge en annonçant qu'aux États-Unis les hommes entre 18 et 34 ans – la population la plus prisée des annonceurs, principalement parce que c'est la plus dure à toucher – regardent 12 % de moins de *prime time* à la télévision nationale que l'année précédente. Peu importe que la différence ne constitue que vingt-six minutes par semaine. À la télévision, une minute vaut des millions.

Quand un compte rendu suivant suggère que cette tendance pourrait s'inverser, les chaînes fanfaronnent. Mais une évaluation saison par saison des audiences de ces années-là révèle une baisse continue dans des proportions problématiques. Selon les chiffres de Nielsen, le temps passé par les hommes de cette tranche d'âge à regarder les émissions de *prime time* à la télévision nationale a commencé à chuter pendant l'année 2001-2002 et continue depuis. La seule raison pour laquelle cette population passe régulièrement plus de temps devant leur téléviseur, c'est les jeux vidéo. Et quand ils finissent par regarder la télévision, ils ne s'attardent pas sur les publicités. C'est vrai même pour ceux qui travaillent dans la publicité. « Les gens n'ont plus à vous écouter désormais et ils ne le feront pas », me dit Tim Harris, alors trentenaire et coprésident du département jeux vidéo chez Starcom MediaVest, une importante agence d'achat d'espace. « Je veux dire, je déteste les pubs – elles me forcent à appuyer sur trois boutons de mon TiVo[1]. »

Les publicitaires commencent à se dire qu'il est temps d'oublier le spot de trente secondes, format publicitaire le plus courant, qu'il est temps d'arrêter de dépenser de plus en plus d'argent pour toucher de moins en moins de spectateurs sur les chaînes nationales. « Où allons-nous ? » demande Steven Heyer, alors président de Coca-Cola, dans un discours donné lors d'une conférence organisée par *Ad Age* en 2003, quelques mois avant que le compte rendu révélateur de Nielsen ne paraisse. « Loin des grandes chaînes comme outil principal. » Oui, convient-il, les gens ont peur – mais et alors ? « La peur s'apaisera, ou les peureux perdront leur travail. Et si un nouveau modèle n'est pas développé, l'ancien va simplement s'effondrer. »

L'union entre Coca-Cola et la télévision a duré près de cinquante ans. Décennie après décennie, la télévision prend une part toujours plus importante du budget publicitaire américain de la marque, passant de 40 % en 1960 à plus de 80 % en 1980 jusqu'à un écrasant 94 % en 2000. De ce partenariat naissent nombre de films marquants, des spots groovy « Things Go Better with Coke » des années 1960 à la campagne insouciante « Can't Beat the Feeling » dans les années 1980. Mais, en 2002,

1. Magnétoscope numérique à disque dur qui permet d'enregistrer les programmes télévisés pour une lecture différée. (N. d. T.)

Coca-Cola rogne 10 % à ce budget. En 2006, la part de la télévision dans le budget publicitaire de la compagnie est redescendue à 70 %, ce qui, ajusté à l'inflation, entraîne une perte de plus de 100 millions de dollars en six ans.

Coca-Cola n'est pas la seule compagnie ayant alloué de plus en plus de son budget pub à la télévision au cours des dernières décennies. Anhcuser-Busch, Johnson & Johnson, General Mills, General Motors – tous ces annonceurs ont bâti leur budget publicitaire sur le même modèle. La part de leurs dépenses destinées aux chaînes dépasse les 50 % en 1959 et atteint une moyenne de deux tiers à partir de 1970. À mesure que la télévision devient le média par défaut des annonceurs, l'industrie télévisuelle gonfle en conséquence. En 1986, la Fox est la première chaîne privée à défier les trois leaders depuis la disparition, trente ans plus tôt, de la novatrice DuMont Television. Les chaînes du câble et du satellite prolifèrent. Dès 1992, le magnat John Malone est le héraut de l'arrivée imminente d'un « univers de 500 chaînes ».

Puis, à la fin des années 1990, les grandes marques commencent timidement à se retirer. Rapidement, les déclarations de Steven Heyer pour Coca-Cola sont reprises en chœur. « Il doit y avoir – et il y a – une vie au-delà du spot de trente secondes », déclare Jim Stengel, principal chargé de diffusion chez Procter & Gamble, le plus important annonceur au monde, lors d'une réunion de la profession en 2004. « Avant, la télévision était la réponse à tout, proclame Gary Cowger, président de la section nord-américaine de la General Motors, la même année. Le seul problème est qu'elle a cessé de fonctionner autour de l'année 1987. »

Mais si la télévision ne fonctionne plus, alors quoi ? Personne ne sait vraiment. Dans le vide qui s'ensuit, la loufoquerie abonde. « Une terreur s'est emparée des entreprises américaines, m'affirme Joseph Plummer, alors directeur de recherche à la Fondation pour la recherche publicitaire. Le modèle simple avec lequel elles ont toutes grandi ne fonctionne plus. Et il y a deux sortes de personnes sur cette Terre : un petit groupe qui expérimente de manière réfléchie et un groupe plus important qui essaie toujours le premier truc qui se présente. »

Beaucoup d'annonceurs tombent sur le tout nouveau marketing « expérientiel », censé être efficace pour contourner le fameux mécanisme de filtrage de la publicité par les jeunes. Cette approche est en vogue après que des chercheurs de tendances ont remarqué que ces nouvelles générations étaient moins matérialistes. Quand The Intelligence Group, une firme de consultants appartenant à l'agence Creative Artists d'Hollywood, sonde les ados et les jeunes adultes pour savoir s'ils préfèrent dépenser 500 dollars pour une expérience cool ou pour un produit cool, trois sur cinq choisissent l'expérience. Les fabricants répondent donc en essayant de créer des expériences autour de leurs produits.

Pour promouvoir l'Altima, Nissan diffuse des publicités dans les cinémas programmant *Matrix Revolutions*, le dernier volet de la trilogie de shoot them up cosmiques des frères Wachowski, et engage des acteurs pour crier le slogan dans la salle pendant la diffusion de la publicité. Toyota, pour ne pas être en reste, présente sa nouvelle ligne Scion destinée aux jeunes en payant des étudiants à errer dans Times Square affublés de tatouages temporaires sur le front vantant les mérites de leur nouvelle voiture carrée. « C'est la première fois que nous utilisions des fronts, confie le responsable de Scion à *Ad Age*. Nous verrons comment ça marche et on décidera après. »

Si ce n'est pas expérientiel, c'est virtuel. Second Life connaît une mode fulgurante après que *BusinessWeek* en fait sa couverture en 2006 et que son fondateur donne une présentation au congrès annuel de Sun Valley organisé par Herbert Allen, le banquier d'affaires new-yorkais. Adidas, Coca-Cola, IBM, Nissan, Sears – des dizaines de compagnies, dont *Wired*, se précipitent pour y prendre part. Elles y trouvent l'écho d'un vide infini. Un cabinet d'experts en nouveaux médias faisant partie du groupe Publicis, une autre agence de pub mondiale, conclut après une étude que la densité moyenne de la population de Second Life est moins importante que celle des régions les plus désertes de l'Idaho. Et les internautes qui fréquentent le site s'intéressent plus au sexe et à l'argent virtuel gratuit qu'aux merveilles du pavillon Coca-Cola « Virtual Thirst » pourtant créé avec minutie.

Comme on pouvait le prévoir, le phénomène Second Life ne dure pas. Dès juin 2010, Linden Lab, la compagnie à laquelle il appartient, opte pour une réduction de la masse salariale et licencie 30 % de ses employés. Les lumières des projecteurs se dirigent vers de nouveaux jeux populaires comme *FarmVille* disponibles sur Facebook ou sur iPhone.

Créé par Zynga Game Network, une start-up de San Francisco, *FarmVille* sort en juin 2009. Dès la fin de cette même année le jeu se targue de compter 65 millions d'utilisateurs réguliers, 40 % d'entre eux s'occupant quotidiennement de leur ferme virtuelle. Le jeu est théoriquement gratuit, mais les joueurs paient tout de même pour acheter de faux produits. En juillet 2010, *FarmVille* passe à la vitesse supérieure en présentant sa première intégration de produit : des haies de myrtilles bio venues de la ferme Cascadian, une installation de plus de 6000 hectares appartenant à General Mills. Reste à savoir si *FarmVille* et *CityVille*, sa petite sœur, deviendront des outils publicitaires viables. Mais en tout cas ces deux jeux, avec leurs 22 millions de joueurs quotidiens, n'ont pas à rougir de la comparaison avec les 18 millions d'adultes entre 18 et 49 ans que comptent en moyenne les principales chaînes de la télévision américaine en *prime time* pendant la saison 2010-2011.

Bob Garfield, journaliste influent d'*Ad Age*, décrit la situation des médias et de la publicité à l'heure actuelle comme un « scénario du chaos ». Le câble détrône les chaînes nationales, les jeux vidéo jouent des coudes pour trouver leur place sur les téléviseurs, les iPods remplacent les radios – en tant qu'individus nous sommes plus connectés que jamais et, pourtant, en tant que cible marketing, nous n'avons jamais été aussi disséminés. Le marché s'effondre en entraînant dans sa chute les médias de masse, générant le chaos pour l'industrie des médias elle-même et pour les publicitaires qui comptent sur elle pour s'adresser aux consommateurs. En regardant autour de lui, Garfield détecte un cercle vicieux qui s'intensifie encore : « La fragmentation a décimé les publics, les spectateurs qui regardent encore la télévision zappent les publicités, les annonceurs prennent la fuite, les revenus garantissant de nouveaux contenus sont au point mort, les programmes de qualité en souffrent, ce qui décourage spectateurs et annonceurs, et ainsi de suite. »

Il est facile de se laisser emporter sur cette question, et Garfield n'y échappe pas. Prenons les magnétoscopes numériques qui permettent de passer les publicités. Ces appareils sont source d'angoisse pour les gens de télévision depuis le lancement de TiVo en 1999. La panique est-elle justifiée ? Peut-être pas. Millward Brown, un institut de recherche international, révèle dans une étude récente sur un millier de foyers américains que les personnes possédant ce genre d'équipement se souviennent autant des publicités que celles qui n'en possèdent pas. Quand l'institut diffuse des publicités en accéléré pour tester le public d'Afrique du Sud, les participants ont également des scores au-dessus de la norme. En fait, conclut le président de Millward Brown-Afrique du Sud dans un article validé par ses pairs, regarder les publicités en avance rapide ne change pas grand-chose à la mémorisation des spectateurs, parce qu'ils doivent forcément prêter attention aux publicités pour ne pas rater la reprise de leur émission.

Garfield balaye d'un revers de la main cet argument qu'il qualifie d'« idiot » et d'« absurde » quand il est émis par Jeffrey Bewkes, désormais P-DG de Time Warner, lors de la Bear Stearns Media Conference de 2007. Et Millward Brown n'est pas plus objectif que Bewkes; l'institut appartient à WPP, encore un autre conglomérat publicitaire mondial. Mais l'argument est plein de bon sens – vous avez déjà essayé de passer les publicités en avance rapide en coupant le son et en fermant les yeux ? – et d'autres études sérieuses l'ont confirmé. Quand Patrick Barwise de la London Business School et Sarah Pearson du cabinet d'experts Actual Consumer Behaviour mènent une étude en profondeur sur huit foyers britanniques, ils découvrent que les membres de ces familles n'utilisent leur magnétoscope numérique que 30 % du temps, et même à ce moment-là ils sont « exposés aux publicités de manière significative ».

La vraie menace pour le visionnage de publicité à la télévision reste ses éternels compagnons, le réfrigérateur et les toilettes. Le magnétoscope ne fait que souligner l'évidence : un nombre significatif de spectateurs évite les publicités de toutes les façons possibles – même s'ils doivent y porter toute leur attention pendant trois secondes pour éviter d'en regarder trente.

C'est là le vrai message du magnétoscope numérique : les gens n'aiment pas les publicités qu'ils voient à la télévision. Surtout, ils n'aiment pas les publicités qui interrompent leurs émissions favorites. Peu importe qu'on leur fasse une proposition unique de vente, qu'on leur présente une nouvelle image de marque ou même une révolution créative. Une fois ce secret éventé, les 500 milliards de l'industrie publicitaire mondiale deviennent impossible à maintenir sous leur forme actuelle. Si les gens n'aiment pas vos publicités, comment voulez-vous leur vendre quoi que ce soit ?

C'est la question à laquelle tous les chargés de diffusion des grands annonceurs essaient de répondre. Nous parlons de personnes qui gagnent, en moyenne, 1,5 million de dollars par an – parfois bien plus encore – à un poste au taux de rotation moyen de deux ans. Ils sont sous pression – sous beaucoup de pression. Et les réponses qu'ils obtiennent les éloignent toujours plus des médias en général et de la télévision en particulier.

Plus question de « télévision nationale comme outil principal », comme le disait Heyer. Alors, oui, les nouvelles technologies sèment la zizanie dans l'industrie des médias. Une question se pose aux publicitaires : Comment se réinventer ?

Les annonceurs découvrent la même chose que ceux qui ont une histoire à raconter : ils doivent non seulement divertir leur public, mais aussi le prendre à partie, l'inviter à participer, le laisser s'immerger. Il y a une place pour la télévision dans ce scénario, mais elle tend à n'être plus qu'un média de soutien. La vraie immersion ne se passe pas à la télévision mais en ligne.

Cela devient clair pour la première fois avec la campagne « Poulet servile » de Burger King en 2004 créée par le groupe Barbarian pour l'agence de publicité Crispin Porter + Bogusky afin de promouvoir le thème « Faites-le à votre façon » de la chaîne de restaurants. Comme Carl's Jr., Burger King est une chaîne de fast-food qui plaît surtout aux hommes jeunes. L'idée derrière « Poulet servile » est excentrique, mais astucieuse : si vous pouvez commander un sandwich au poulet à votre façon chez Burger King, alors que feriez-vous avec un vrai poulet – ou encore mieux avec un type portant un costume de poulet ?

Le spot télévisé montre un homme poulet accomplissant des tâches embarrassantes sur les ordres de types vêtus en Abercrombie & Fitch. Sur un site Web créé pour la campagne, vous pouvez taper vos propres ordres – assis, couché, fais la roue, fais semblant de jouer de la guitare, pisse dans un coin – et le poulet s'exécute. (Demandez quoi que ce soit de plus osé et le poulet se rapproche de la caméra en agitant un index désapprobateur.) La mauvaise qualité de l'image donne l'impression de regarder le tout en direct d'une Webcam, mais ce n'est qu'une illusion ; les réactions de l'homme poulet sont en fait préenregistrées. Le site est une extension de la campagne télévisée, un petit extra. Mais, selon Crispin Porter, il reçoit 1 million de visites dans les douze premières heures de sa mise en ligne – et cela avant même que le spot ne soit diffusé.

La campagne « Poulet servile » est beaucoup critiquée par l'industrie publicitaire parce qu'elle ne fait aucune réelle tentative pour vendre ces sandwichs au poulet. Mais, pour Crispin Porter, c'est précisément le but : ne pas hurler le message. C'est la même approche sous-durale que Jordan Weisman a choisie pour présenter son jeu en réalité alternée pour *A.I. : Intelligence artificielle*. Du point de vue de l'anthropologue, il y a une bonne raison pour que cela fonctionne : cela a à voir avec la différence entre les comportements compétitifs et coopératifs. Comme l'écrit Brian Boyd : « Les signaux qui ont évolué en s'appuyant sur la compétition ont tendance à être coûteux, telle une course à l'armement entre des expéditeurs insistants et des destinataires résistants. Les messages deviennent de plus en plus forts, longs et répétitifs, massivement redondants, comme le brame des cerfs rouges ou ceux des annonceurs pendant le Super Bowl. Les signaux utilisés à des fins de coopération, au contraire – "les murmures de conspiration" –, sont économiques en énergie et riches en information. »

En d'autres termes, il ne suffit pas de crier plus fort au milieu du chaos. L'effort nécessaire pour contourner de force les filtres en vaut rarement la peine. Il faut désarmer ces filtres – et la meilleure façon, la plus économique et la plus efficace, est de montrer que votre signal ne présente aucune menace. « L'époque où nous lancions n'importe quelle idée stupide et où nous forcions tout le monde à l'entendre est révolue, me dit Alex Bogusky, directeur de la création de Crispin Porter. Avec cette génération, c'est : "Je sais que tu essaies de me vendre quelque chose et vous savez que je le sais, alors si vous voulez que j'essaie un nouveau sandwich au poulet, c'est cool – filez-moi juste un poulet taré à maltraiter." »

Deux années après, on assiste à un nouveau tournant dans l'union entre télévision et Internet : un concours pour voir qui créerait le meilleur spot publicitaire pour le nouveau design de la Chevrolet Tahoe. « La campagne "Poulet servile" est un point de départ, m'affirme Stefan Kogler, directeur de création de l'agence Campbell-Ewald, quand je lui rends visite à Detroit dans leurs locaux. Ou peut-être une porte d'entrée vers autre chose. Elle émancipe les gens et c'est un peu la même chose. »

Les titulaires de MBA qui peuplent les agences de publicité et les départements marketing des entreprises ont passé des années à apprendre l'art du contrôle – ce que leurs messages, calibrés avec soin, doivent et ne doivent pas dire, où les diffuser, à quelle fréquence ils doivent paraître et ce qui doit paraître à côté. Émanciper les gens n'a jamais fait partie de leur cahier des charges. Mais la publicité sur Internet offre des possibilités dont les publicitaires rêvent depuis longtemps, comme celle de cibler un public réellement intéressé par le produit et d'engager une conversation. Et quand les consommateurs sont enrôlés pour devenir les narrateurs, cela ressemble moins à du marketing qu'à une recommandation de particulier à particulier. Chevrolet décide donc d'organiser un concours pour la nouvelle Tahoe. Une wikification du spot de trente secondes.

Les études de consommateurs montraient une haute corrélation entre les acheteurs potentiels de Tahoe et les spectateurs de *The Apprentice*, émission de téléréalité de Donald Trump diffusée sur NBC. Alors, en mars 2006, Chevrolet achète un épisode – pas simplement un encart publicitaire mais toute l'émission qui, ce soir-là, montre une féroce équipe d'apprentis Donald Trump ébaucher des plans pour vanter à des concessionnaires automobiles les nombreuses qualités de la nouvelle Tahoe. Durant les pauses publicitaires, les spectateurs peuvent visiter un « microsite » conçu pour l'occasion où se trouvent quelques clips vidéo, un peu de musique et quelques outils de montage simple pour composer un spot à leur goût.

Le concours dure quatre semaines et attire plus de 30 000 candidats qui, dans la vaste majorité des cas, vantent loyalement les nombreuses qualités du véhicule – ses sièges complètement rétractables, son système d'ouverture automatique du coffre, sa consommation économique (toute relative). Reste quelques candidats rebelles, qui subvertissent le message de la Tahoe avec des références au réchauffement climatique, à l'irresponsabilité sociale, à la guerre en Irak et aux connotations psychosexuelles des véhicules imposants. Un des candidats, stratège Web de 27 ans habitant Washington, poste une proposition baptisée « Profitez des étés les plus longs ! » qui blâme la Tahoe pour les gaz à effet de serre et la fonte des glaces. Une autre vidéo intitulée « Et la tienne, elle est grosse ? » annonce : « La nôtre est vraiment très grosse ! Regardez-nous baiser l'Amérique avec. » Le même candidat (eh, il n'y a aucune règle contre les candidatures multiples, si ?) pond un autre spot qui pose la question éternelle : « Quel véhicule choisirait Jésus ? » Sur le site Web officiel, la Tahoe est accusée de tous les maux, sauf peut-être d'avoir renversé le bonhomme Michelin.

Pour Chevrolet, c'est un moment de vérité. Alors que des vidéos critiques s'accumulent sur son propre site, qu'elles se répandent sur YouTube et tournent dans la blogosphère, qu'allait faire la marque ? Eh bien, rien. « Quand votre campagne est générée par les consommateurs, il y a forcément quelques réactions négatives, affirme Ed Dilworth, un important dirigeant de Campbell-Ewald. Mais quelle est l'alternative ? Rester fermé ? Ce n'est pas ça l'avenir. En plus, vous pensez vraiment que les consommateurs ne parlaient pas de la Tahoe avant ça ? » Bien sûr que les consommateurs parlaient ; la différence est qu'aujourd'hui ils sont entendus.

En toute objectivité, la campagne « Tahoe Apprentice » est un succès. En quatre semaines, le microsite attire presque 630 000 visiteurs, les deux tiers visitent ensuite Chevy.com. Ils aiment apparemment ce qu'on leur montre et les ventes décollent, alors qu'on est seulement au printemps et que les ventes de SUV connaissent habituellement un pic à la fin de l'automne. Cet avril-là, selon Edmunds, service d'information sur l'automobile, chaque Tahoe est vendue en quarante-six jours en moyenne ; l'année d'avant, les modèles se languissaient sur les parkings des concessionnaires pendant près de quatre mois.

La leçon pour les publicitaires est que l'histoire de la Tahoe – ou de n'importe quel modèle – n'est plus sous leur contrôle. Pourtant, les fans de la voiture (ne parlons même pas de ses critiques) racontent son histoire avec enthousiasme – autant que les fans d'*Harry Potter*, autant que ceux de *Star Trek*, autant que ceux de tout autre produit. Juste au cas où quelqu'un ne comprendrait pas l'argument, Scott Donaton, alors rédacteur en chef d'*Advertising Age*, aborde le problème dans un éditorial. Levez la main, demande-t-il, tous ceux qui pensent que cette campagne prouve les dangers du contenu généré par l'utilisateur. « Ah, en effet, écrit-il, il y a beaucoup de mains levées – vous pouvez tous partir ; le marketing n'a plus besoin de vos services. Nous vous avons préparé une jolie réplique de chemin de fer comme cadeau d'adieu. »

Avec le recul, la seule grande naïveté de la campagne « Tahoe Apprentice » était de penser que les gens auraient besoin qu'on leur donne des vidéos et des outils de montage pour assembler quelque chose qui ait l'air d'un spot télévisé. Même en 2006, les utilisateurs sont plus ingénieux que ça. Des spots spontanés pour Chevrolet apparaissent déjà sur YouTube, beaucoup plus sophistiqués que les vidéos positives ou négatives de « Tahoe Apprentice ». On a pu voir « Chevy Lowrider Commercial », qui montre des Chevrolet vintage sautiller en descendant une rue ; et « Chevy Ridin' », un diaporama de Chevrolet customisées au son du succès de gangsta rap « Chevy Ridin High ». On trouve même un clip intitulé « Chevy Tahoe Memorial », une vidéo élégiaque en noir et blanc qui montre un jeune homme faisant sauter son SUV adoré avant de finir par le détruire.

Il faut peu de temps pour que les gens ne transforment ces vidéos hommages en « publicités » pour leurs produits préférés. En septembre 2007, un Anglais de 18 ans en réalise une pour son iPod Touch. Nick Haley, étudiant en sciences politiques de l'université de Leeds, écoute en boucle « Music is My Hot, Hot Sex » du groupe brésilien Cansei de Ser Sexy (« marre d'être sexy » en portugais). Les paroles « *Music is where I'd like you to touch* » (« La musique, c'est là que je veux que tu me touches ») se logent dans son cerveau. « Je me suis dit que cette chanson était trop parfaite, explique-t-il plus tard. Elle a du punch, elle est forte, rapide et osée. » Alors il attrape son MacBook et fait une « publicité » pour le nouvel iPod Touch, combinant cette chanson avec des vidéos tirées du site Web d'Apple grâce aux outils de production disponibles à tout possesseur d'un ordinateur portable. La vidéo débarque sur YouTube.

En l'espace de quelques jours, la vidéo d'Haley est découverte par une personne du service marketing au siège d'Apple, dans la Silicon Valley. Les gens d'Apple alertent leur agence de publicité, TBWA\Chiat\Day, à Los Angeles. Haley est dans un bus municipal à Leeds quand il reçoit leur e-mail. Il pense d'abord à une plaisanterie. Mais, quelques jours plus tard, il s'envole en direction de Los Angeles pour travailler avec l'équipe créative sur une version professionnelle. Le spot est diffusé dès la fin du mois d'octobre suivant. En ce qui concerne CSS (comme se fait appeler le groupe), leurs ventes ont augmenté de façon exponentielle aux États-Unis après la diffusion de la publicité sur MTV ; en quelques semaines, la chanson est dans le top 100 du magazine *Billboard*.

L'histoire de Nick Haley est triplement révélatrice. D'abord, quant à la nature de la diffusion en ligne – découverte fortuite à une échelle mondiale, du Brésil à la Californie en passant par l'Angleterre pour finalement toucher l'ensemble des États-Unis. Ensuite, sur la compréhension de la publicité par le public lui-même. Comme le dit Bogusky : « Cette génération sait que vous voulez lui vendre quelque chose et vous savez qu'ils le savent, alors arrêtons de faire semblant et rendons l'exercice aussi amusant que possible. » Pourquoi tant d'hypocrisie ?

Le spot de trente secondes conventionnel, aussi détesté soit-il, a son utilité. Il compartimente la fonction publicitaire, la borde dans une case distincte, nous permet de croire qu'elle ne souille pas nos divertissements – même quand elle en avale huit minutes sur trente. Les autres types de publicités – le placement de produits sans pudeur de Subway dans *Chuck*, par exemple – cassent cette frontière. Même *Ad Age* se lamente de « l'intrusion choquante » de placements de ce type. Pourtant, les fans n'y trouvent rien à redire et utilisent même la marque comme point de ralliement.

Pour ce qui est de la musique, l'idée qu'un groupe de rock autorise l'utilisation de ses chansons pour une publicité était autrefois impensable. En 1995, quand Microsoft souhaite utiliser une chanson de REM pour promouvoir la dernière version en date de Windows, le groupe répond : « Notre musique n'est pas à vendre. » Le chemin est long entre cet épisode et l'histoire d'un étudiant qui utilise un morceau sexy pour créer lui-même la publicité d'un produit qu'il aime.

Cela nous mène à la troisième leçon qu'on peut tirer de l'aventure de Nick Haley : le rôle de plus en plus important que les gens ordinaires – consommateurs, civils, appelez-les comme vous voudrez – jouent dans la création de l'image d'une marque. L'idée qui pousse Noah Brier à créer Brand Tags en 2008 est désormais répandue. Les marques qui nous criaient autrefois dessus – « vous soulage vite ! vite ! vite ! » – veulent aujourd'hui nous entendre. Les marques qui souhaitaient autrefois définir notre identité – Gap Kids, Marlboro – viennent nous chercher pour définir les leurs.

Bill Howard, chef de la stratégie mondiale chez Weber Shandwick, une entreprise de relations publiques, y voit le futur du marketing. Quelle importance que les marques ne puissent plus s'adresser aux consommateurs, si ces derniers parlent pour elles ? Quelle importance que les marques perdent le contrôle, si elles obtiennent un pouvoir dont elles ne rêvaient même pas auparavant ? « Vous avez l'air de lâcher du lest, me dit Howard alors que nous sommes dans son bureau de Manhattan, baigné par un soleil de fin d'après-midi. En réalité, vous avez plus de pouvoir que jamais auparavant. »

En encourageant les consommateurs à être à l'origine de la manière de percevoir la marque tout en orientant subtilement cette perception, continue Howard, le publicitaire peut aider la marque et ses consommateurs à ne faire plus qu'un. « Vous ne pouvez plus compter sur les publicités, ajoute-t-il. Une marque ne devient pertinente aujourd'hui qu'en s'infusant directement dans la culture » – grâce à la musique, à YouTube, à des événements publics qui sont retransmis dans les médias. « La publicité interrompait autrefois la programmation de la vie. Aujourd'hui, la publicité est la programmation. Et si en fait on vous vend quelque chose avec succès, vous n'en avez aucune idée. »

Dans plusieurs décennies, quand les historiens essaieront d'identifier le point pivot entre la publicité qui interrompt votre vie et la publicité qui en fait partie, un des artefacts sur lesquels ils mettront certainement la main est la « Happiness Factory » de Coca-Cola. Représentant à la fois une dernière bravade pour la télévision et un signe avant-coureur du futur, la « Happiness Factory » est le *Star Wars* des spots télévisés – une fantaisie animée imaginée avec tant de détails et produite de manière si divertissante qu'elle aurait pu devenir un monde immersif à elle seule. Il n'en découle pas seulement une série de publicités, mais aussi un univers étendu, des concours en ligne et même une chanson qui atteint le top 40.

Conçue par le bureau d'Amsterdam de Wieden+Kennedy, une agence indépendante dont le siège se trouve à Portland dans l'Oregon, la « Happiness Factory » adapte pour la télévision un concept charmant : l'idée qu'à l'intérieur de chaque distributeur Coca-Cola se trouve un pays merveilleux aux monts enneigés où de petites créatures à fourrure travaillent dans la joie et la bonne humeur pour offrir des rafraîchissements liquides aux humains qui attendent à l'extérieur. Quand le spot commence, un jeune type svelte à la barbe clairsemée se plante devant un distributeur dans une rue encombrée et glisse 1 euro dans la machine. Nous suivons la pièce qui tombe dans un paysage fantastique fait de montagnes et de chutes d'eau – le panorama s'anime soudain d'activités. Un trio de « Chinoinks » ressemblant à des hélicoptères vient placer une bouteille vide en position. Un énorme bras mécanique tombé du ciel la remplit de Coca-Cola. Un troupeau de Kissy Puppies sautent sur la bouteille et l'étouffent d'amour. Un personnage aux dents du bonheur est catapulté tout en haut de la bouteille pour emprisonner le bon liquide pétillant. Quelques bonshommes de neige sacrifiés sont enfoncés dans une soufflerie pour glacer la bouteille. Un feu d'artifice illumine le ciel tandis qu'une parade l'envoie vers la sortie. Enfin, alors que la bouteille dégringole vers le monde extérieur, nous voyons le type tendre le bras pour l'attraper. Il s'éloigne d'abord, bouteille à la main, avant de se retourner, le visage perplexe. Il hausse finalement les épaules et s'en va.

Diffusé pour la première fois en 2006, ce spot fait partie d'une énorme campagne de repositionnement imaginée pour sortir Coca-Cola de l'apathie. À l'époque, la marque s'est ternie. L'obésité est une pandémie et la consommation d'eau sucrée en bouteille est pointée du doigt. Le documentaire *Super Size Me*, nommé aux Oscars, a récemment montré à quel point un régime quotidien composé de Big Mac, de frites et de Coca-Cola est dévastateur. Les bouteilles de 2 litres, format familial, sont devenues le symbole de cet embonpoint. L'eau minérale et les boissons énergétiques tiennent désormais le haut du pavé. Coca-Cola allait-il pouvoir redevenir une marque iconique ?

Pour régler le problème, les responsables marketing organisent une compétition entre une demi-douzaine des meilleures agences de publicité mondiales. Le thème fixé est « le bonheur dans une bouteille ». Malheureusement, remarque John Norman, à l'époque directeur de la création chez W+K Amsterdam, « Coca-Cola avait promu le bonheur depuis des années. La marque était devenue trop douce. » Dan Wieden, un des cofondateurs de l'agence, leur donne sa propre contrainte : le ton de leur travail doit être « d'une honnêteté rafraîchissante ». Pas de guimauve, de l'optimisme.

Pendu à un mur de la « war room » des bureaux d'Amsterdam, situés au bord d'un des canaux du XVIIe siècle qui quadrillent la vieille ville, se trouve un morceau de papier sur lequel est écrit « *Always Look on the Bright Side of Life* » – titre d'une chanson célèbre de *La Vie de Brian*, le film des Monty Python qui enjoint à prendre la vie du bon côté. Et la vie côté Coca-Cola ? demande Norman – le côté ensoleillé par opposition au côté sombre ? Ainsi « The Coke Side of Life » devient le thème de leur campagne – une invitation à dire oui à l'idée d'un bonheur en bouteille.

L'idée de l'usine est une excroissance de ce concept. Au début, l'usine devait être un endroit où quelques clichés du bonheur – des lapins, des clowns – seraient hachés et mis en bouteilles. Ils discutent avec Spike Jonze de l'idée de réaliser le spot en images réelles quand ce dernier leur demande : « Ils vont vraiment vous laisser hacher un clown ? » Peu de temps après, le directeur de la création de Coca-Cola leur apporte la réponse du siège à Atlanta : non, pas question. Pas question d'évoquer les ingrédients. Pas de clowns. Pas de formule secrète. Rien que du bonheur.

L'usine du bonheur prend donc les traits de ce monde de fantaisie animé – « croisement entre *Le Seigneur des anneaux*, *Harry Potter* et *Monstres & Cie* », selon Norman – que nous avons pu découvrir sur nos écrans. Imaginé par Psyop, studio d'animation du Lower East Side de Manhattan, il n'illustre pas seulement le bonheur, mais en propose une exagération merveilleuse et ridicule. Le résultat – diffusé sur les écrans de télévision et de cinéma de plus de 200 pays, devenu un phénomène sur YouTube alors que YouTube est à peine un phénomène lui-même – devient vite l'un des spots publicitaires Coca-Cola les plus appréciés de tous les temps. « Personne ne pouvait le prédire, affirme Sylvain Lierre, un des directeurs du compte client Coca-Cola chez W+K Amsterdam. C'est juste arrivé. »

Les dirigeants de Coca-Cola se demandent ce qu'ils pourraient faire d'autre pour exploiter cette idée. Ils engagent Jeff Gomez, qui dirige Starlight Runner Entertainment, un cabinet de consultants basé à New York. Gomez aide les plus grandes entreprises – Disney, Hasbro, Microsoft – à transformer leurs divertissements en mondes immersifs. Il est tombé amoureux de ces narrations profondes aux multiples couches dès son plus jeune âge. « Les contes de fées, les dinosaures et *Godzilla* me permettaient de m'évader », me dit-il une après-midi que nous nous trouvons dans son bureau, dans un immeuble centenaire d'Union Square. Au milieu des années 1970, à l'âge de 12 ans, il quitte le Lower East Side pour emménager à Honolulu, « 10 000 kilomètres plus près de *Godzilla* », et découvre la stratégie du mix média des éditeurs japonais. « J'ai découvert que dans un Japon post-Seconde Guerre mondiale un manga pouvait rapidement devenir une série télévisée, une collection de jouets et même un long-métrage. J'en avais le souffle coupé. »

Gomez consacre donc sa carrière à aider les entreprises américaines à développer leurs propres franchises de mix médias. Il joue un rôle clé dans l'évolution de *Pirates des Caraïbes* qui n'est, dans les années 1960, qu'une attraction Disney et a été décliné depuis en une série de romans et de jeux vidéo en plus des blockbusters dont Johnny Depp est le héros. Il travaille en tant que consultant sur *Halo* après qu'Universal renonce à en faire un film et que Bungie quitte Microsoft. Plus récemment, en 2010, il est l'une des personnes clés derrière la décision de la Guilde des producteurs de créer une mention au générique pour le producteur transmédia.

Gomez s'intéresse beaucoup aux mythes. « Nous nous voyons comme des régisseurs », dit-il. Dans trop de cas – *Star Wars* étant bien sûr une exception –, les producteurs d'un film, d'une série de télévision ou d'un jeu vidéo n'ancrent pas assez profondément leur histoire et restent incapables d'identifier son message ou le moindre mythe sous-jacent qu'elle pourrait représenter. « Alors le message change et le public est frustré, continue-t-il. C'est notre travail de trouver une réponse à ça. Pour le faire, il faut régler la question de l'identité », le cœur de l'histoire. « Il faut se plonger dans l'histoire et trouver ce qui la rend pertinente et éternelle. Il y a toujours un moment de révélation spécifique à chacune. Le moment où je trouve la vraie connexion émotionnelle. »

Alors qu'ils essaient de percer à jour l'usine du bonheur, Gomez et son équipe interviewent des gens à Amsterdam, à Atlanta, dans le Lower East Side. Après quatre mois, ils présentent un livre de 150 pages généreusement illustrées, un peu comme les « bibles » que les producteurs de télévision créent habituellement pour leur série, mais bien plus approfondi. « Nous développons des mondes entiers, dit-il, en essayant de garder une perspective neutre. Nous ne nous soucions pas de savoir si c'est une série ou un jeu. Nous prenons le concept et le fortifions jusqu'à fournir des dizaines, des centaines d'heures de contenu. Nous devons permettre une interaction avec le public à grande échelle. Vous ne pouvez pas avoir juste cinq personnages. Vous devez construire une communauté et être disponible pour le public. »

Tandis que Gomez assemble la mythologie de l'usine du bonheur, W+K et Psyop travaillent déjà sur *Happiness Factory – Le Film*, un très court-métrage de trois minutes trente montrant ce qui se passe quand l'usine tombe à court de Coca-Cola ; et *Inside the Happiness Factory*, un faux documentaire dans lequel de vrais employés Coca-Cola donnent leurs voix aux personnages. Débarquent ensuite toutes sortes de déclinaisons, du site « Now Hiring », où les consommateurs sont invités à poser leur candidature pour un poste dans l'usine du bonheur, au single « Open Happiness » interprété par le chanteur de hip-hop/R & B Cee Lo, qui entre dans les meilleures ventes en Australie, en Nouvelle-Zélande, aux États-Unis comme dans plusieurs autres pays. (En Chine, il devient numéro un.) « Chaque déclinaison passait par Starlight Runner pour que nous puissions préserver l'intégrité du monde fictif, commente Gomez. Nous servions de bureau central. »

Ils imaginent même un moyen de dépasser le cadre du marketing. Dans un discours donné en 2008 lors d'une conférence sur les médias au pays de Galles, Jonathan Mildenhall, directeur mondial de la publicité pour Coca-Cola, salue l'usine du bonheur comme une nouvelle forme de plate-forme marketing et évoque la possibilité d'en tirer une série de films et de comics. Des plans s'élaborent pour créer des narrations dérivées pendant des années. Aujourd'hui, il semble cependant peu probable qu'elles se matérialisent un jour.

« Il y a eu beaucoup d'exploration, dit Gomez. La contrainte était que tout dérivé devait tourner autour d'une usine qui produit du Coca-Cola. » Une bonne chose en apparence, sauf qu'un dessin animé diffusé à la télévision le samedi matin par exemple pourrait être la cible de critiques concernant les risques pour la santé que la campagne « The Coke Side of Life » cherchait avant tout à faire oublier. « Problème épineux », conclut Gomez.

Pendant ce temps, W+K suit une tout autre piste, qui combine le style narratif de l'usine du bonheur – domaine d'excellence de l'agence – à une approche impliquant directement le public. Il en sort une des campagnes les plus marquantes de l'année 2010 : « L'homme comme lequel votre homme pourrait sentir », pour Old Spice.

Old Spice, marque septuagénaire appartenant depuis 1990 à Procter & Gamble, subit la concurrence d'Axe, le déodorant d'Unilever, un nouveau produit dont le message est, comme l'explique Renny Gleeson, le directeur des stratégies digitales chez W+K : « Utilisez notre produit et vous pourrez pécho » – proposition unique de vente s'il en est. La stratégie Old Spice est un peu plus réaliste : la plupart des acheteurs de produits de toilette pour hommes sont des femmes, et elles veulent que leur homme sente bon – sans pour autant qu'il pille leurs produits de beauté. La publicité est, à sa façon un peu exagérée, comme l'usine du bonheur. On y découvre un Isaiah Mustafa (ancien joueur de la NFL) remarquablement beau et ne portant rien d'autre qu'une serviette dans sa douche. Il se retrouve tout à coup, comme par magie, sur un bateau quand des diamants se mettent à goutter de ses mains – et il termine sur un cheval.

Cette première publicité débarque en février, permettant ainsi à Old Spice d'attirer l'attention sur Internet pendant le Super Bowl sans avoir à débourser les 2,5 millions de dollars qu'il en coûte pour acheter trente secondes de temps de diffusion pendant le match. Au lieu du Super Bowl, le spot connaît ses premières diffusions sur Facebook et devient vite viral sur YouTube. Dès le début du mois d'avril, il a déjà été visionné près de 6 millions de fois et Mustafa n'est plus un inconnu mais une icône de la pop culture, faisant des apparitions sur tous les plateaux de télévision américaine, *Today* sur NBC, *Good Morning America* sur ABC, *The Early Show* sur CBS et *Oprah*.

Comme la célébrité de Mustafa prend de l'ampleur, il devient évident pour l'équipe de W+K qu'il faut que les spectateurs se rapprochent de lui. Ils entament une réflexion : et si les gens lui posaient des questions sur Twitter et qu'il y répondait avec des vidéos sur YouTube – avec une qualité proche des productions télé ? Le résultat est une version réelle de « Poulet servile » – pas des réponses en boîte, mais un vrai dialogue avec les spectateurs.

L'annonce est faite sur Facebook et une alerte est envoyée à une poignée de blogueurs. Le mardi 13 juin au matin, Mustafa rejoint une équipe de l'agence – directeurs artistiques, directeurs de création, geeks de technologie, stratèges des médias – pour deux jours très intenses dans un studio de Portland. Ils ne tardent pas à recevoir les premiers tweets ; vingt ou trente minutes plus tard, des réponses intelligentes apparaissent sur YouTube – 186 en tout, chacune adressée à la personne qui l'a contacté. Kevin Rose, fondateur de Digg. George Stephanopoulos, présentateur de *Good Morning America*. Orli, blogueur en Israël. Demi Moore. PingChat, application de messagerie mobile. Perez Hilton, blogueur spécialisé dans les ragots. « Dès que les gens ont compris qu'il ne s'agissait pas d'un coup ponctuel, que Mustafa leur répondait activement, c'est devenu un jeu, analyse Gleeson. Beaucoup de gens élaboraient leurs tweets dans le but précis de recevoir une réponse. » Obtenir une réponse en vidéo de Mustafa devient un vrai jackpot, une récompense – « et les systèmes de récompense, ajoute Gleeson, sont ce qui motive les êtres humains ».

Dernière chose au sujet de la campagne Old Spice : peu de temps après le lancement du spot sur YouTube, on voit apparaître sur la page des pop-up publicitaires pour Axe qui référencent sournoisement une de ses propres campagnes, censée avoir un rapport avec des ballons de football. « Vos boules sont crasseuses et ça vous gêne ? Laissez Axe vous montrer comment son gel douche et sa brosse nettoient vos boules. »

Le monde est une jungle.

De Burger King à Coca-Cola en passant par Old Spice, la plupart des publicités interactives cherchent à impliquer les gens dans une marque et dans son histoire. Mais, et si vous n'essayiez pas de raconter une histoire, ni même d'enrôler des gens pour raconter cette histoire à votre place ? Et si vous vous préoccupiez directement de la vie ? C'est précisément ce qu'essaie de faire R/GA, une firme de publicité qui glane régulièrement les récompenses d'*Ad Age* et d'*Adweek* pour l'agence digitale de l'année.

« Est-ce que les gens aiment les histoires ? » demande Nick Law, le directeur de la création de la branche nord-américaine de R/GA, quand je le rencontre au siège new-yorkais de la firme. « Bien sûr. Mais si on leur laisse le choix, ils préfèrent sans doute regarder HBO. »

Law, un Australien de 44 ans à la barbe naissante et à la tignasse blonde tirant vers le roux, a le look négligé d'un vieux rockeur. Mais son apparence donne une fausse impression de ses antécédents, qui incluent deux décennies passées dans des agences de pub et de développement d'identité d'entreprises à Londres et New York. Il travaille chez R/GA depuis 2001. À l'origine un atelier de production de vidéos et de design graphique, l'agence est fondée à la fin des années 1970 par deux frères, Richard et Robert Greenberg. D'abord nommée R/Greenberg Associates, l'entreprise se transforme peu à peu en un studio d'effets digitaux travaillant sur des spots télévisés et des longs-métrages. Quand Law débarque, Richard Greenberg est déjà parti et son frère Bob réinvente encore la firme, qui maintenant met en place des publicités interactives.

Ce qui distingue R/GA d'autres ateliers publicitaires, même d'agences innovantes comme Crispin Porter et Wieden + Kennedy, c'est sa volonté de repenser absolument tout. Si le marketing devait être inventé aujourd'hui, quelle forme aurait-il ?

Selon Law, l'industrie publicitaire actuelle tient de William Bernbach et de la révolution créative des sixties. « Bernbach disait qu'il était possible de rendre tout cela divertissant, dit Law. Cette approche s'est montrée particulièrement efficace à la télévision – si vous interrompez le divertissement, mieux vaut être divertissant. Et dans le format de la publicité télévisée vous n'avez jamais à demander : "Pourquoi les gens regarderaient ça ?" Ils regardent parce qu'ils suivent *I Love Lucy*. Mais, quand vous commencez à vous poser cette question, vous comprenez vite que les gens n'ont pas envie de voir un rouleau de papier toilette leur raconter une histoire pendant trente secondes – pas quand ils pourraient être en train de regarder un vrai divertissement, fruit du travail de vrais professionnels. »

Les bureaux de R/GA occupent un immeuble blanc sans fioritures dans les franges crasseuses du quartier des confectionneurs, à quelques pâtés de maisons de Times Square. Retranchée derrière les murs blancs d'un parking où sont garées quelques voitures, la structure a la simplicité dure d'un bâtiment du Bauhaus. À l'intérieur, cloisons et étagères blanches offrent un support à la vaste collection d'art outsider de Greenberg.

« Pour moi, quand vous regardez la publicité aujourd'hui à la télévision, continue Law, c'est une baudruche de divertissement aux dépens de l'information. C'est l'Hollywood du pauvre. » Mais ce que veut le public en réalité, argue-t-il, c'est de l'information : « C'est pour ça que Google a tant d'importance.

« Il n'y a pas qu'une façon d'aborder la publicité, il n'y a pas que le prisme du divertissement. Il y a des tas d'autres choses. Alors ça remet en cause la réponse à la question : "Dans quelle direction devons-nous aller ?" Il y a vingt ans, je me serais demandé comment transformer cette idée en spot de trente secondes. Aujourd'hui, je dois prendre une décision : doit-on encourager la création d'une communauté ? Doit-on offrir de l'information ? Y nicher du divertissement ? Parce que si la publicité est condamnée à n'être plus que du divertissement, on va très vite tous se retrouver à faire des vidéos virales. »

Nike+ illustre à la perfection ce type de démarche, un partenariat avec Apple inspiré par R/GA pour faire du jogging – activité généralement solitaire – une expérience sociale. Quand Law affirme que les gens obtiennent leurs informations de leur communauté et une communauté par leurs informations, il ne nous livre pas un Kōan zen. Il a en tête Nike+.

Lancé à l'été 2006 et mis à jour plusieurs fois depuis, Nike+ n'a rien d'un objet marketing conventionnel. Il nécessite un capteur placé dans votre chaussure, une connexion sans fil pour que ce dernier puisse transmettre ses données vers un iPod ou un iPhone attaché à votre bras, et un logiciel d'interface qui vous permette de déplacer facilement vos informations de votre iPod vers Internet. Le capteur calcule votre vitesse en mesurant le temps où votre pied s'appuie sur le sol et transmet ces données à votre bras. Après votre jogging, vous synchronisez les données sur votre ordinateur grâce à iTunes, qui les envoie automatiquement sur Nikeplus.com. Vous avez alors accès à votre historique de courses, accompagné de graphiques et de buts à atteindre. Vous pouvez enregistrer vos progrès et vous mesurer aux autres. Former un club et défier d'autres personnes du site, où qu'elles se trouvent sur la planète. Nike+ fait du jogging un jeu, jouable seul ou à plusieurs.

Nike possède déjà une des campagnes publicitaires les plus longues et les plus mémorables qui existent: « Just Do It », bâtie autour d'un slogan devenu si étroitement lié à la marque qu'il est superflu de la mentionner. Lancée en 1988 et toujours en cours depuis, la campagne « Just Do It » est sans doute ce qui a permis à Nike de supplanter Reebok, le leader dans les années 1980, augmentant ses ventes mondiales de 900 millions de dollars à 9,2 milliards en dix ans. Aussi efficace soit-il, « Just Do It » n'est cependant qu'un slogan. Nike+ est un outil – une application qui fournit des informations personnelles, spécifiques à l'utilisateur tout en vous introduisant dans une communauté mondiale de joggeurs.

Le slogan « Just Do It » est une collaboration entre Nike, dont le siège se trouve à Beaverton dans l'Oregon, et son agence de pub basée à Portland, Wieden+Kennedy. Nike+ naît d'un processus entièrement différent. Le fruit d'un effort de développement à trois impliquant des ingénieurs de Nike, d'Apple et de R/GA. L'équipe du Techlab de Nike réalise le prototype; le groupe Apple perfectionne le capteur; les designers et programmeurs de R/GA, sous la supervision de Law, développent le logiciel et l'interface qui font fonctionner le tout.

Law dessine un diagramme sur un tableau blanc pour expliquer l'approche de R/GA. Il esquisse un plan en quatre parties divisées en fonction de modes de pensée:

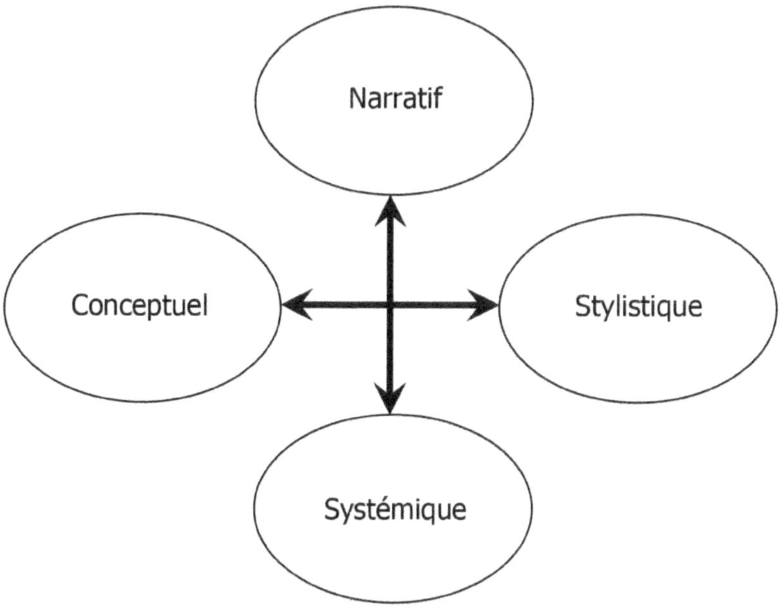

On trouve en haut les conteurs; à gauche les créatifs; à droite les gens qui embellissent tout. Ces trois éléments sont les composants habituels de toute agence de publicité. En bas, il y a les petits nouveaux, les concepteurs système. Ceux-là sont apparus parce qu'il y a soixante ans Norbert Wiener a imaginé la cybernétique en même temps qu'une façon de penser qui mêle une sensibilité d'ingénieur à une vue d'ensemble.

Law pointe le nodule des systèmes. « Dans le vieux monde » – avant Internet – « la moitié basse de ce diagramme n'existait pas. Mais vous ne passez pas de "Just Do It" à un ordinateur sur le bras en un coup de baguette magique. Nike+ est conçu là, en bas » – là où vivent les concepteurs système.

Law décrit Nike+ comme une plate-forme hébergée par un logiciel où se construisent des applications individuelles. Il le définit également comme « une chaîne de médias », exactement comme la télévision et la radio sont des chaînes de médias, ou comme YouTube l'est devenu pour des marques comme Carl's Jr. Mais il note une distinction importante entre Nike+ et les autres : « Il nous appartient. Nous ne l'achetons pas. »

Une autre distinction échappe à Law. Ce média ne semble pas offrir de publicité mais seulement permettre un mouvement populaire. En 2007, Nike+ remporte le prix international du projet le plus brillant de l'année décerné par l'Advertising Club de New York. Pourtant, *Wired* y consacre un article de 4200 mots sans mentionner une seule fois le rôle de R/GA et sa fonction marketing. Nike+ brouille les pistes, si bien que son véritable but passe inaperçu.

En août 2008 et ensuite en octobre 2009, Nike démontre le pouvoir du concept. L'entreprise organise une course de 10 kilomètres dans une vingtaine de villes du monde entier, le même jour. L'événement, « The Human Race », transforme Nike+ en panneau publicitaire international. 780000 participants la première année, 1 million la deuxième – 12000 à Séoul ; 9900 à Guangzhou ; 7900 à Singapour ; 9400 à Tel Aviv ; 5100 à Berlin ; 1400 à Londres ; 4400 à Rio de Janeiro ; 11000 à Buenos Aires ; 3500 à New York ; 14000 à Mexico City. C'est un tourbillon de pieds humains, une poussée d'endorphine qui ricoche à travers toute la planète, qui traverse océans et continents en suivant la course du soleil. Les villes se défient entre elles, les pays entre eux, et à la fin de la journée les participants postent leurs photos sur le site et reçoivent un livre commémoratif personnalisé. Un magazine à Singapour titre : « Le jour où Nike a uni le monde ».

Bob Greenberg écrit dans un article pour *Adweek* que Nike est passé d'« un storytelling ultra-efficace à un monde digital de connexions entre consommateurs ». Mais ça ne veut pas dire que l'entreprise a laissé tomber les histoires. « On pourrait dire que Nike+ est un récit sur le jogging, raconté grâce à des données, dit Law. C'est une matrice. C'est votre histoire, celle de la marque. Les gens sautent de l'une à l'autre et la porte d'entrée, c'est vos propres données. » Quand il parle comme cela, on croirait entendre Will Wright évoquant *Les Sims* : comme ce jeu, la course donne lieu à des histoires grâce à Nike+. « En tant que marque, dit Law, est-ce que vous avez envie de créer un environnement de jeu ? Est-ce que vous pensez pouvoir rivaliser avec Nintendo ? Parfois, c'est possible – particulièrement quand votre marque est compatible avec des données. » Les marques deviennent des jeux et les jeux des histoires. « C'est le secret de Nike+. »

11
Le bandit manchot

L'hôpital Hammersmith ne paie pas de mine. C'est pourtant l'un des plus importants centres de recherche médicale du Royaume-Uni. Situé non à Hammersmith même mais dans un district composite de l'Ouest londonien appelé Wormwood Scrubs («buisson infesté de serpents» en vieil anglais), il occupe un complexe labyrinthique d'immeubles à l'allure impitoyablement institutionnelle tout près des murs de briques rouges de la vieille prison de Wormwood Scrubs, le dépôt de Sa Majesté pour les criminels fous. Au cœur du terrain occupé par l'hôpital, se trouve un bloc de béton d'architecture brutaliste qui héberge un service d'imagerie clinique à la renommée mondiale. À l'étage, dans les bureaux, le bourdonnement stérile des équipements est ponctué à intervalles irréguliers par les cris et les hurlements de la prison, connue depuis longtemps pour ses alternances entre accès de brutalité et émeutes.

Pendant plusieurs mois en 1997, l'unité cyclotron a fait office d'hôte pour ce qui est peut-être le tournoi de *Battlezone* le plus improbable de tous les temps. Difficile d'imaginer un théâtre moins approprié pour jouer à un vieux jeu d'arcade Atari. Mais si vous étiez un scientifique cherchant à réaliser la première étude du cerveau de gamers en action, cela ne vous paraîtrait pas si absurde.

L'environnement n'a rien d'amusant. Allongés sur le dos, les sujets de ce test reçoivent une injection intraveineuse de carbone 11, un isotope radioactif. Tandis que le liquide glacé se répand dans leurs veines, une seconde intraveineuse fixée à l'autre bras extrait leur sang pour mesurer la concentration de l'isotope. Les sujets sont ensuite placés tête la première dans le scanner, où on leur demande de jouer à *Battlezone* sur un écran au-dessus d'eux, une main sur le joystick. Leur mission : manœuvrer un tank à travers un champ de bataille, récupérer des drapeaux et exploser les blindés ennemis en évitant de subir le même sort. Une fois les drapeaux récupérés, les joueurs passent au niveau suivant où ils doivent en ramasser encore plus. À chaque niveau achevé, ils gagnent 7 livres sterling.

Le scanner utilise la tomographie par émission de positons pour détecter la présence d'agent contenant du carbone 11 dans deux parties différentes du cerveau des joueurs : le cervelet, qui joue un rôle essentiel dans le contrôle moteur, et le striatum ventral. Le cervelet est juste mesuré pour des raisons de contrôle ; l'objet d'étude de ces PET (Positon Emission Tomography) scans est donc bien ce striatum, une structure en forme de U située dans les profondeurs du cerveau. Il y a des milliards de cellules dans le cerveau, mais le striatum est chargé d'un type particulier de neurones qui jouent le rôle de récepteurs dopaminergiques, la dopamine étant un puissant transmetteur qui régule notre capacité à anticiper et notre système de récompense.

Radiographier les mécanismes d'un cerveau actif demande un engagement de ressources extraordinaire. Cette expérience en particulier est restée à l'état de projet pendant trois ans. Les personnes qui l'ont élaborée sont affiliées à l'Imperial College de Londres, une université scientifique de pointe, et c'est le Medical Research Council, une agence gouvernementale, qui fournit les fonds. Neuf scientifiques au total y participent : un psychologue, deux mathématiciens, deux chercheurs en neurologie et plusieurs psychiatres. Les huit cobayes, tous des hommes, parce qu'il n'est pas permis d'injecter des substances radioactives à une femme en âge d'avoir des enfants, sont pour la plupart étudiants ou postdoctorants à l'hôpital.

Leur enquête n'a pas pour objet d'étudier les jeux vidéo, mais de développer des techniques d'imagerie qui permettront aux chercheurs de mesurer la libération d'éléments neurochimiques – une prouesse réalisable de manière invasive sur des rats de laboratoire et des singes, mais pas, sauf en de très rares circonstances, sur les humains. La dopamine est l'élément neurochimique le plus susceptible d'apporter des résultats avec cette technique.

En ciblant les récepteurs dopaminergiques du striatum, les scientifiques se concentrent sur un élément clé du système de récompense – structure qui fait office de soutien neuronal à toutes les envies impérieuses de l'homme, que ce soit pour la drogue, l'alcool ou les frites. Les amphétamines et la cocaïne produisent une augmentation notable du taux de dopamine, mais rien n'indique qu'il est possible d'en stimuler la production grâce à des tâches cognitives. Reste que des études sur les animaux démontrent que la dopamine est impliquée dans les comportements dirigés vers un but, et les jeux comme *Battlezone* sont totalement dirigés vers un but – il n'y est question que d'exploser des trucs et d'engranger des points. Le jeu fait l'objet d'un débat passionné au sein de l'équipe de recherche ; après tout, les jeux vidéo n'ont jamais auparavant été considérés comme dignes d'une étude. Mais *Battlezone* obtient finalement le feu vert.

Le carbone 11 a une demi-vie limitée à vingt minutes, il doit donc être généré dans l'accélérateur nucléaire souterrain du service pendant que les sujets se préparent. Dès l'injection, l'expérience débute. Tandis que les cobayes jouent, les trois chercheurs principaux – Matthias Koepp, Andrew Lawrence et Roger Gunn, tous postdoctorants, tous la vingtaine – s'installent dans une salle de contrôle toute proche et observent les progrès sur un moniteur vidéo en mastiquant saucisses et choucroute.

Koepp fournit la pitance. Récemment diplômé de l'université libre de Berlin, il est docteur en médecine et son système de récompense privilégie le ski aux jeux vidéo. C'est Lawrence le gamer du groupe, un psychologue formé à Cambridge. Un grand fan de jeux d'arcade comme *Battlezone* et *Pac-Man* depuis l'adolescence. Gunn, jeune mathématicien d'excellence, effectue le gros du travail mathématique qui leur permet de convertir les données pures en résultats signifiants.

Pendant un PET scan, les positons – des particules radioactives chargées positivement présentes dans le carbone 11 – suivent le flux sanguin vers le cerveau. Pendant que les positons se désagrègent, le tomographe mesure à quelle densité ces particules se lient aux capteurs neuronaux dans le striatum. Ces capteurs ne peuvent pas se lier au carbone 11 s'ils sont connectés à de la dopamine. Les chercheurs savent donc où se trouve la dopamine en voyant où elle n'est pas. L'expérience leur permet ensuite de déterminer le taux de dopamine libérée. Elle n'offre un aperçu de ce qu'il se passe dans le cerveau d'un humain en train de jouer à des jeux vidéo qu'en supplément.

Le cerveau est la boîte à mystères par excellence. Ce n'est qu'au IIe siècle avant J.-C., quand le médecin grec Galien observe que les gladiateurs romains – footballeurs de l'époque – perdent leur acuité mentale après avoir souffert de traumatismes au cerveau, qu'on identifie son rôle comme siège des pensées et de la conscience. Des siècles plus tard, dans les années 1890, des chercheurs armés de colorants et de microscopes puissants comprennent qu'il est composé de cellules – baptisées « neurones » – qui traitent l'information au moyen de stimuli électrochimiques.

En 1953, des chercheurs obtiennent le premier vrai aperçu du fonctionnement de la mémoire quand Henry Molaison, jeune homme du Connecticut – entré dans l'histoire comme le patient HM –, se fait retirer une partie du cerveau lors d'une procédure chirurgicale expérimentale. Parce que l'opération le laisse incapable de former de nouveaux souvenirs à long terme, les neurologues peuvent aboutir à leurs premières vraies conclusions sur le fonctionnement de la mémoire. (Le patient HM inspire également à Christopher Nolan son thriller délicieusement non linéaire *Memento*.) Les années 1980 et 1990 voient le développement de techniques de neuro-imagerie, PET scans et IRM fonctionnelles, qui permettent aux scientifiques d'observer un cerveau actif et d'en déduire ses mécanismes. Lentement, à tâtons, la boîte noire du cerveau nous révèle ses secrets, tout comme nous inventons une nouvelle grammaire pour la narration. Et contrairement à la boîte surprise que le petit J. J. Abrams avait achetée 15 dollars, celle-ci vaut clairement la peine d'être ouverte.

Le travail préparatoire à l'étude Hammersmith est accompli dans les années 1970 et 1980 par Wolfram Schultz, un neurologue dont les expériences sur les singes ont fourni les premières explications du fonctionnement du système de récompense. Travaillant dans son laboratoire de l'université de Fribourg, une cité médiévale à l'ombre des Alpes suisses, Schultz pressait quelques gouttes de jus de pomme dans la bouche des singes tout en sondant leur cerveau à l'aide d'électrodes ultrafines. Il découvre que la récompense, le jus de pomme, provoque une libération de dopamine. Mais la configuration de cette libération est plus complexe que prévu. Si le jus est distribué après une sonnerie, les singes ont une poussée de dopamine non quand ils goûtent le jus, mais plus tôt, au retentissement de la sonnerie. Si une ampoule s'allume avant la sonnerie, les singes réagissent à la lumière. Les singes, grâce à la dopamine, apprennent à anticiper la récompense.

La découverte de Schultz est surprenante. Après ses expériences, la dopamine est considérée comme un transmetteur de plaisir. C'est l'« hypothèse hedonia », une théorie développée dans les années 1970 par Roy Wise, alors professeur de psychologie à l'université Concordia de Montréal. (Wise dirige aujourd'hui l'unité de neurosciences comportementales de l'Institut national sur l'usage de stupéfiants aux États-Unis.) Mais les singes de Schultz ne réagissent pas vraiment au jus de pomme; ils répondent au signal qui l'annonce. Qui plus est, ils ne réagissent plus du tout une fois qu'ils comprennent qu'ils recevront ce jus à intervalles réguliers. Comme l'écrit plus tard Schultz: « Les neurones dopaminergiques réagissent aux récompenses primaires seulement quand elles sont imprévues... Une récompense attendue ne provoque aucune réaction de leur part. »

L'implication est évidente: la dopamine a moins à voir avec le plaisir en lui-même qu'avec la motivation à chercher ce plaisir.

Après l'expérience des singes de Schultz, les chercheurs s'intéressant au système de récompense se penchent surtout sur les maladies et l'addiction. Les drogues comme la cocaïne et les amphétamines, découvrent-ils, produisent une récompense extraordinaire en relâchant un déluge de dopamine dans le striatum et d'autres parties clés du cerveau. Mais la dopamine en elle-même ne provoque aucune sensation de plaisir. Comme Schultz le démontre, elle régule notre attente du plaisir. Une fois que la récompense attendue devient commune, les récepteurs dopaminergiques ne s'activent plus. Cela n'arrive pas, toutefois, dans le cadre des comportements addictifs. Selon l'opinion prévalant à l'heure actuelle, les drogues provoquent une dépendance parce qu'elles modifient la structure du cerveau, rendant les neurones dopaminergiques hypersensibles aux drogues d'une façon qui induit un besoin impérieux.

Pendant ce temps, tout au long des années 1980 et 1990, d'autres disciplines étudient les gamers. Les chercheurs en sciences cognitives démontrent qu'ils ont une meilleure vision périphérique, une plus forte coordination œil-main, des repères spatiaux accrus et un temps de réaction réduit par rapport aux non-gamers. Les chercheurs en informatique commencent à se demander comment les jeux vidéo poussent une personne à rester collée devant un écran pendant des heures. Mais, jusqu'à l'étude Hammersmith, les chercheurs s'intéressent peu à la façon dont les jeux vidéo influent sur le cerveau au niveau neurochimique.

Tandis que les cobayes attrapent des drapeaux et explosent des tanks virtuels, est-ce qu'une poussée soudaine de dopamine n'empêcherait pas les isotopes de carbone de se lier aux capteurs du striatum ? La réponse est un oui spectaculaire. « Nous étions stupéfaits, affirme Andrew Lawrence, aujourd'hui chercheur en neurosciences cognitives à l'université de Cardiff, au pays de Galles. Les gens nous assuraient que c'était impossible » – qu'aucune libération de dopamine ne serait assez importante pour être mesurable. Au lieu de quoi, les scans révèlent une augmentation massive, autant que si les cobayes s'injectaient des amphétamines ou de la Ritaline dans les veines. Plus ils progressent dans le jeu, plus leur cerveau s'affole.

Les jeux vidéo n'étaient qu'un simple accessoire dans le déroulement de cette expérience, mais Lawrence et ses collègues étaient bien conscients que leurs résultats allaient provoquer une controverse. En établissant un lien entre jeu vidéo et système de récompense, leur étude suggère une corrélation entre jeu et addiction. « Des entreprises ont menacé de nous coller un procès parce qu'on affirmait que leurs jeux causaient une dépendance », se rappelle Lawrence. En fait, leurs affirmations étaient bien plus précises. « Les drogues addictives détournent le système de récompense naturel, continue-t-il, et ce que nous avons montré, c'est que les jeux vidéo le font aussi. » Mais, par la même occasion, l'expérience relie ces jeux à un autre comportement – un comportement en apparence bien différent, et cependant tout autant connecté au rôle de la dopamine dans les circuits de récompense du cerveau : l'apprentissage.

« Apprentissage et addiction sont étroitement liés, affirme Kent Berridge, éminent neurologue de l'université du Michigan. Si étroitement qu'ils fusionnent presque. » Berridge, qui dirige le laboratoire en neurosciences affectives et biopsychologie du Michigan, est un des chefs de file du secteur bourgeonnant qu'est l'étude de la dopamine. Il se pose de grandes questions : Quelles sont les causes de la dépendance ? D'où vient le plaisir ? Comment le cerveau décide-t-il de ce qui est agréable et de ce qui ne l'est pas ? Apprentissage et dépendance sont ses principaux sujets d'étude.

La dopamine est clairement l'instrument des deux. Le système de récompense ne réagit pas seulement aux nouvelles sensations, il apprend également de la répétition des sensations. Les singes de Schultz ont appris à s'attendre au jus de pomme après une sonnerie. Dans une série d'expériences impliquant des humains, les cobayes ont appris à tirer leurs cartes d'un jeu et pas d'un autre après quelques mauvaises surprises. Remarquons cependant que l'apprentissage se produit bien avant qu'ils puissent expliquer leur choix, bien avant qu'ils sachent comment ils en arrivent à cette conclusion.

Une expérience est décrite par Jonah Lehrer dans son livre *Faire le bon choix* et par Malcolm Gladwell dans *Blink*. Proposez quatre jeux de cartes à un groupe test, deux de ces jeux offrent peu de risques mais peu de récompenses, et deux autres sont risqués avec de fortes récompenses, et voyez lesquels les sujets finissent par favoriser. Les résultats sont frappants – non pas parce que les gens choisissent les jeux à risques, mais à cause de la vitesse à laquelle ils apprennent à ne pas le faire.

Conçue par une équipe de neurochercheurs de l'université de l'Iowa, cette expérience devait nous expliquer comment les humains apprennent de leurs erreurs. Les joueurs reçoivent 2 000 dollars en monnaie imaginaire et les quatre jeux de cartes. Sans qu'ils le sachent, deux des jeux rapportent 50 dollars tandis que les deux autres en rapportent 100 – mais mélangées au hasard avec les cartes de paiement se trouvent des cartes de pénalités, qui sont insignifiantes dans les deux premiers jeux, mais peuvent vous coûter jusqu'à 1 250 dollars dans ceux où les récompenses sont les plus fortes. Le tirage se termine au bout de 100 cartes. Dans ce laps de temps, quiconque s'entête à utiliser les jeux les plus risqués est condamné à perdre beaucoup d'argent.

En plus des deux sortes de jeux, il y a deux sortes de cobayes : les « normaux », issus de la population générale ; et les « patients », au cortex préfrontal endommagé, incapables de ressentir des émotions. Les sujets des deux groupes ont un doigt connecté à un appareil qui mesure leur réponse électrodermale – la transpiration, un signe de nervosité.

Au début, aucun des sujets de l'étude ne montre de préférence. Mais les dix normaux montrent vite une aversion pour les jeux piégés. Ils ne peuvent l'exprimer véritablement, mais leur réponse électrodermale parle pour eux. Dès leur 10e carte, leurs doigts transpirent chaque fois qu'ils imaginent tirer une carte du jeu piégé. Dix cartes après ça, la transpiration continue mais ils ne savent toujours pas expliquer ce qu'il se passe. Ce n'est qu'après avoir tiré leur 50e carte que la plupart d'entre eux parlent d'une « intuition » que quelque chose cloche avec deux des jeux, mais ils ne savent toujours pas l'expliquer. Arrivés à la 80e carte, beaucoup des normaux peuvent articuler ce qu'il se passe. Mais même les trois qui n'arrivent pas à l'exprimer continuent à tirer leurs cartes des jeux les moins risqués. Inconsciemment, leur cerveau a déjà compris qu'ils sont piégés.

Les patients rencontrent beaucoup plus de difficultés. Aucun d'entre eux n'a de réponse électrodermale quand ils imaginent tirer ou tirent leurs cartes des mauvais jeux. Trois d'entre eux finissent par comprendre ce qui cloche, mais ne changent pas leur stratégie. Contrairement aux normaux, ils n'apprennent pas, en tout cas pas comme ils devraient.

L'étude suggère qu'il existe deux manières distinctes d'acquérir du savoir – une manière consciente et délibérée, l'autre non. La cognition est la forme consciente. Elle est liée à la mémoire épisodique, qui est le souvenir de ce qui se passe dans votre vie (qu'est-ce que j'ai fait hier soir ?), ainsi qu'à la mémoire sémantique, qui s'occupe des faits et des chiffres (quelle est la capitale de la France ?). Les mémoires épisodiques et sémantiques se formeraient, d'après les scientifiques, grâce à une interaction entre l'hippocampe, à la base du cerveau, et le cortex préfrontal. Le type d'apprentissage que révèle cette expérience, au contraire, est lié à la mémoire procédurale (comment faire du vélo, comment jouer du piano). C'est apprendre grâce à la répétition, en utilisant le système de récompense comme médiateur.

« Le système dopaminergique opère sous le cortex, affirme Berridge. Il est activé par des apprentissages pavloviens simples, pas vraiment par la compréhension cognitive. » C'est un système de reconnaissance de motif extrêmement sophistiqué qui fonctionne en dessous du niveau de la pensée consciente. Nous sommes capables d'agir à partir de lui, mais si nous avons la moindre connaissance des motifs qu'il reconnaît, ce n'est que sous la forme d'un sentiment, d'une intuition, quelque chose d'inexplicable. L'apprentissage dans ce cas est une réaction émotionnelle – une réaction qui n'a rien à voir avec la logique, la raison ou une pensée linéaire. Et c'est ce qui le rend si puissant.

Un des piliers de la scène rock indépendante de Brooklyn est le Bell House, un club situé à Gowanus. Un phare de la nuit situé dans une zone déserte, cerné par les briques rouges de vieux entrepôts cléments qui l'abritent des effluves fétides d'un canal souillé par les métaux lourds et les vidanges d'égouts. En général, le Bell House accueille des groupes de Brooklyn comme The National ou Elvis Perkins in Dearland, parfois aussi quelques importations britanniques comme Beth Orton. Mais tous les mardis soir, en ce mois de mars 2010, la tête d'affiche est un artiste d'un tout autre genre : Joseph LeDoux, directeur du Centre pour les sciences neurales (*alias*

LeDoux Lab) de l'université de New York. Il vient là pour parler des peurs.

LeDoux déplace les foules. Arrivé dans le quartier, je tombe, à un pâté de maisons du Bell House, sur une bande de gamins qui reprennent la direction du métro la mine défaite et qui avertissent les retardataires qu'ils seront refoulés à la porte. À l'intérieur, juste après le bar qui domine la première pièce, les portes qui ouvrent sur la salle et la scène restent scellées. Une histoire de sécurité incendie. Trop de monde déjà. Me faufilant par une porte réservée au personnel (il fait parfois bon être journaliste), je retrouve 450 personnes agglutinées épaule contre épaule, sirotant leurs bières et prêtes à en apprendre plus sur leurs amygdales. « C'est juste un événement de geek, m'explique un type à côté de moi, un jeune gars qui bosse dans la maintenance informatique, accompagné de sa petite amie. Et ça me plaît. »

Sexagénaire, LeDoux a bien trois décennies de plus que la plupart des membres du public, avec son jean réglementaire et sa chemise écossaise dépenaillée, il ne jure pas. Après la conférence il jouera avec son groupe de « heavy mental », les Amygdaloids. Mais pour le moment il parle de route basse et de route haute – les différents chemins pour le traitement de l'information dans le cerveau.

Admettons que vous soyez en train de marcher dans la forêt et que vous aperceviez par terre quelque chose de long et de mince. Bâton ou serpent ? L'information que vous avez reçue voyage de l'œil au cortex cérébral, où elle est analysée et identifiée. C'est la route haute. Mais, dans le même temps, en quelques millièmes de seconde, la même information s'est projetée vers l'amygdale, une zone en forme d'amande près de la base du cerveau qui, comme le striatum tout proche, est déterminante dans les réactions acquises comme la peur. C'est la route basse. C'est ce qui vous fait sursauter quand vous pensez voir un serpent, peu importe l'identité que lui ait attribuée votre cortex. Comme le remarque LeDoux, « mieux vaut traiter un bâton comme un serpent que l'inverse ».

Applaudissements et vivats dans la foule. Des gens frappent aux portes pour entrer. Les vigiles utilisent le poids de leurs corps pour s'assurer qu'elles restent bien fermées. À en juger par les réactions, LeDoux semble capable de déclencher des réactions aussi primaires que la peur.

L'amygdale, son sujet d'étude, a une fonction assez similaire au système de récompense activé par la dopamine, qui inclut le striatum et le cortex cingulaire antérieur, une zone voisine qui détermine notre capacité à concentrer notre attention. Ensemble, ces parties du cerveau constituent la clé de ce qui fait beaucoup la motivation humaine et animale.

« Si tu mesures sa dopamine pendant qu'un animal est en chasse, le taux est très élevé, me dit LeDoux plus tard, autour d'un déjeuner dans un café du Lower Manhattan. Mais, quand il trouve quelque chose et le consomme, la dopamine n'est pas détectable. Tout est dans la recherche, pas dans le fait d'atteindre son but. » Si l'anticipation est si souvent plus douce que le succès, la dopamine semble en être l'explication.

C'est clairement le dessein de la nature. Si le système dopaminergique doit nous motiver, il doit nous obliger à rester concentrés sur tout ce qui produira la récompense. La promesse d'une récompense est ce qui nous pousse à continuer. Mais les récompenses prennent des formes très variées. Elles peuvent arriver de manière prévisible, auquel cas elles perdent vite tout intérêt, ou par hasard. Elles peuvent également arriver d'une façon qui n'est ni complètement prévisible ni totalement due au hasard, mais quelque part au milieu. En tant que source de motivation, il se trouve que cette possibilité est la plus puissante – si puissante qu'elle peut devenir plus importante que la récompense. Cette information se révèle cruciale dans la compréhension des implications de l'étude Hammersmith.

Il y a quelques années, un neurologue britannique a fait passer un test à quelques écoliers. Il s'appelle Paul Howard-Jones et enseigne à l'université de Bristol dans le sud-ouest de l'Angleterre. Les 50 écoliers, tous âgés de 11 ans environ, étaient des élèves d'une école primaire de Limassol, cité médiévale sur la côte sud de Chypre. Ils ont dû répondre à un quiz d'arithmétique basé sur l'informatique, mais au lieu d'un système de notation standard, on les a informés qu'ils seraient notés soit par M. Certain, soit par M. Incertain. S'ils choisissaient le premier, ils ne recevraient jamais de point pour une réponse incorrecte, mais seraient assurés d'en obtenir un pour une correcte. En revanche, s'ils optaient pour M. Incertain, une erreur ne leur vaudrait toujours pas de point, mais une réponse juste pourrait leur en valoir deux ou peut-être zéro. Le but était simplement d'observer quelle option privilégieraient les enfants.

Le quiz se composait de 30 questions. Parmi les 50 garçons et filles qui y prenaient part, 30 ont opté pour M. Incertain plus souvent que l'autre, cette tendance étant encore plus forte chez les garçons que chez les filles. À mesure que se déroulait le quiz, la préférence des écoliers pour M. Incertain s'intensifie. Dans un entretien qui suit, l'un d'entre eux explique pourquoi :

Chercheur : Y a-t-il eu des moments où tu t'es senti frustré ?

Participant : Oui.

Chercheur : Quand ?

Participant : Quand M. Incertain ne me donnait pas de point. Je savais que j'avais la bonne réponse, mais il ne me donnait rien.

Chercheur : Est-ce que tu as eu envie d'arrêter de jouer ?

Participant : Non... Non... J'ai eu envie de réessayer avec M. Incertain.

« La sagesse usuelle, qui a cours dans les salles de classe, est que les récompenses doivent être cohérentes, me dit Howard-Jones. Mais ici la récompense est plus efficace si elle n'a rien de sûr. »

L'expérience se construit sur un nombre d'études reliant la libération de dopamine à un comportement de recherche de récompense. Il y a d'abord l'étude Hammersmith. « C'est ce qui a lancé le mouvement pour moi, dit-il, installé à son bureau dans un immeuble géorgien sur Berkeley Square à Bristol. C'est un article très important, parce qu'il introduit les jeux vidéo dans le cadre de compréhension des neurologues. Il les place dans la même catégorie que beaucoup d'autres comportements qui entraînent une dépendance. Il y a eu beaucoup d'études sur l'addiction montrant comment fonctionnent des drogues comme la cocaïne et soudain les jeux vidéo entrent dans ce même cadre. Il est donc clairement possible de réfléchir à un fort mécanisme de motivation qui amènerait les enfants à rester collés à l'écran. »

Peu de temps après la publication de cet article, une équipe de l'University College de Londres a mené une étude de pari où les participants recevaient 1 livre à chaque bonne réponse et en perdaient 1 dans le cas contraire. Cela, aussi, causait une hausse de leur niveau de dopamine. Wolfram Schultz fait partie de l'équipe de l'université de Fribourg qui a découvert que la libération de dopamine chez les singes est plus importante quand la possibilité de recevoir une récompense est de 50-50. Des scientifiques de l'université Concordia ont formulé l'hypothèse que la dopamine sert à augmenter la concentration du cerveau en réponse à l'incertitude, peut-être dans une tentative d'apprendre comment prédire la récompense.

« La dopamine oriente automatiquement notre attention, affirme Howard-Jones. C'est un mécanisme que nous partageons avec d'autres animaux. Cela fait partie du système d'apprentissage animal. Et il réagit différemment selon ce que vous attendez du résultat. Si vous recevez un signal et que vous savez que la récompense arrive, vous obtenez une poussée de dopamine. Si vous n'avez aucune attente, vous recevez une poussée de dopamine quand même. Mais la plus grosse dose arrive quand c'est à 50-50. »

En d'autres termes, rien ne fonctionne mieux qu'une récompense imprévisible. Le système dopaminergique nous rend vulnérables à tout ce qui programme les récompenses de cette façon. Nous sommes totalement concentrés quand nous gagnons le jackpot, et nous ne désirons qu'une chose, gagner à nouveau. Les opérateurs de machines à sous et les psychologues comportementalistes savent tout ça depuis des années ; c'est le concept même des bandits manchots (appelés ainsi parce qu'ils avaient autrefois un levier sur le côté). C'est la même idée qui rend les loteries nationales si tentantes. « Nous y sommes incroyablement susceptibles, dit Howard-Jones. C'est une chose très puissante. »

L'explication de base pour comprendre pourquoi les récompenses imprévisibles nous attirent bien plus intensément que les autres est donnée par Jaak Panksepp, un neurologue d'origine estonienne de l'université de l'État de Washington. Panksepp identifie notre fixation sur les résultats du hasard comme un élément fondamental à la survie animale : le besoin d'explorer – ou plutôt de « rechercher ». Comme il le décrit : « Ce système émotionnel [...] rend les animaux obsédés par l'exploration de leur monde et entraîne une forte excitation quand ils sont sur le point d'obtenir ce qu'ils désirent. Cela leur permet finalement d'attendre impatiemment les choses dont ils ont besoin pour leur survie comme, bien sûr, la nourriture, l'eau, la chaleur, et leur besoin de survie évolutionnaire par excellence, le sexe. Cela leur permet aussi, par conséquent, de trouver toutes ces choses. En d'autres termes, quand il est pleinement stimulé, le système aide à susciter l'intérêt et motive les organismes au mouvement [...] pour trouver les choses dont ils ont besoin, dont ils ont envie. »

Les mécanismes de jeux conventionnels – avec leurs systèmes de points, leurs classements, leurs niveaux à passer – peuvent apporter la récompense, l'appât que nous pensons désirer. « Mais je ne crois pas que ce soit ce qui provoque la libération de dopamine, dit Howard-Jones. C'est bien plus une question d'incertitude. Le système d'apprentissage animal montre une attirance pour les gains potentiellement importants, et c'est très lié à l'exploration. Quand vous cherchez de la nourriture, vous avez besoin de rester concentré. Nous commençons à apprendre des choses sur le gaming, mais ce sur quoi nous apprenons vraiment, c'est ce besoin d'explorer. »

L'exploration électronique est loin de se limiter aux machines à sous et aux jeux vidéo. Google est un système de recherche d'informations parfaitement conçu. L'article du PARC (Palo Alto Research Center) qui décrit Lostpédia comme un outil d'exploration sociale est tout à fait juste. Ce ne sont pas uniquement les utilisateurs qui recherchent des informations ; les gens qui aident à la réalisation de Lostpédia explorent également. Lostpédia, Wookieepedia, Wikipédia – tous sont en fait des jeux dans lesquels les participants sont en quête d'influence, d'approbation et de statut. C'est la même chose pour les médias sociaux – YouTube, Flickr, Facebook. Tout ce qui nous pousse à participer et nous promet une quelconque forme de récompense peut devenir un jeu – y compris, à mesure que les médias participatifs prolifèrent, la narration elle-même.

Dans un débat très remarqué lors du sommet DICE (Design, Innovate, Communicate, Entertain) de 2010, une conférence sur le gaming à Las Vegas, Jesse Schell de l'université de Carnegie Mellon lance une idée à Brian Reynolds, designer en chef chez Zynga : « Brian, si vous ne créez pas une machine à sous dans *FarmVille* avec laquelle, à chaque fois que vous gagnez, vous recevez du cash et, à chaque fois que vous perdez, vous donnez de la monnaie virtuelle, alors vous êtes stupide ! Parce que ça ferait de vous la personne la plus riche au monde ! »

À l'heure où j'écris ces mots, Zynga n'a pas encore installé de machines à sous dans *FarmVille*. Mais d'autres médias participatifs – Twitter, par exemple – ne sont rien d'autre que des machines à sous sociales.

Le mécanisme de jeu basique dans Twitter est le nombre de followers que vous pouvez atteindre. Mais le hasard du flux d'informations Twitter – si vous passez deux minutes à regarder les messages arrivant des gens que vous suivez, qu'allez-vous trouver d'intéressant ? – en fait, de manière inhérente, un pari. Et puis il y a la fonction retweet : si vous voyez une microhistoire sur Twitter qui vous intéresse, vous pouvez l'envoyer à tous vos followers. Twitter devient ainsi un jeu dans lequel vous voyez qui trouve vos microhistoires assez intéressantes pour les faire passer. Il y a aussi la convention « Follow Friday » : chaque vendredi, les gens tweetent le nom d'autres utilisateurs qu'ils trouvent assez intéressants pour suivre leurs actualités. Alors, est-ce que quelqu'un tweetera votre pseudo vendredi prochain ? Et ainsi de suite.

C'est la même chose avec les jeux liés à une histoire comme Dunder Mifflin Infinity : vous pouvez rassembler des symboles de votre position pour votre bureau virtuel, mais est-ce que votre liste de choses à faire et à ne pas faire vous vaudra le grand prix ? Si vous jouiez à *Why So Serious ?*, le jeu en réalité alternée créé pour *The Dark Knight*, arriveriez-vous à la pâtisserie à temps pour récupérer le gâteau de Robin Banks ? Et si vous y arriviez et que vous suiviez les instructions et gardiez votre téléphone allumé et chargé à tout moment, quand sonnerait-il ? Que vous demanderait-on de faire ? Dans des histoires comme celles-là, les surprises et le hasard abondent. Toute narration ludique – c'est-à-dire toute histoire qui vous invite dans son monde – peut en appeler à votre instinct de chasseur. Nous chassons pour de la nourriture, pour des points, pour de l'attention, pour des amis, pour le jackpot, pour une fin heureuse, pour une conclusion, quelle qu'elle soit.

12
Machine à émotion

Nous sommes également à la recherche de connexions émotionnelles – comme celles qu'offrent les histoires. La fiction est une simulation qui nous donne un sentiment d'empathie avec des personnages qui paraissent réels, même quand nous savons qu'ils ne le sont pas. Nous nous soucions de la plume mercantile qu'est Ewan McGregor dans *Ghost Writer*, le film de Roman Polanski, parce que son personnage est si implacablement humain, plein de cran, d'esprit et de vulnérabilité ; des qualités réunies de manière convaincante dans une enveloppe de chair et de sang, même si nous ne la voyons que sur un écran de cinéma. Nous nous soucions du « spécimen mortel » qu'est Oliver Twist parce qu'il est pratiquement impossible de ne rien ressentir pour un personnage si innocent et courageux quand il est battu ou affamé. Films, romans, séries télévisées – peu importe quelle forme prend l'histoire. Mais les jeux sont différents. Jusque-là, ils essayaient de raconter une histoire soit en retirant l'élément de jeu, comme Hideo Kojima avec ses cinématiques, soit en établissant un contexte dans lequel les joueurs généraient leurs propres histoires, comme avec *Les Sims*. Si les jeux veulent un jour être capables de raconter une histoire satisfaisante, ils devront nous provoquer émotionnellement. C'est là qu'entre en scène le chien de Peter Molyneux.

À 51 ans, Molyneux est l'un des concepteurs de jeux vidéo les plus importants d'Europe, un homme qui a plus ou moins inventé le « jeu de simulation divine » avec son titre de 1989,

Populous. (Ces jeux offrent aux joueurs des pouvoirs divins sur leur domaine.) Au fil des années, il a transformé la petite ville entourée de collines où il a grandi – Guildford, à une trentaine de kilomètres au sud de Londres – en un centre de développement de jeux vidéo animés. Fondée à l'époque des Saxons, pillée pendant la conquête normande de 1066, la ville, qui a représenté pendant des siècles une étape pour les pèlerins se rendant à Canterbury, est aujourd'hui une banlieue aisée, fière d'abriter quelques entreprises, de jolis magasins et un château du XIIe siècle. Lionhead Studios, l'entreprise de conception appartenant à Microsoft que dirige Molyneux, est situé dans une zone de bureaux à la périphérie de la ville. Ce n'est donc pas une grande surprise que les trois jeux de la franchise *Fable* se déroulent au pays mythique d'Albion, un lieu qui rappelle l'Angleterre médiévale dans *Fable I* et l'Angleterre du siècle des Lumières dans *Fable II*.

Le chien de Molyneux est virtuel, pas réel. Il apparaît pour la première fois en 2008, au début de *Fable II*, et il reste à vos côtés tout au long de chaque aventure, toujours loyal et dévoué. Comme son prédécesseur, *Fable II* est un jeu de rôle, un héritier de *Donjons & Dragons* qui propose une série de quêtes à remplir tout en vous permettant d'explorer la campagne, de vous enrichir, d'avoir une vie sexuelle, de tuer ou de secourir et d'accomplir de nombreuses fonctions humaines. Mais, vers la fin, après avoir perdu votre chien et votre famille, vous est offert un choix effrayant : vous avez la possibilité de ramener à la vie votre chien et votre famille ou des milliers d'innocents tués pendant le déroulement du jeu. Molyneux a reçu des messages d'insultes de joueurs au supplice. Certains sont même venus protester devant les bureaux de Lionhead.

Molyneux, un gentleman élancé au front dégarni et aux cheveux courts, fait montre de ce mélange de discrétion, de charme et d'esprit si caractéristique des Anglais. Pourtant, il semble aimer tout particulièrement l'idée de mettre les gens dans des situations inconfortables. « C'est un test de personnalité, me dit-il. Cela reflète qui vous êtes vraiment. » Au cinéma, ajoute-t-il, « vous ressentez de l'empathie pour le personnage, mais vous vous sentez rarement coupable. Ce qui est merveilleux avec les jeux vidéo, c'est que vous vous sentez impliqué – vous vous sentez coupable vous-même. » Ce n'est pas aussi vrai avec les joueurs japonais, découvre-t-il : ils n'ont aucun scrupule à jouer les méchants, parce qu'ils sont habitués à l'idée que la fiction soit bien distincte de la réalité. (D'où ces fixations *otaku* comme les Lolicon et les pornos à tentacules.) D'autres, les Américains en particulier, ont une approche plus moraliste.

Molyneux est à la fois admiratif et critique envers Hollywood. Il est clairement impressionné par les capacités de storyteller des cinéastes : « Il leur faut beaucoup de talent – qui sommes-nous pour même oser dire que nous avons ce talent ? Mais le problème avec beaucoup des trucs qui viennent d'Hollywood, c'est que ça m'ennuie tellement ! James Bond, Tom Cruise... La personnalité du héros est coulée dans le béton. Il doit rencontrer une fille, se la taper, et il ne parle jamais sous la torture. La seule surprise, c'est de savoir s'ils sont en haut d'une falaise ou sous l'eau. Mais c'est super, parce qu'on a ce modèle du héros, et qu'on peut maintenant s'amuser avec. Peut-être, je dis bien peut-être, que vous jouerez à *Fable II*, et la prochaine fois que vous irez au cinéma et verrez un de ces héros, vous vous direz : "Tu sais quoi ? Je ne serais jamais capable de faire ça." »

L'ambition de Molyneux va plus loin que de défier le mythe du héros hollywoodien. « Si je peux vous faire vous soucier de quelque chose, alors l'histoire aura beaucoup plus de sens, dit-il. Alors j'enroule l'AI [le logiciel qui permet aux personnages de paraître intelligents] autour d'un chien. Il va vous aimer, c'est un compagnon mignon et marrant, et, selon les tests, les gens ne peuvent pas s'empêcher d'aimer un chien. Voilà ce qu'on peut faire que les livres, la télévision et le cinéma ne peuvent pas. »

Mais si les jeux peuvent permettre un plus grand engagement émotionnel que les livres, la télévision ou les films, ils n'ont pas encore réussi à les dépasser. Molyneux a peut-être réussi à manipuler les émotions des joueurs avec son chien, mais ça n'atténue en rien le caractère rudimentaire des émotions des personnages eux-mêmes.

Rien ne souligne micux ces limites que la « roue d'expression » de *Fable II*, une fonction qui vous permet d'exprimer les sentiments de votre personnage en appuyant sur quelques boutons de votre manette. Avec la roue d'expression, votre personnage peut sourire, rire, péter, flirter, même entraîner quelqu'un vers un lit. Précédemment, la communication avec les autres personnages des jeux se limitait essentiellement à parler et à tirer. Alors, *Fable II* représente une avancée significative : maintenant vous pouvez simplement choisir la réaction appropriée. Mais bien qu'elle soit conçue pour étendre la portée émotionnelle du jeu, la roue d'expression réussit surtout à mettre en lumière à quel point les émotions s'expriment de façon grossière et pathétique dans les jeux vidéo.

Comme tout ce qui dirige un personnage de jeu vidéo, ses émotions sont le produit de l'intelligence artificielle. Molyneux est l'un des premiers à en avoir compris le potentiel quand il dirigeait le développement de *Black & White*, un jeu de simulation divine sorti en 2001. Une de ses caractéristiques les plus intéressantes est la Créature, un animal auquel le joueur apprend à se battre, quoi manger et toutes sortes de choses. « On s'est dit : "Nous avons tout un tas de possibilités avec l'intelligence artificielle – il y a sûrement un moyen de l'utiliser d'une manière plus sophistiquée", se rappelle Molyneux. Nous avons donc développé cette créature avec un esprit qui apprenait en fonction de la façon dont vous la traitiez. »

La Créature dans *Black & White* est programmée pour réagir aux informations qu'elle reçoit : si vous la récompensez pour avoir bien traité vos villageois, elle continuera de le faire. Son apprentissage est cependant limité par la programmation. « La première chose pour laquelle on l'a programmée, c'est de chercher de la nourriture, dit Molyneux. On a eu l'impression d'être Frankenstein. Il était minuit quand nous l'avons lancée et je suis sûr qu'il y a eu quelques éclairs à l'extérieur. Et elle a commencé par attraper sa patte. Son cerveau était programmé pour trouver la chose la plus nutritive à manger, et le plus nutritif était ses propres jambes. »

Ce bug facilement réparable indique un problème bien plus important, pas juste avec *Black & White*, mais avec l'intelligence artificielle en général : tout système qui dépend d'un programmeur pour lui donner des règles de comportement finira par se trouver dans une situation à laquelle le programmeur n'a pas pensé. En ce qui concerne les jeux, et beaucoup d'autres applications, la solution est toujours de limiter strictement le type de situations que le système peut rencontrer et d'en programmer de nouvelles quand elles sont nécessaires. La Créature de *Black & White* n'a pas arrêté de se grignoter parce qu'elle comprenait les dangers de l'automastication – douleur, perte de sang, infection, difficultés pour marcher, désordre digestif, rejet social et ainsi de suite. Elle a été simplement programmée pour ne plus le faire.

Malgré tous ses défauts, *Black & White* est le plus impressionnant d'une nouvelle avalanche de jeux dont les personnages principaux font preuve d'un brin d'intelligence. *Halo, Les Sims, Grand Theft Auto III* : les personnages de jeux ne sont plus des moins-que-rien ; ils montrent désormais une certaine conscience de la situation dans laquelle ils se trouvent et laissent même transparaître quelques émotions basiques (comme la peur). Quand leur chef se fait tirer dessus, ils ne restent plus plantés là. Pour les jeux vidéo, c'est un pas de géant. Ce n'est pourtant pas vraiment impressionnant si l'on compare au cinéma.

Une fois *Black & White* terminé, Molyneux lance un projet de recherche dévoué au développement de ce qu'il appelle « une

AI émotionnelle » : une technologie à l'origine d'un personnage avec une telle résonance émotionnelle que les joueurs réagiraient comme s'il était réel. Il le baptise « Projet Dimitri », le nom de son filleul. Les premiers résultats tangibles apparaissent dans *Fable II*, qui sort sept ans après *Black & White* et deux ans après que Molyneux a vendu Lionhead à Microsoft. C'est à ce moment-là que les joueurs sont confrontés au dilemme du chien loyal et qu'on leur offre la possibilité de péter sur la roue d'expression. Mais Molyneux n'est pas satisfait de cette dernière. « J'étais frustré, dit-il. Il suffisait de presser un bouton – tout paraissait si trivial. Ce n'était pas réaliste. »

Une idée lui vient pendant une réunion de conception : et si les personnages pouvaient se toucher ? « Quand quelqu'un est contrarié, la réaction naturelle est de le prendre dans ses bras. Mais les personnages de jeu sont enfermés dans une bulle hermétique. On les voit rarement toucher quoi que ce soit. Imaginez que je laisse le joueur contrôler le toucher ! Vous pourriez prendre un enfant effrayé par la main pour le rassurer. Ou vous pourriez entraîner quelqu'un vers une destinée fatale. »

Il est trop tard pour développer une fonction toucher dans *Fable II*, alors Molyneux en fait un point central du troisième volet, qui sort en octobre 2010. *Fable III* se déroule plusieurs décennies après ses prédécesseurs, dans une Albion digne de Dickens, qui porte les marques de la révolution industrielle. Cette fois, vous ne vous contentez pas de vous battre contre les méchants, comme dans les jeux précédents ; vous devez renverser le monarque en place et devenir vous-même roi ou reine, avec toutes les possibilités d'exercer le bien et le mal que cela implique.

En utilisant la nouvelle fonction, vous pouvez virtuellement toucher les autres personnages – prendre votre fille dans vos bras, mener un mendiant ou un camarade par la main, embrasser ou enlacer votre épouse, ou peut-être la gouvernante. En allant vers les autres personnages, vous commencez à vous lier avec eux. « Vous faites des choix et ils ont des conséquences, dit Molyneux. Et certains personnages se lient à vous. C'est tout l'intérêt du divertissement. »

Mais la vraie avancée de *Fable III* aurait dû être le système de détection de la Kinect. Pendant près de deux décennies, Microsoft a travaillé sur des technologies qui vous regardaient jouer et réagissaient en conséquence. C'est ce que fait la Kinect, en se servant d'une caméra à détecteur de mouvement, d'un microphone et d'un logiciel très sophistiqué. Elle reconnaît les visages. Elle répond à votre voix. Elle repère les gestes et, si vous le voulez, elle peut les imiter. Au final, elle est censée remplacer la manette de jeu, un appareil hautement spécialisé que les gamers maîtrisent parfaitement, mais qui se révèle être un frein pour certains consommateurs potentiels. Cependant, bien que la Kinect soit compatible avec plusieurs autres jeux que Microsoft sort à la fin de l'année 2010, Molyneux annonce en août que son utilisation dans *Fable III* devra encore être travaillée.

Le premier essai de Lionhead pour la Kinect est *Milo and Kate*, une excroissance du Projet Dimitri. On y retrouve un jeune garçon de 10 ans nommé Milo et son adorable chien Kate. (Pas d'inquiétude, le chien survit cette fois.) Milo peut savoir en fonction de vos expressions faciales si vous êtes heureux ou triste pendant que vous jouez. Si vous lui montrez un mot – c'est-à-dire si vous le tendez devant la caméra de la Kinect –, il peut lire ce qui y est écrit. Il réagit à l'intonation de la voix. Il sait grâce à votre ton si vous êtes en train de plaisanter, même s'il ne comprend pas exactement ce que vous dites.

En fait, Milo ne « comprend » rien ; Molyneux admet sans détour que son apparente intelligence n'est qu'une illusion, un tour de passe-passe informatique. Mais au moins il ne se mastique pas la jambe. « Ces personnages donnent l'impression de vous prêter attention », me dit-il en prenant soin de mettre l'accent sur « impression ». Pour le moment, c'est sans doute suffisant. « Ça nous donne des sueurs froides, poursuit-il.

Nous nous retrouvons hors de notre zone de confort. Aucune règle ne s'y applique. On a l'impression que c'est un espace où personne n'est allé avant. » Jusque-là, l'écran existait pour que le gamer puisse voir ce qui s'y passait. Mais, aujourd'hui, dit Molyneux, « ce n'est plus une fenêtre unidirectionnelle ». Reste une dernière question : Qu'est-ce que le jeu va pouvoir faire de ce qu'il voit ?

Habituellement, les concepteurs de jeux comme Molyneux ne sont pas invités à participer à des expériences de neurosciences, mais c'est un cas spécial. Demis Hassabis, un ancien protégé de Molyneux devenu doctorant en neurosciences à l'University College de Londres, voudrait réaliser des IRM fonctionnelles du cerveau de personnes plongées dans un environnement de réalité virtuelle. Mais il lui faut d'abord l'environnement, il se rend donc chez Lionhead et passe six semaines à modifier avec Molyneux le moteur graphique de *Fable* dans ce but.

Le résultat est plutôt simple pour un jeu vidéo – deux pièces virtuelles, une bleue et une verte, de 15 mètres carrés chacune, avec un petit tapis dans chaque coin et quelques meubles pour que les visiteurs puissent s'orienter. Comme sujets d'étude, Hassabis trouve quatre gamers, des hommes dans la vingtaine. Leur mission consiste à regarder un écran vidéo tandis qu'ils sont dans une chambre IRM et à utiliser une manette à quatre boutons pour se déplacer dans les différents coins des pièces virtuelles. Après coup, Hassabis soumet les scans des cerveaux à un traitement étendu. Il se concentre sur l'hippocampe, partie du cerveau déterminante pour la mémoire et l'orientation spatiale. Pendant l'examen des résultats, une chose remarquable se produit : il peut repérer quelle partie des pièces virtuelles les cobayes sont en train de visiter à partir de l'activité de leur hippocampe. Il ne lit pas dans leurs pensées, mais presque.

Pour Hassabis, toutefois, ce n'est pas vraiment ce qu'il cherche. Cette expérience est une étape vers un but bien plus important : concevoir un modèle du cerveau humain si précis que les concepteurs de jeux pourraient créer des personnages avec des pensées, des souvenirs et des émotions proches des nôtres. Si Milo doit un jour faire le grand saut et passer d'un simple tour de salon à un humain virtuel, ce sera sur la base de ce type de recherches.

Dans les années 1990, encore adolescent, Hassabis travaille pour Molyneux en tant que concepteur chez Bullfrog Productions, un studio plus ancien déjà installé à Guildford. Il entre ensuite à l'université de Cambridge et obtient un diplôme en sciences informatiques. Après l'obtention du diplôme, il devient le programmeur principal de *Black & White* avant de s'en aller créer sa propre compagnie. Quelques années et deux jeux plus tard, il fait le point. Le problème paraît assez simple. « Je sentais que l'intelligence artificielle nous ralentissait », me dit-il.

Nous nous trouvons sur la terrasse d'un café au Brunswick, un centre commercial de Bloomsbury. L'après-midi est ensoleillée ; la terrasse donne sur une rangée de magnifiques hôtels particuliers du XVIIIe siècle, leurs sobres façades de briques s'alignent élégamment le long de la rue. Hassabis – son père vient d'une famille de Chypriotes grecs, sa mère de Singapour – a grandi à quelques kilomètres de là, à Finchley, une agréable banlieue du nord de Londres. À 4 ans, il voit son père et son oncle jouer aux échecs ; il veut jouer aussi. En quelques semaines, il les bat. À 13 ans, il est considéré comme un maître. Il a 16 ans quand il finit le lycée.

« Il est facile de comprendre pourquoi les jeux ont évolué dans la direction des shooters », poursuit Hassabis, entre deux gorgées de cappuccino. Les envahisseurs aliens d'*Halo*, la Locust Horde de *Gears of War* – « Vous n'avez pas à faire la conversation. Vous n'avez pas à montrer la moindre émotion. Il faut seulement leur tirer dessus. » Il ne trouve pas cela très satisfaisant. L'idée d'améliorer le type d'intelligence artificielle « brute » qu'utilisent des jeux comme *Black & White*, afin de créer des personnages qui imitent la compréhension et les émotions humaines parce qu'ils sont programmés à le faire, ne l'intéresse pas vraiment non plus. Il ne veut pas d'une créature à laquelle il faut dire de ne pas manger sa propre jambe.

« L'intelligence artificielle est un secteur qui stagne depuis longtemps, dit-il. En termes d'intelligence humaine, nous n'y sommes pas encore. Alors, je me suis demandé : "Est-ce que je peux y arriver en restant dans le monde des jeux vidéo ?" Et j'ai décidé qu'il fallait que je sache jusqu'où je pouvais aller. »

Alors Hassabis retrouve le chemin de l'école, à l'University College, une institution prestigieuse qui occupe une bonne partie du quartier de Bloomsbury. Son département en neurosciences, leader en Europe, est logé dans une série de jolis immeubles sur Queen Square, un petit parc calme caché derrière des ruelles à quelques pâtés de maisons du British Museum. Après y avoir passé son doctorat, Hassabis y fait son postdoctorat en neurosciences computationnelles – un champ d'étude qui mêle neurosciences, sciences cognitives et informatique. Son but est de créer un modèle digital des fonctions du cerveau humain.

« Je suis fasciné par deux choses, dit-il. Peut-on construire une intelligence artificielle ? Et qu'est-ce qui fait que nous sommes qui nous sommes ? » Il raconte avoir vu un astrophysicien à la télévision affirmer que la question la plus importante est : « Sommes-nous seuls ? » Hmm. « Une question plus intéressante serait : "Qu'est-ce que l'intelligence ?" Parce que c'est l'élément qui fabrique notre réalité. »

Pourtant, il est évident que notre réalité ne sert pas à grand-chose si nous ne pouvons pas nous la rappeler. « Pour moi, poursuit Hassabis, c'est fondamental. Notre identité se forme de la somme de nos souvenirs. Mais qu'est-ce que la mémoire ? Comment se construit-elle ? Pourquoi a-t-elle tant de valeur ? »

Hassabis est loin d'être la seule personne à poser ces questions ; alors, quand il arrive à UCL en 2005, il se met à éplucher les articles de référence sur le sujet. Après quelques semaines, il se demande : « Qu'est-ce qu'ils ont tous manqué ? »

Il y a deux écoles quand il s'agit d'expliquer la mémoire. L'une affirme que c'est comme une bande vidéo que vous rejouez à volonté. L'autre a pris le parti de la reconstruction, qui soutient que les souvenirs sont assemblés sur le tas quand nous essayons de nous les rappeler. Hassabis pense que cette seconde explication a beaucoup plus de sens. Si la mémoire ressemblait à une cassette vidéo, elle serait certainement beaucoup plus fiable.

C'est alors qu'il comprend quelle est la question manquante. Si la théorie de la reconstruction est juste – si notre cerveau rafistole les souvenirs quand nécessaire –, pourquoi les mécanismes du cerveau qui servent à reconstruire un souvenir ne serviraient-ils pas également à en construire de nouveaux ? En d'autres termes, et si mémoire et imagination avaient la même source ?

Pour Hassabis, le lien paraît évident. « C'était stupéfiant pour moi qu'en un siècle de recherche personne n'ait pensé à essayer ça », dit-il. Pour tester son hypothèse, il recrute plusieurs cobayes ayant des problèmes de mémoire et cherche à voir comment ils s'en sortent sur des tâches de visualisation simples – s'imaginer allongé sur une plage de sable fin, par exemple. Il faut qu'il trouve des gens comme le patient HM – des amnésiques dont les dommages au cerveau sont principalement circonscrits à l'hippocampe. Des gens qui ne peuvent plus se rappeler ce qui leur est arrivé une minute plus tôt. Si leurs capacités à imaginer sont aussi diminuées que leurs capacités mémorielles, il aura prouvé son hypothèse.

L'hippocampe joue un rôle dans la mémoire spatiale dont nous avons besoin pour nous repérer tout comme dans la mémoire épisodique – la mémoire de ce qui nous arrive. La conseillère universitaire d'Hassabis, Eleanor Maguire, est connue pour son travail sur la fonction navigationnelle. À la fin des années 1990, Maguire a dirigé une étude majeure sur les chauffeurs de taxi londoniens – qui passent deux années, en moyenne, à acquérir « le savoir » nécessaire pour se repérer dans la vaste métropole. Maguire n'utilise pas des IRM fonctionnelles mais structurelles – des imageries qui observent la structure du cerveau sans permettre d'en déduire ses fonctions. Elle découvre que l'hippocampe postérieur – la zone associée spécifiquement à la mémoire spatiale – est significativement plus gros chez les chauffeurs de taxi que chez les gens ordinaires. Et plus ils sont expérimentés, plus cette partie de l'hippocampe a grossi.

Maguire a de nombreux contacts parmi les neurochirurgiens britanniques. Grâce à elle, Hassabis a pu trouver cinq patients atteints d'encéphalite limbique – une infection du cerveau qui cible l'hippocampe, provoquant l'amnésie. Un de ces sujets était en train de préparer son doctorat quand il est tombé malade ; un autre est un biochimiste industriel ; le troisième, coïncidence, est chauffeur de taxi. Ils ont aujourd'hui besoin d'attention à temps plein pour arriver à boucler leurs journées. Hassabis réunit parallèlement un groupe de dix personnes pour constituer un groupe de contrôle. Puis il demande à chaque participant d'imaginer différents scenarii : être allongé sur une plage de sable fin dans une magnifique baie tropicale ; se trouver dans le hall principal d'un musée qui compte de nombreuses expositions.

Les réponses sont très révélatrices. Quand on lui demande de s'imaginer sur une plage, l'ancien doctorant, âgé de 24 ans, ne peut évoquer que la couleur bleue. Il entend des oiseaux, le bruit de la mer et « les sirènes de bateau ». Un sujet contrôle, à qui l'on demande la même chose, compose une image aux détails vifs – le soleil et le sable presque insupportablement chaud, la mer d'un bleu-vert luxuriant, une rangée de palmiers derrière lui, quelques cabanes en arrière-plan.

Un autre membre du groupe de contrôle, à qui l'on demande de s'imaginer dans un musée, décrit les piliers du hall, un dôme au plafond et un sol en marbre, des gens faisant les cent pas, des tableaux et des sculptures tout autour. Un ancien peintre, souffrant maintenant d'amnésie, ne peut qu'évoquer de grandes portes et de grandes pièces, avant de s'avouer vaincu : « Pour être honnête, il n'y a rien qui me vient. »

L'expérience d'Hassabis établit une connexion claire entre mémoire et imagination. Selon lui, les structures du cerveau qui ont évolué pour développer notre mémoire ont été poussées à servir aussi pour nos capacités imaginatives. « Nous avons créé la capacité à imaginer au lieu de nous rappeler simplement ce qui s'est passé », dit-il. L'imagination est clairement nécessaire au jeu. Elle est essentielle aux histoires également, pas seulement pour le conteur, mais aussi pour l'auditeur. C'est pour cela que les consommateurs peuvent être considérés comme les « cocréateurs » des publicités qu'ils voient, en partenariat, si l'on peut dire, avec les gens du marketing. Le public n'est jamais complètement passif, même quand il regarde la télévision. L'auteur invente des personnages et noue leurs intrigues ; le public remplit les blancs et complète le tableau. Nous sommes dans le même bateau.

Ayant récemment remporté une bourse de quatre ans offerte par la Wellcome Trust, un fonds de 13 milliards de livres qui en dépense environ 600 millions chaque année pour la recherche médicale, Hassabis est aujourd'hui prêt à commencer à construire des modèles computationnels de la mémoire et de l'imagination. « Je recherche les algorithmes qu'utilise le cerveau pour pouvoir les réutiliser », dit-il. C'est le but : réinventer l'intelligence humaine.

Il y a quelque chose comme 10 trillions de neurones dans le cerveau humain. Le travail d'IRM fonctionnelle qu'effectue Hassabis pour son étude sur l'imagination lui offre un aperçu de quelques amas de neurones, 10000 chacun à peu près, dans une toute petite partie du cerveau. Il a évidemment un long chemin à parcourir. Néanmoins, dit-il, « je me suis promis que je reviendrai aux jeux vidéo une fois que j'en aurai terminé avec l'intelligence artificielle. Imaginez des personnages qui comprennent émotions et motivations ? Là, les jeux deviendront réellement un monde à part. »

13
Comment construire un univers qui ne s'effondre pas deux jours plus tard

« Permettez-moi de vous transmettre les salutations officielles de Disneyland », a déclaré un jour Philip K. Dick au public parisien. Ou peut-être que non, puisque rien ne prouve qu'il ait un jour prononcé ce discours. C'est le type de problème auquel vous êtes sans arrêt confronté avec Dick, auteur obsédé par une question première : « Qu'est-ce que la réalité ? » Sa réponse pouvait être fuyante. Mais que cela ait été ou non le meilleur discours qu'il ait jamais prononcé, « Comment construire un univers qui ne s'effondre pas deux jours plus tard » reste une déclaration extraordinaire. Certains passages montrent un Philip K. Dick d'une lucidité plus perçante que jamais – le génie visionnaire de la science-fiction dissertant sur la nature de la réalité dans un monde de plus en plus irréel. Disneyland n'est que le début.

Mais c'est certainement un bon point de départ, et pas seulement parce que Dick à l'époque (en 1978) habite dans un appartement à quelques kilomètres de l'endroit. La banlieue noyée sous le soleil d'Orange County en Californie peut paraître irréelle, quelle qu'en soit la définition, mais ce qui la rend unique, ce qui l'élève au-dessus du niveau de la plèbe vers des niveaux extravagants d'irréalité, c'est Disneyland. Lancé par Walt lui-même en 1955, quand la majorité du comté fleurait encore bon les orangeraies, le prétendument « endroit le plus heureux de la Terre » quittait le monde de la fiction et de la fantaisie pour… non pas la réalité, de toute évidence, mais une sorte de pseudo-réalité que Dick essaie d'éclaircir.

La question de la réalité est implicite dans l'œuvre de Dick, mais dans son discours, ou non-discours, il s'y penche directement. Il mentionne deux de ses nouvelles. La première concerne un chien qui pense que les éboueurs volent la nourriture que sa famille a soigneusement rangée dans des cylindres métalliques à l'extérieur de la maison. La seconde retrace l'histoire d'un homme qui découvre qu'il n'est pas humain. Intitulée « La Fourmi électrique », cette nouvelle paraît dans le *Magazine of Fantasy and Science Fiction* en 1969, au moment où Dick accède finalement à la célébrité, en attendant la respectabilité littéraire qu'il ne connaîtra que de manière posthume, quand la Library of America rassemblera ses meilleurs romans dans une édition en trois volumes.

Vous êtes-vous déjà demandé ce que cela vous ferait de découvrir que vous êtes une construction mécanique ? Dans l'histoire de Dick, Garson Poole, un homme d'affaires, se réveille dans une chambre d'hôpital à New York après un accident de la circulation et on lui apprend qu'il est en fait un androïde : une « fourmi électrique ». D'abord dévasté – qui ne le serait pas ? –, il devient de plus en plus curieux. Comprenant que sa réalité est contrôlée par une bande perforée située dans son abdomen (en fait, le même mécanisme de stockage de données utilisé pour les mini-ordinateurs à l'époque où Dick écrit cette histoire), il décide de faire quelques expériences. Il perce quelques trous au hasard. Soudain, la pièce est remplie de canards sauvages. Il finit par couper la bande, s'écroule et meurt. L'ensemble de son monde disparaît avec lui.

Qu'est-ce que le réel ? Pour Garson Poole, la réponse est tout ce que sa « bande de réalité » peut lui offrir. Pour Dick, les choses sont plus compliquées : « Dans ce que j'écris, je demande : "Qu'est-ce que le réel ?" Parce qu'on nous bombarde de pseudo-réalités fabriquées par des gens très sophistiqués au moyen de mécanismes électroniques très sophistiqués. Je ne me méfie pas de leurs motivations, je me méfie de leur pouvoir. Ils en ont beaucoup. Et c'est un pouvoir surprenant : celui de créer des univers entiers, des univers de la pensée. Je suis bien placé pour le savoir puisque je fais la même chose. »

Il faut le génie particulier de Dick pour anticiper de près de quarante ou cinquante ans les inquiétudes que nous avons aujourd'hui. Mais que ce soit avec *Les androïdes rêvent-ils de moutons électriques* (roman qui sert de base au film *Blade Runner*) ou Disneyland, un univers fictif reste en fin de compte toujours... fictif. Un espace de faux-semblant. Une évasion.

C'est pour cela que nous les aimons. C'est pour cela que nous souhaitons nous plonger dans *Star Wars*, *Lost* ou *Macross*. Mais l'attrait qu'exercent les mondes fictifs est égal à la peur qu'ils engendrent. Nous sommes attirés, nous sommes repoussés. Et quelque chose dans le faux Matterhorn recouvert de neige artificielle de Disneyland, faisant face à une imitation du château de la Belle au bois dormant, surplombant lui-même un ersatz de Main Street, États-Unis, paraît repousser Dick tout particulièrement : « Des réalités truquées ne peuvent créer que des êtres humains truqués. Ou alors des êtres humains truqués ne peuvent engendrer que des réalités truquées pour les vendre à d'autres êtres humains et les transformer eux aussi en contrefaçons d'eux-mêmes. [...] C'est simplement une version grand modèle de Disneyland. Vous pouvez aller sur la piste des Pirates des Caraïbes et au Simulacre de Lincoln, ou sur Mr. Toad's Wild Ride, vous pouvez avoir tout ça, mais rien n'est vrai. »

La question reste : « Qu'est-ce qui l'est ? »

« C'est surréaliste », marmonne dans sa barbe Sean Bailey. Sur une place du centre-ville de San Francisco, nous nous fondons dans un groupe venu assister à une conférence de presse d'entreprise. La soirée est agréable et fraîche, une brise puissante s'élève de la baie. Bailey, récemment nommé président de la production chez Walt Disney Studios, a une longue histoire avec l'orateur du soir – Alan Bradley d'Encom International, le conglomérat géant du logiciel et du jeu vidéo.

Bradley, tiré à quatre épingles, parfaite image du businessman, vient présenter un nouveau jeu en réseau, un jeu d'arcade vintage d'Encom, *Space Paranoids*. Il vient aussi rendre hommage à son ami et collègue de toujours, Kevin Flynn.

« Il a compris avant nous tous, déclare Bradley, que les circuits imprimés et les microprocesseurs importaient peu. Les gens comptaient le plus. Des gens dont il avait traduit les espoirs et les rêves en zéro et en un pour en faire de la joie pure.

– Est-ce qu'on parle de Steve Jobs ? » crie quelqu'un dans le public.

Eh bien, presque. Encom, en fait, n'existe pas – bien qu'il puisse vous falloir un peu de temps pour vous en rendre compte au regard de leur site Web. Pas d'Alan Bradley, ni de Kevin Flynn. Mais Sean Bailey est bien réel et ce rassemblement a bien lieu, un soir d'avril 2010, sur une place près de l'Embarcadero. « Alan Bradley », interprété par Bruce Boxleitner, parle de *Space Paranoids Online*, un jeu effectivement disponible au téléchargement dans les semaines suivantes, et de « Kevin Flynn », l'homme qui a créé la version originale (mais fictive) de *Space Paranoids*. Ce dernier est interprété par Jeff Bridges dans le film culte de Disney, *Tron*, produit en 1982, puis une nouvelle fois en 2010 dans le second volet, *Tron : L'Héritage*. Mais l'événement qui se déroule devant nous n'est pas plus une conférence de presse qu'Alan Bradley n'est un dirigeant de compagnie informatique.

Quadragénaire à l'air juvénile, une tignasse de boucles brunes sur la tête, Bailey se tient dans la foule sans s'en distinguer. Rien ne suggère qu'en tant que producteur de *Tron : L'Héritage* il est responsable de tout cela. La soirée entière fait partie d'une fiction minutieusement scénarisée par Disney, un jeu en réalité alternée imaginé par 42 Entertainment pour familiariser les gens avec le film sur le point de sortir. Et bien que l'objet visible de cet événement soit de présenter *Space Paranoids Online*, le but véritable est de présenter le protagoniste de ce nouveau film et de mieux comprendre sa relation avec son père.

Situé vingt-huit ans après l'original, dans lequel Jeff Bridges jouait un brillant concepteur de jeux vidéo digitalisé par un programme informatique dissident, *Tron : L'Héritage* s'intéresse au fils de Kevin Flynn, Sam. Dans le film, Sam est un rebelle de 27 ans dont le père légendaire a encore une fois disparu – cette fois, apparemment, pour de bon. Encom s'est développé dans des proportions gigantesques en son absence, mais un petit groupe d'activistes, Flynn Lives, continue à reprocher à l'entreprise de ne pas avoir organisé de recherches sérieuses pour le retrouver. Sam prétend ne pas s'y intéresser, mais ce soir, si tout se passe bien, nous verrons qu'il n'en est rien. Mais affirmer que tout allait bien se passer semblait assez hasardeux. « C'est presque du cinéma en temps réel », nous expliquait Susan Bonds de 42 cette après-midi-là dans le « foyer des artistes », une suite d'un hôtel tout proche. Et qui tourne un film en une seule prise ?

Tandis qu'« Alan Bradley » continue son discours sur scène, Sean Bailey commence à jeter des regards inquiets en direction du Bay Bridge. Contrairement au reste de la foule, il sait qu'un hélicoptère d'Encom se dirige normalement vers eux depuis l'aéroport international d'Oakland. Le vol a obtenu l'approbation de l'Administration fédérale de l'aviation et du département de la Sécurité intérieure. Mais il y a eu des vents forts et de la pluie toute l'après-midi, et il n'était pas certain que les conditions permettent au vol d'avoir lieu, encore moins à la cascade planifiée. Oakland n'est qu'à dix minutes de l'autre côté de la baie. Mais avec l'alerte météorologique et un retard du contrôle du trafic aérien dans la balance, il n'y a aucun hélicoptère en vue.

Bradley commence à jeter des regards inquiets en direction de l'aéroport. À mesure que s'égrènent les minutes, son élocution est de plus en plus hachée. Enfin, ayant terminé son discours sans l'interruption aérienne attendue, il s'arrête et quitte la scène. Un porte-parole d'Encom prend le micro et s'excuse pour la confusion, évoquant quelques « difficultés techniques ».

Le vent reprend de plus belle. La foule, consciente que quelque chose doit se passer mais ne sachant pas quoi, attend immobile dans la fraîcheur du soir. Ils avaient mis de côté leur scepticisme jusque-là ; que leur coûtent quelques minutes de plus ? Le contingent de Flynn Lives envahit la scène. Ils hurlent des slogans et agitent des pancartes en l'air pendant un moment, puis se dispersent.

Et l'hélicoptère fait enfin son apparition, au loin. Tout à coup, il plonge au-dessus de la place et rase la foule, le logo rouge et noir d'Encom éclairé par les projecteurs. Des acclamations se font entendre. L'hélico vire et rase la place une nouvelle fois, puis s'élève dans le ciel nocturne. Des lampes à arc s'y reflètent depuis le sol, une seule silhouette se tient dans l'ouverture et saute dans le vent. Le parachute s'ouvre. L'homme se balance dans le ciel – d'abord à gauche, puis à droite. Il descend lentement, se balance de plus en plus, donne l'impression qu'il pourrait se retourner à tout moment. Enfin, après quelques minutes d'angoisse, le parachutiste atterrit derrière la scène. Il est récupéré par un 4 × 4 qui l'attendait là et disparaît dans les rues de la ville. Les gens sur place se regardent sans comprendre. Qu'est-ce que ça veut dire ? Peu importe – c'était marrant. Et maintenant, apparemment, il est temps de rentrer à la maison.

Plus tard, ce même soir, une vidéo apparaît sur le site Web de Flynn Lives, qui révèle que le parachutiste mystérieux était Sam Flynn lui-même. « Sam Flynn, le 2 avril 2010 », commence-t-il, s'adressant à la caméra qu'il tient à la main tandis qu'il emballe son parachute sur le tarmac, l'hélicoptère d'Encom en arrière-plan. « Encom s'apprête à faire une grande annonce. Moi aussi. » Les images suivantes le montrent qui survole San Francisco en hélicoptère, sautant au-dessus de la place et atterrissant près du SUV. « Les T-shirts et les affiches Flynn Lives sont cool, indique-t-il à la fin, et c'est comme ça qu'on s'incruste dans une soirée. À la prochaine. »

Deux personnes jouent « Sam Flynn » dans cette vidéo – Garrett Hedlund, le jeune acteur plein d'avenir qui joue le rôle dans le film, et le cascadeur qui fait réellement le saut en parachute. La vidéo n'explique pas le retard de l'hélicoptère. Mais elle explique le saut et de manière plus subtile elle commence à définir la relation de Sam avec Encom, son père et Alan Bradley, le programmeur d'Encom devenu dirigeant qui avait sauvé son père quand il avait été absorbé par l'ordinateur en 1982, avant la naissance de Sam.

C'est dans le premier *Tron*, sorti au moment où la fascination du public pour les ordinateurs est à son apogée. À l'époque, IBM vient de présenter son PC, la machine qui va rendre les ordinateurs personnels sûrs pour l'Amérique des entreprises. *The Soul of a New Machine* de Tracy Kidder est devenu un best-seller grâce à sa description d'une équipe d'ingénieurs fanfarons dans un monde d'entreprises très compétitives. Quelques mois après la sortie de *Tron*, *Time Magazine* change les règles de sa compétition de « l'homme de l'année » afin de nommer l'ordinateur « machine de l'année ». *Tron* est un film qui promet de vous faire pénétrer à l'intérieur d'un ordinateur – et, d'une certaine façon, c'est ce qu'il fait. À une époque où les effets spéciaux sont encore synonymes de maquettes grandeur nature et d'effets d'optique, *Tron* se targue d'être révolutionnaire : pour la première fois à Hollywood de longues séquences d'images sont générées par ordinateur.

Tout cela est un grand bond pour Disney. Walt est mort depuis 1966, mais l'entreprise est toujours dirigée par les successeurs qu'il a désignés, dont Ron Miller, son gendre. À chaque moment clé, ils se demandent : « Que ferait Walt ? » Malheureusement, aucun d'entre eux ne semble vraiment le savoir. Mais Miller veut tout de même mettre les studios au goût du jour, et à cette fin il donne carte blanche à Tom Wilhite, un jeune cadre des relations publiques.

Wilhite donne le feu vert à *Tron*, une production extérieure – une révolution pour Disney à l'époque – développée par Steven Lisberger, un animateur indépendant dont la grande idée a déjà été rejetée par Warner Bros, MGM et Columbia. Des années avant que William Gibson ne popularise le concept de cyberespace avec *Neuromancien*, Lisberger a imaginé ce que cela ferait d'être digitalisé – de vivre à l'intérieur d'un ordinateur. Dans sa conception, le monde digital est une grille plate et éclairée par des néons qui imitent l'aspect minimaliste des jeux d'arcade de l'époque – comme *Battlezone*, le jeu Atari qui servira des années plus tard à l'étude Hammersmith. *Battlezone* est d'ailleurs très populaire sur le plateau. Jeff Bridges y joue pour se préparer avant les prises.

Tandis que Lisberger tourne dans l'un des studios de Disney, Wilhite s'occupe de le couvrir. Ce n'est pas si difficile : ils sont en train de dépenser 20 millions de dollars pour réaliser *Tron*, mais les huiles font une fixation sur des choses accessoires : Comment Tim Burton, un geek de l'animation, a-t-il pu obtenir 60 000 dollars pour réaliser un hommage de six minutes à Vincent Price, l'acteur de films d'horreur ringard ? Et John Lasseter, qui est si enthousiasmé par ce que Lisberger fait avec *Tron* qu'il a commencé à développer son propre film animé par ordinateur – une offense pour laquelle il est sommairement viré. Dommage, car quand Disney rachètera Pixar en 2006, Lasseter, créateur de *Toy Story* et de *Cars*, reviendra à Burbank en tant que directeur de la création du département animation. Tim Burton finira, lui, par réaliser *Alice au pays des merveilles*, qui rapportera plus de 1 milliard à travers le monde en quelques mois après sa sortie en mars 2010.

Tron impressionne le public avec ses effets sans précédent, mais il ne peut pas surmonter l'image ringarde qui entoure tout ce qui se rattache à Disney à l'époque. Cela n'aide pas que Jeff Bridges, quand il est dans l'ordinateur, ressemble à Buck Rogers dans un costume de puce informatique et débite des répliques insoutenables comme : « Oubliez ça, Master Control Program ! Vous ne me ferez pas parler. » Et puis impossible de rivaliser avec *E.T. l'extra-terrestre* de Spielberg, dont le succès est si important qu'il reste numéro un aux États-Unis du début du mois de juin jusqu'au week-end de Labor Day, début septembre. *Tron* fait malgré tout mieux que *Blade Runner*, qui sort le même été et disparaît des salles en cinq semaines. Mais, même avant sa sortie, *Tron* est descendu en flèche par un analyste financier qui n'y comprend rien, affirme que ses effets digitaux sont « dérangeants » et prédit le pire à Disney. Rapidement, le studio est prisonnier d'une bataille pour le pouvoir où apparaissent les noms les plus redoutés de la finance : Saul Steinberg, Ivan Boesky et Michael Milken.

Même alors, *Tron* n'est pas oublié. En 1999, Roger Ebert le programme dans son premier Festival des films négligés. Puis, près de vingt ans après sa sortie initiale, il est projeté à l'Egyptian Theater à Hollywood. Quand la fille d'un grand dirigeant en revient en en faisant l'éloge, Disney commence à imaginer comment réexploiter son bien.

Disney n'est plus, à ce moment-là, ce havre de valeurs familiales endormi et isolé des années 1980. Dirigée par Roy, le neveu de Walt, l'entreprise a survécu sans dommage à la bataille de succession, mais Ron Miller a été évincé. Michael Eisner prend la suite en tant que P-DG et fait de l'entreprise un conglomérat médiatique mondial – d'importantes chaînes de télévision, un secteur animation revitalisé, un studio de cinéma à succès, des shows populaires à Broadway, des parcs à thèmes dans le monde entier, des revenus annuels dépassant les 25 milliards en 2002. Mais même alors, personne ne sait vraiment ce qu'il faut faire de *Tron*. En 2005, le studio annonce avoir engagé deux scénaristes pour écrire un remake. Mais les choses ne se mettent en place que deux ans plus tard, quand la production est confiée à Sean Bailey.

Bailey est joueur. Cofondateur avec Ben Affleck, Matt Damon et Chris Moore de la société de production LivePlanet, il a déjà produit *Les Associés* de Ridley Scott pour la Warner et, toujours avec Affleck et Damon, la série télévisée *Push, Nevada* pour ABC. S'il s'intéresse à *Tron*, c'est à cause de l'effet que le film a eu sur lui quand il avait 12 ans. « Je me rappelle avoir regardé l'écran et m'être dit que je n'avais jamais rien vu de pareil », me dit-il une après-midi, confortablement installé dans le canapé de son bureau situé dans l'immeuble de la Team Disney – le palace grandiose et cartoonesque qui sert de siège à l'entreprise, son fronton monumental soutenu par les nains du classique Disney de 1937, *Blanche-Neige et les sept nains*. « L'idée d'un homme se retrouvant coincé dans son propre jeu vidéo est simplement époustouflante. Si futuriste. Steve Lisberger a imaginé un monde à l'intérieur de l'ordinateur – et maintenant regardez où nous en sommes. C'était visionnaire. »

Le problème, selon Bailey, c'est que personne n'a trouvé LA grande idée pour le nouveau *Tron*. Il se tourne vers Adam Horowitz et Eddy Kitsis, le duo de scénaristes de *Lost*. « Nous ne voulions en aucune façon faire un remake, dit Kitsis. En tant que fans, nous voulions réaffirmer que tout ce qui se passait dans le premier film était vrai. » Du coup, ils proposent une suite, une histoire père-fils dans laquelle le père a disparu depuis vingt ans. Quand Sam Flynn part à sa recherche, il découvre que son père a également une descendance digitale – Clu, le programme qu'il a conçu pour hacker le système informatique d'Encom. C'est là que les choses se gâtent.

« J'ai vu le premier film quand j'étais gosse, continue Horowitz. Je me rappelle avoir été époustouflé et n'avoir rien compris du tout. Mais ça a enflammé mon imagination. Y a-t-il quelque chose à l'intérieur de l'ordinateur ? Que se passe-t-il là-dedans ? »

C'est l'univers de Lisberger – une aire de jeux électronique à l'intérieur de cette boîte à mystères qu'était l'ordinateur. La grille est l'arène dans laquelle des programmes informatiques humanoïdes comme Clu et Tron – les créations électroniques de leurs utilisateurs, Kevin Flynn et Alan Bradley – combattent le maléfique Master Control Program armé de *lightcycles* et de disques ressemblant à des frisbees. Voilà ce qui a impressionné les enfants de 12 ans il y a un quart de siècle – pas les dialogues, ni l'intrigue.

Pour se donner un cadre, Horowitz et Kitsis commencent à penser *Tron* comme un western. La grille en sera la frontière. Les *lightcycles* les chevaux. Les jeux de disques, leurs duels au pistolet. Et ils sont enthousiasmés par ce que Bailey veut faire de l'histoire – comment il veut la pousser bien au-delà des confins du grand écran.

« Nous nous sommes toujours dit que *Tron* avait bien plus d'envergure qu'un simple film, dit Horowitz.

– Dans un film, vous n'êtes que sur une partie de la grille, ajoute Kitsis. Mais il y a toutes ces autres parties de l'histoire à raconter sur d'autres grilles. »

Quand Bailey leur montre l'article de *Wired* sur le jeu en réalité alternée que 42 Entertainment a créé avec Trent Reznor, ils commencent à comprendre quelle tournure cela va prendre. Kitsis et Horowitz sont abasourdis. « On s'est dit : Merde, ils mettent ça dans des toilettes à Lisbonne et quelqu'un le trouve ? Pas possible ! »

Les jeux en réalité alternée sont une forme de narration en pleine évolution. Avec *Year Zero*, qui aboutit à un concert secret de Nine Inch Nails interrompu par une brigade antirésistance du SWAT, Bonds et Alex Lieu ont créé un rôle pour Trent Reznor dans sa propre fiction. Avec *Why So Serious ?*, ils avaient surtout tenté de situer *The Dark Knight* dans la saga Batman, elle-même en évolution depuis la sortie des premiers comics en 1939. Aujourd'hui, avec leur dernier jeu, *Flynn Lives*, leur tâche est de ressusciter l'iconographie de *Tron* en montrant la vie à l'intérieur d'un ordinateur. Pour le Comic-Con de l'année précédente, ils ont créé un *lightcycle*. Cette année, ils projettent de construire un lieu du film, le End of Line Club, une boîte de nuit pour programmes informatiques. « C'est ce qui est génial aujourd'hui, dit Kitsis. Vous pouvez vraiment vivre dans ce monde. »

À la sensibilité *Donjons & Dragons* qu'apportait Jordan Weisman aux jeux en réalité alternée, Bonds ajoute un esprit *imagineering*. Formée comme ingénieur système à Georgia Tech, elle est douée pour les choses compliquées qui ont plein de parties mobiles. En 1984, après une brève période à Disney World à Orlando, elle rejoint le Skunk Works, département de développement de Lockheed Martin, l'équipe responsable du F-117, le chasseur « furtif » aux côtés obliques des années 1980. Sept ans plus tard, elle retrouve Disney en tant que directrice de la création dans le groupe Imagineering, concoctant des attractions comme Indiana Jones Adventure, qui ouvre ses portes en 1995. « Les gens veulent être impliqués dans les histoires, dit-elle. Et le but de Disneyland, c'est de donner vie à ces histoires. »

Mais il y a des limites. Bonds est confrontée aux limites des parcs à thèmes en travaillant sur l'attraction Mission : Space à Disney World. Elle veut créer une attraction à plusieurs fins possibles parce que, selon elle, « la génération actuelle veut pouvoir contrôler ce qui lui arrive ». Mais comment créer des fins multiples tout en permettant à 1 600 personnes d'accéder à l'attraction toutes les heures ? Tout cela est très frustrant. Quelques années plus tard, elle se retrouve chez 42 pour travailler sur *I Love Bees*.

Comme Susan Bonds, Bailey a travaillé dans ce but pendant des années. Quand il aide à former LivePlanet en 2000, il veut créer des films et des séries télévisées ancrés dans le monde réel. La bulle informatique est sur le point d'éclater, mais en attendant il partage ce moment d'ivresse des entreprises de médias à Hollywood. En tant que phénomène Internet financé par des célébrités, LivePlanet est associée à des sites de vidéo en ligne dont on fait tout un foin comme POP.com, où font équipe Steven Spielberg, Ron Howard et le milliardaire de Microsoft, Paul Allen, ou Digital Entertainment Network, qui compte NBC et Microsoft parmi ses investisseurs. En fait, LivePlanet est différente. L'entreprise a été fondée sur ce que Bailey appelle la théorie des trois balles : les médias traditionnels, les nouveaux médias et le monde réel. Pour l'expliquer, il dessine une série de cercles et indique l'endroit où ils se rejoignent tous. « Notre cœur de métier se trouvait là. »

Le projet prototype de LivePlanet, préparé pendant que Jordan Weisman dirige *The Beast* avec Patrick Swayze et qu'Electronic Arts lance *Majestic*, est une série pour ABC intitulée *The Runner*. C'est une chasse à l'homme : pendant trente jours, un candidat doit éviter d'être capturé tout en voyageant à travers le pays et en étant suivi par le public en ligne. S'il gagne, il reçoit 1 million de dollars ; sinon, celui qui l'attrape recevra le prix. « Les gens chez ABC sont devenus gagas, écrit Andy Serwer dans *Fortune*. Vous imaginez le trafic Internet ? Pensez donc : Et si *Survivor* avait été en direct et que l'Amérique avait fait le vote final ? »

Il semble que c'était il y a une éternité. Le 11 septembre 2001, alors que la série est sur le point de débuter, la réalité soudaine et imprévue rend toute l'idée inconcevable. Quelques semaines plus tôt, lors d'un test, Bailey lui-même s'était tenu en haut du World Trade Center, au moment où un candidat terminait sa mission avec succès. Désormais, les tours jumelles ne sont plus qu'un tas de gravats fumants, éclairé jour et nuit et empestant le plastique et la chair brûlés. Un fugitif de télévision essayant d'éviter la capture tout en s'introduisant dans les aéroports et les gratte-ciel ? Une relique d'un autre temps. *The Runner* est annulé avant d'avoir commencé.

Mais il n'y a pas que *The Runner* qui soit touché ; toute l'idée de brouiller la distinction entre fiction et réalité en prend un coup. Bailey est un des premiers abonnés à *Majestic*, le jeu d'Electronic Arts qui vous plonge en plein milieu d'une conspiration gouvernementale. Un jour, sa femme, qui n'est au courant de rien, décroche le téléphone et entend un homme dire d'une voix menaçante : « Je suis devant chez vous. » L'appel la fait pour le moins sursauter. Des mois plus tard, *Majestic* est arrêté. Même d'autres tentatives moins ambitieuses d'utiliser Internet comme un outil de divertissement – comme POP.com, qui a déjà tourné court, et Digital Entertainment Network, qui a implosé de manière spectaculaire au milieu d'un scandale de pédophilie – sont très en avance sur leur temps. Au milieu de l'année 2001, moins de 10 % des foyers américains ont le haut débit, et, sans cela, la vidéo sur Internet est une aberration. Mais plus que cela, commente Bailey, « je ne pense pas que les gens étaient prêts à s'immerger de cette façon ».

LivePlanet continue d'essayer. Le projet suivant de la structure s'appelle *Push, Nevada*, une série, également développée pour ABC, suivant un jeune agent sympathique de l'IRS qui se rend à Push, une petite ville du Nevada, pour découvrir comment 1 million de dollars ont disparu d'un casino de la région. Quand il arrive, l'agent James A. Prufrock (prends ça, T. S. Eliot) découvre toutes sortes de bizarreries. Tous les couples de la ville font l'amour à 21 h 15 précises tous les soirs. Personne n'y a rempli de déclaration d'impôts depuis 1985. Et la bizarrerie ne se limite pas à ce qui se passe dans votre téléviseur. Il y a des puzzles à résoudre et un nœud complexe de sites Web à explorer. Quand un transfert est prévu dans un casino de Las Vegas, les acteurs débarquent et font ce transfert dans un vrai casino de Las Vegas. « Vous pouviez regarder uniquement la série, dit Bailey, mais si vous creusiez un peu, la narration se déroulait partout. »

Les critiques adorent – le *New York Times* parle d'une série « inspirée » –, mais le public est plus réticent. Les spectateurs ne semblent pas se soucier du fait que le million de dollars manquant irait à la première personne qui décrypterait les indices cachés dans chaque épisode. Cela n'aide pas non plus que la chaîne l'ait programmée en même temps que *Les Experts*, la série la plus regardée du pays, et que *Will & Grace*, une des sitcoms les plus populaires à la télévision. Des 13 épisodes prévus initialement, ABC n'en diffuse que 8. Et bien que la récompense soit finalement décernée, les spectateurs n'élucident jamais le mystère – toute l'histoire est en fait l'expérience d'une entreprise louche décidée à contrôler tous les médias de la ville. À la fin de la série, ABC elle-même se révèle être la corporation qui se cache derrière tout ça.

LivePlanet rencontre un succès plus conséquent avec *Project Greenlight*, une combinaison de téléréalité et de concours de cinéma indépendant qui dure trois saisons entre 2001 et 2005. L'entreprise commence à bénéficier du changement des mentalités à mesure que blogs, Flickr et Wikipédia prennent de l'ampleur, aidés peut-être par l'acceptation progressive de concepts tels que l'*otaku* et le mix média dans le sillage de la Pokémon-mania. ABC a un succès imprévu à son actif, *Lost*. NBC montre comment la télévision et le Web peuvent se renforcer l'un l'autre avec *The Office*. Disney Channel – une entreprise mondiale qui diffuse en 34 langues dans 169 pays – fait d'une star fictive de la pop nommée Hannah Montana une des plus grosses marques de la planète, disponible non seulement à la télévision mais au cinéma, avec des albums, des DVD, des jeux vidéo et même une ligne de vêtements.

Chez Disney aussi on commence à s'ouvrir à tout cela. Pendant les années 1990, avant que la synergie d'entreprises ne devienne une mauvaise blague, des conglomérats médiatiques comme Disney sont assemblés pour des coûts énormes en vertu de la théorie selon laquelle les différentes plates-formes de médias – les films, la télévision, les livres – pouvaient se renforcer les unes les autres. En réalité, la manie des fusions qui voit des dizaines de compagnies se rabougrir en une poignée de conglomérats, pour la plupart dysfonctionnels, a plus à voir avec l'ego des hommes qui se cachent derrière – des gens comme Eisner chez Disney et Jerry Levin, son alter ego chez Time Warner – qu'avec une quelconque stratégie d'entreprise bien pensée. , News Corp., Sony, Time Warner, Viacom – malgré toute l'énergie qu'il faut à les assembler, chacune de ces entreprises reste une coalition précaire de fiefs jaloux de leur pré carré. Robert Iger, qui a succédé à Eisner en tant que P-DG de Disney, émet l'idée que les films et les séries télévisées peuvent ne pas être une fin en soi mais le point de focalisation d'un réseau complexe d'histoires qui implique aussi livres, comics, jeux vidéo, jeux en réalité alternée et (bien sûr) attractions de parcs à thèmes. C'est comme si Iger était tombé par hasard sur la stratégie du mix média que les entreprises japonaises utilisent depuis des années.

En octobre 2009, Iger nomme contre toute attente Rich Ross nouveau président des studios Disney. Ross est un dirigeant de la télévision, un des principaux architectes du succès d'Hannah Montana sur Disney Channel. L'homme qu'il remplace était un dirigeant du cinéma chevronné qui jouissait de merveilleuses relations avec les agents et les artistes – longtemps clé du royaume à Hollywood –, mais dont l'approche du business était définitivement vieillotte. Ross fait peau neuve, licenciant la majorité des huiles du studio et engageant des personnes qui partagent sa vision du futur des médias. Parmi eux, Sean Bailey.

« J'ai toujours été intéressé par l'infinité de façons par lesquelles vous pouvez aborder un bien culturel que vous aimez, me dit Bailey cette après-midi-là dans son bureau. Je crois que nous sommes plus proches chaque jour d'une expérience complètement immersive – quelque chose que vous pourriez toucher et sentir. Une intrigue qui se déroulerait où que vous alliez. Une histoire qui vous attendrait au coin de la rue. Des codes dans le journal qu'il vous faudrait décrypter. Quelqu'un finira par le faire. » Faut-il préciser qu'il aimerait en être ?

Il y a plus d'une façon de créer une réalité. L'approche qu'ont choisie Sean Bailey et Susan Bonds est d'« activer le monde autour de vous », comme le dit Bailey. *Flynn Lives*, le jeu en réalité alternée créé pour *Tron : L'Héritage. Why So Sérious ?* pour *The Dark Knight. I Love Bees* pour *Halo 2*. Le *Majestic* d'Electronic Arts. Ou, sinon, on pourra peut-être se retirer du monde extérieur dans une sorte d'espace cérébral digital. Au lieu d'une réalité alternée, une réalité virtuelle : le métavers dans *Le Samouraï virtuel* de Neal Stephenson. Ou le holodeck dans *Star Trek*.

Beaucoup, dans le secteur du divertissement, considèrent le holodeck comme le Saint-Graal, l'expérience définitive, bien qu'encore irréalisable, de divertissement immersif. Censé être un produit de la technologie Starfleet du XXIVe siècle, il est présenté comme le moteur de simulation ultime – une pièce spéciale à bord du vaisseau *Enterprise* destinée à des expériences interactives avec des personnages holographiques à taille réelle. À l'intérieur du holodeck, l'équipage peut s'entraîner ou vivre une réalité de son choix en compagnie d'humains virtuels – des constructions aussi authentiquement autonomes que celles qu'Hassabis espère créer. Vous pouvez y jouer au détective en prenant le rôle de Sherlock Holmes ou du docteur Watson. Débattre avec Albert Einstein. Monter à bord de l'Orient-Express ou remonter les Champs-Élysées. Ou encore revivre la bataille d'Alamo. Histoire et jeu, pour toujours et à l'infini – un monde sans fin.

Des « pièces de récréation » ou « de tourisme » comprenant les caractéristiques d'un holodeck sont imaginées pour la première fois en 1974 simultanément dans une série animée *Star Trek* aux États-Unis et dans *Space Battleship Yamato* au Japon. Mais le holodeck tel que nous le connaissons apparaît pour la première fois à l'écran en 1987 dans l'épisode pilote de *Star Trek : La nouvelle génération*, la suite de la série des années 1960 de Gene Roddenberry. (La série originale *Star Trek*, diffusée par NBC pendant trois saisons entre 1966 et 1969, avait été déprogrammée malgré les protestations passionnées de ses fans à cause d'audiences trop modestes – une première série culte sacrifiée à l'économie de la culture de masse.) Dans le premier épisode de *La Nouvelle Génération*, l'émerveillement et la surprise qui se lisent sur le visage du commandant Riker quand il pénètre dans une luxuriante forêt holographique à bord de l'*Enterprise* nous apprend tout ce que nous devons savoir des attraits du holodeck.

Mais faut-il vraiment attendre jusqu'en 2364, l'année où la première saison de cette série est censée se dérouler ? « L'aspect holographique du holodeck n'a [...] rien de bien sorcier », remarque Lawrence M. Krauss dans *La Physique de Star Trek*. En revanche, la technologie des réplicateurs qui permettent de modeler des objets que vous pouvez toucher et tenir est un peu plus problématique. Oublions ça pour l'instant. Si vous deviez résoudre les autres entraves à la création du holodeck, comment vous y prendriez-vous ?

Bienvenue à l'Institute for Creative Technologies, un laboratoire de l'université de Californie du Sud à Playa Vista. L'ICT, comme on dit, est l'endroit où la science rencontre la fiction. Quand le labo a été fondé en 1999, l'idée était de rassembler des chercheurs en intelligence artificielle et en graphisme informatique et des créatifs d'Hollywood et de jeux vidéo, avec un budget alloué par le Pentagone. *Star Trek* en est l'inspiration. « Le mantra, c'est : "Comment construire le holodeck ?" affirme Bill Swartout, directeur de la technologie de l'institut, alors que nous sommes installés dans son bureau. Nous en sommes aujourd'hui au point où les personnages digitaux comprennent ce que vous dites et peuvent réagir de manière verbale ou non. Mais le véritable humain virtuel est encore loin. »

Swartout a une allure amicale et détendue. Très bronzé, une touffe de cheveux blancs lui retombant sur le front, il a plus l'air d'un designer de planches de surf mortelles tout droit sorti des sixties que de développer des humains virtuels. Pourtant, il est dans le secteur de l'intelligence artificielle depuis plus de trente ans, pour la majeure partie à l'université de Californie du Sud. Lycéen dans la banlieue de Saint Louis, il hésitait entre devenir cinéaste et chercheur en informatique. À Stanford, il opte pour l'informatique parce qu'il aime l'idée de pouvoir assembler une série d'instructions et d'avoir une grosse machine à ses ordres. Après sa maîtrise au MIT, il passe près de deux décennies à l'Institut des sciences de l'information à l'université de Californie du Sud, un groupe de réflexion sur la technologie financé par le Pentagone qui est un des acteurs clés de la conception d'ARPANET – le précurseur d'Internet – dans les années 1970.

L'Institute for Creative Technologies est créé quand les gens du département de la Défense commencent à comprendre que les jeux vidéo deviennent plus convaincants que leurs propres simulateurs à plusieurs millions de dollars. Ils décident donc d'engager des gens qui comprennent les jeux et les histoires. L'holographie vient avec. En 2007, le labo graphique de l'institut parvient à créer un petit hologramme 3D qui peut être vu sous tous les angles. C'est une belle performance, mais ce qui le fait fonctionner est un miroir tournant à 1 700 révolutions par minute. Agrandissez l'échelle à taille humaine et vous obtenez un appareil plutôt dangereux. Au lieu de ça, le principal objectif de l'institut a été d'utiliser des projections à taille réelle pour générer des humains virtuels – des agents digitaux ayant les capacités sociales de vrais êtres humains. Comme Swartout l'affirme dans un discours lors d'une conférence de l'armée en 2008 à Orlando (un discours qu'il prononce réellement, contrairement à Philip K. Dick) : « Imaginez un monde simulé peuplé de personnages simulés qui sont presque humains dans leur interprétation. [...] Ils raisonnent par eux-mêmes, se servant d'une intelligence artificielle, et comprennent ce qu'ils doivent faire en se basant sur des évènements de la simulation. Ils comprennent l'environnement dans lequel ils se trouvent. Ils perçoivent les gens qui communiquent avec eux. Et ils utilisent toute la gamme des moyens de communication à notre disposition en tant qu'individu. »

« Nous pouvons créer des environnements où les gens vont interagir avec un humain virtuel comme si c'était une vraie personne, me dit Swartout. Les personnages n'ont même pas à être aussi détaillés que sur une photo. C'est étonnant, nous essayons de voir des gens dans toutes sortes de choses. » Même, comme des chercheurs le découvrent en 1944, dans deux triangles et un cercle.

Le défi le plus important est semblable à celui auquel se sont confrontés Peter Molyneux et Demis Hassabis : l'intelligence artificielle, et l'émotion en particulier. « Nous nous sommes rendu compte que les gens allaient attribuer des émotions à nos personnages, que nous le voulions ou non, affirme Swartout. Mais nous considérions que les émotions seraient un attribut du comportement – quelque chose qui le rendrait plus crédible. Désormais, les personnages prennent leurs décisions à partir de leurs émotions. Ils ne se comportent pas seulement de manière plus crédible, mais les émotions font maintenant partie de leur raisonnement cognitif. Ainsi comprendre l'émotion se trouve être une des vraies clés pour créer des personnages vraiment intelligents. »

Voilà le scénario. Nous sommes dans les années 1880 et vous vous trouvez dans une petite ville sans foi ni loi de l'Ouest sauvage. Vous pénétrez à l'intérieur d'un saloon sombre. Vous découvrez Utah, le barman, derrière son comptoir, et Harmony, la fille du bar, assise, nerveuse, dans son coin. Ils ne disent pas grand-chose. Tapi dans l'arrière-salle se trouve Rio Laine, une infâme gâchette. Vous avez un six coups dans votre holster et un badge épinglé à votre poitrine. Vous faites quoi ?

Beaucoup paniquent.

Vous venez de découvrir *Gunslinger*[1], le holodeck de Skunk Works, abrité par un immeuble de briques quelconque à quelques pâtés de maisons des vitres noires du siège du labo. Vous êtes sur une scène, le quatrième mur ouvert. Les accessoires que vous voyez – le bar taillé grossièrement, les murs non peints, les échardes du parquet – sont tous vrais. Utah, Harmony et Rio sont des personnages à taille réelle sur des écrans vidéo – dans le cas d'Utah, un écran derrière le bar. Imaginez les téléviseurs géants et hypnotisants de *Fahrenheit 451* de Ray Bradbury et vous avez l'idée générale.

« Les gens deviennent très, très impliqués émotionnellement, dit Kim LeMasters, directeur de la création d'ICT. Ils ont une idée très précise, implantée culturellement, du comportement que doit avoir le héros. Mais ils ont aussi peur de Rio. »

Avec son visage plein et rougeaud et son air de ne pas s'en laisser conter, LeMasters ne ressemble pas qu'un peu à William Shatner, le redoutable capitaine Kirk de la série originale, dans ses années post-*Star Trek*. En tant que directeur de la programmation pour CBS dans les années 1970 et 1980, LeMasters a participé à des succès comme *Dallas*, *Côte Ouest*, *Shérif, fais-moi peur* et *Murphy Brown*. Plus tard, il a été producteur exécutif du *Wild Wild West* de Barry Sonnenfeld. Aujourd'hui, il représente la partie divertissement de l'ICT.

De ses années à Hollywood, LeMasters conclut que, s'il vous demande de rentrer et d'arrêter Rio Laine, vous suivrez les règles établies par des centaines de westerns : vous lancez un « Rio, tu viens avec moi ! » ou « Rio, tu vas te rendre » ou quelque chose du genre. Mais non. Certaines personnes annoncent simplement qu'elles ne veulent pas d'histoires. Environ 40 % essaient de dégommer Rio sans formalités, s'imaginant que, s'ils ne tirent

1. Littéralement « le flingueur ». (N. d. T.)

pas les premiers, ils n'auront pas de deuxième chance. Mauvaise idée : essayez d'être plus rapide que Rio et vous n'en sortirez pas vivant – mais vous ne saurez pas ça avant qu'il ne soit trop tard. Rapidement, d'autres personnes ne savent tout simplement plus quoi dire. *Gunslinger* fonctionne grâce à la même intelligence artificielle brute que les jeux vidéo : ses humains virtuels sont programmés avec 6000 réactions, mais ils n'ont aucun vrai savoir. Si les vrais humains ne leur offrent pas de quoi réagir, l'échange cale.

Pourtant, ce ne sont pas les machines que LeMasters trouvent frustrantes. « Comment faire qu'un être humain se comporte comme vous le voulez ? demande-t-il. Dans une histoire normale, j'ai un contrôle total sur tous nos personnages. Dans cette histoire, je n'en contrôle que trois. L'autre personnage n'en fait qu'à sa tête. »

Gunslinger est peut-être un nom approprié pour une technologie qui donne l'impression d'être la frontière sans foi ni loi du divertissement, mais le Pentagone n'accorde pas quelques millions de dollars par an à l'ICT pour obtenir un western interactif. « Nous avons créé *Gunslinger* pour montrer où nous en sommes avec les humains virtuels », dit LeMasters. Aujourd'hui, la tâche consiste à les mettre au travail.

Dans *Star Trek*, le holodeck sert à l'entraînement autant qu'au divertissement, et c'est la même chose avec les militaires. Il y a quelques années, le général James « Mad Dog » Mattis du corps des marines réclamait un holodeck grandeur nature pour entraîner ses hommes – une installation d'entraînement interactive et complètement immersive. À l'époque, Mattis commande la First Marine Expeditionary Force, qui a servi dans toutes les actions américaines au Moyen-Orient depuis l'invasion de l'Irak en 1991. Le résultat est l'Infantry Immersion Trainer, qui ouvre fin 2007 dans la base de l'unité, à Camp Pendleton, une vaste étendue de terre presque déserte située sur la côte pacifique juste au nord de San Diego.

Pendleton est un centre d'entraînement majeur installé pendant la Seconde Guerre mondiale, mais cela fait longtemps que les marines n'ont pas eu à s'entraîner à envahir les îles du Pacifique. Alors, Swartout et LeMasters créent un village irakien virtuel à l'intérieur d'un abri abandonné de près de 3 000 mètres carrés qui servait initialement à trier des tomates. Le prototype de leur Infantry Immersion Trainer combine des accessoires réels – des meubles, des murs, des bâtiments entiers – à des effets sonores au réalisme saisissant et des vidéos digitales projetées en haute résolution sur les murs.

À l'intérieur de cette installation, tout peut arriver, surtout le pire. Vous tombez nez à nez avec un insurgé virtuel armé d'un AK-47. Un marine tire ; l'instant d'après, des impacts de balles fleurissent sur le mur opposé. Ou vous descendez la rue en Jeep quand soudain la voiture est touchée par une grenade, tuant un de vos camarades et blessant une Irakienne. Avec la femme en sang qui hurle, les insurgés commencent à tirer sur votre escadron. Un insurgé débarque avec un AK-47. Ne pas vouloir d'histoires n'est pas une option.

Mais aussi immersif que puisse être l'Infantry Immersion Trainer, ses Irakiens virtuels ne sont rien de plus que les cibles d'un ball-trap. Ils ne parlent pas, n'entendent pas. Le simulateur d'immersion de la prochaine génération, qui devait être prêt pour l'automne 2010, ressemble beaucoup plus à un holodeck. Nommé CHAOS – pour Combat Hunter Action and Observation Simulation –, il est bâti autour d'un programme d'entraînement du corps des marines appelé Combat Hunter qui implique de vrais Afghans qui communiquent grâce à un interprète en pachtoune. Également lancé par le général Mattis, Combat Hunter est conçu pour inculquer à la génération Y les « compétences de base » comme la traque et la chasse que « notre évolution nous a conduits à oublier », selon les mots du colonel Clarke Lethin, ancien chef d'état-major de l'unité. Mais il y a un nombre limité d'Afghans que les États-Unis peuvent déployer dans les bases d'entraînement. D'où la création de CHAOS.

CHAOS est aussi sophistiqué que *Gunslinger*. Ce qui le rend adéquat pour des leçons plus délicates – les négociations, par exemple. « L'idée est de leur apprendre à observer les situations et à rassembler des indices », dit LeMasters. Supposons que le leader d'un escadron parle à un Afghan qui possède un générateur – de toute évidence une personne importante dans la communauté, puisque avoir un générateur fait de lui le fournisseur d'électricité local. Une fois encore, la conversation est menée grâce à un interprète. Tous les protagonistes sauf le leader de section sont des projections vidéo. L'Afghan affirme qu'il n'a pas entendu parler d'activités récentes des talibans. « Mais si vous êtes observateur, reprend LeMasters, vous voyez qu'il a un appareil pour ouvrir les portes de garage sur une table. Pour quoi faire ? Eh bien, si vous voulez faire sauter un engin explosif improvisé, c'est un outil très utile. »

La technologie qui rend possible ce programme est extraordinaire – la reconnaissance vocale, le traitement de langues naturelles, la synthèse du discours, la gestion du dialogue, la reproduction d'émotions. Mais parce que tout ce qu'ils disent ou font doit être scénarisé par les programmeurs, ils sont encore très loin des humanoïdes (ou faux humains, si vous préférez) imaginés dans *Star Trek*. Le simulacre ultime, la projection *Star Trek*, Disneyland dans une boîte – c'est encore à des années-lumière. Mais au final qui sait ? Même dans *Star Trek*, le holodeck est dépeint comme un outil dangereusement immersif. Regardez le lieutenant Reginald Barclay, brillant ingénieur doublé d'une chiffe molle pathétique que l'on découvre pour la première fois dans la troisième saison de *La Nouvelle Génération*. Barclay, prototype même du nerd, mène une existence glorieuse dans les confins du holodeck – et, sans surprise, il y passe autant de temps qu'il le peut. N'en feriez-vous pas de même ?

Il y a des années, j'ai visité le château de la Belle au bois dormant. Pas à Disneyland, non le... Eh bien, j'allais dire le vrai, mais qui sait à quoi ressemble un vrai château de conte de fées ? Bref, il était une fois un château en France qui est aussi un peu celui de la Belle au bois dormant. Je veux parler du château d'Ussé, dans la vallée de la Loire. Je suis tombé dessus à la fin d'une demi-journée de randonnée à travers la forêt. Vraiment enchanteur.

Construit aux XVe et XVIe siècles, décoré de grandioses tours, tourelles et terrasses, le château d'Ussé est un mélange d'architecture de conte de fées, du Moyen Âge et de la renaissance. Devant lui s'étend une plaine bordée par l'Indre et la Loire ; derrière s'élève un flanc de colline escarpé couvert d'une forêt si dense et sombre que les arbres donnent l'impression de vouloir engloutir le château à la nuit tombée. C'est la forêt de Chinon, un bois étrange et mélancolique dont les arbres noueux, tordus, s'étendent sur des kilomètres au sud. Selon la légende, c'est après un séjour en ce lieu que Charles Perrault a trouvé l'inspiration.

Importante figure littéraire et bras droit de Colbert, Perrault a déjà plus de 60 ans quand il compose le récit d'une princesse qui dort un siècle avant que son prince charmant ne la délivre d'une forêt impénétrable. Il base son histoire sur un ancien conte populaire européen déjà présent dans un recueil italien de 1634 et dans un manuscrit anonyme du XIVe siècle. Il publie sa version en 1696 et l'inclut un an plus tard dans le recueil des *Contes de ma mère l'Oye,* où figurent également « Cendrillon », « Le Petit Chaperon rouge » et six autres textes. (« Mère l'oye » est un nom commun pour les gouvernantes à l'époque.) Walt Disney commence la production de sa version cinématographique quelque deux cent cinquante années plus tard, et deux ans après le château de la Belle s'élève au-dessus des orangeraies qui entourent le vaste chantier de construction de Disneyland.

À sa sortie dans les salles en 1959, le film est un désastre, écharpé par la critique et largement ignoré par le public. Vingt ans se sont écoulés depuis le triomphe de *Blanche-Neige et les sept nains* et la disneyfication s'est entre-temps figée en autoparodie. Le château d'Ussé, lui, reste une des attractions les plus populaires de la vallée de la Loire, en dépit de sa Belle de cire moisie.

Pourquoi en serait-il autrement ? Le vieux palais grinçant a appartenu à certaines des plus importantes familles de France pendant des siècles et, il y a trois cents ans, l'une d'entre elles se trouve avoir hébergé un écrivain estimé ayant un goût prononcé pour les contes populaires. Le château de Disneyland n'est qu'un décor grandeur nature qui offre une interprétation datée des années 1950 d'un de ces contes. En France, une histoire transmise par tradition orale de génération en génération s'est transformée en écrit pour une société qui découvrait à peine la progression linéaire de l'imprimerie. Le parc à thèmes en propose une mouture que tous les parents banlieusards peuvent faire découvrir à leurs gamins.

Walt Disney n'a bien sûr jamais cherché à créer une réplique fidèle du château d'Ussé. Son inspiration vient en partie des châteaux de la Loire, mais également de plusieurs châteaux bavarois – en particulier Neuschwanstein, une structure théâtrale et flamboyante du XIXe siècle érigée au pied des Alpes par le roi Louis II de Bavière. Imaginé par un concepteur de scène de Richard Wagner, Neuschwanstein est lui-même une fantaisie inspirée par les châteaux médiévaux allemands et français. Ainsi donc le château de Disney est-il un simulacre de simulacre. Ce qui soulève une question : deux simulacres font-ils de l'authentique ?

Les gens ont aujourd'hui de bonnes raisons de vivre une crise d'authenticité. La valeur est fonction de la rareté, et à une époque dominée par les émissions de téléréalité scénarisées et Photoshop, l'authenticité est une denrée rare. Mais qu'est-ce qui est authentique exactement ? Ou, comme le dirait Philip K. Dick, qu'est-ce que le réel ? Être celui ou ce que vous prétendez être est en partie la réponse, mais, à un niveau plus profond, l'authenticité signifie être fidèle à soi-même – un concept évasif s'il en est, particulièrement quand on l'applique non pas aux hommes mais aux objets. C'est ainsi que nous obtenons *Authenticity* le livre, publié en 2007 par la Harvard Business School Press, un manuel pour publicitaires qui trace obligeamment la distinction entre « vrai faux » et « faux vrai ». Nous avons découvert la campagne « *Choose Authenticity* » de la vodka Stolichnaya en 2007, qui utilisait de faux graphismes constructivistes pour promouvoir son authenticité (contrairement à, disons, Grey Goose, la marque rivale, dont les créateurs se sont d'abord intéressés au marketing avant de penser à la vodka). Et bien sûr nous avons ceux qui ne peuvent pas résister à la tentation de tout contrefaire – comme les types de Wal-Mart qui en 2006 lancèrent le Hub, un site de réseaux sociaux pour ados affreusement ringard et un outil promotionnel flagrant.

Les problèmes d'authenticité sont déjà apparus auparavant. « Je ne veux vous dire qu'un mot. Juste un, affirme l'ami de la famille au brillant jeune héros du *Lauréat*. Plastique. » C'était en 1967. L'authenticité à cette période pouvait se référer à un idéal préindustriel, mais la quête qui en est faite aujourd'hui est un pur produit de technologie. Nous vivons dans un monde lancé à pleine vitesse, qui ne se couche jamais et dans lequel une identité est toujours suspecte, mais nous avons aussi atteint une telle connaissance des médias que nous pouvons flairer les faux et les outils de la promotion. La technologie rend l'authenticité louche et la technologie nous donne les moyens de la réclamer – si c'est ce que nous voulons vraiment.

Sauf, bien sûr, que ce n'est pas le cas. Nous pensons le vouloir, mais ce que nous cherchons vraiment – pour beaucoup d'entre nous, en tout cas –, c'est le holodeck. Être avalés à l'intérieur d'un ordinateur comme Jeff Bridges dans *Tron*. Nous voulons nous plonger dans un univers qui n'a rien de réel.

C'est exactement ce que Walt Disney veut faire. Il rêve depuis longtemps de construire un parc d'attractions d'un genre complètement nouveau – un lieu où il pourra recréer, sous une forme idéalisée, la petite ville du Missouri où il a grandi (Main Street, États-Unis) et les décors de tous les personnages qu'il a créés ou s'est appropriés (comme la Belle au bois dormant). Il décrit sa création comme « l'endroit le plus heureux au monde ». C'est une immersion totale et obsessive, toujours propre, un lieu où des jeunes gens sont formés à sourire comme si leur job en dépendait (c'est à vrai dire le cas). Dans *The Disney Version*, sa biographie qui fait date, Richard Schickel décrit un Walt Disney quasi hystérique quand il explique sa philosophie : « Je n'aime pas les films déprimants, grogne-t-il. [...] Je n'aime pas les fosses d'aisances. Je n'aime pas les images sales. Je ne vais jamais payer pour observer l'anormalité. Je n'ai pas de moments de déprime et je ne veux pas en avoir. Je suis heureux, vraiment, vraiment heureux. »

Disney est aussi fou de technologie que le Tout-Hollywood d'aujourd'hui. Sa version du divertissement immersif combine l'environnement en monde réel de Disneyland et ses propres itérations d'humains virtuels – pas d'hologrammes ni de projections vidéo mais des robots, des pantins mécaniques que font fonctionner des systèmes hydrauliques et que contrôle électroniquement une bande magnétique. Il les appelle des Audio-Animatronics. Il lance ce projet dans le milieu des années 1940 avec des mannequins miniatures contrôlés par des bandes à trous, qui ne sont pas sans rappeler la « bande de réalité » que Garson Poole découvre dans sa poitrine dans « La Fourmi électrique ». Dès 1964, la technologie a suffisamment progressé pour qu'il puisse monter une attraction intitulée « Great Moments with Mr. Lincoln » au pavillon de l'Illinois de l'Exposition universelle organisée à New York. Le « simulacre de Lincoln », comme l'appelle Dick, est une reconstruction mécanique grandeur nature et incroyablement crédible du seizième président qui débite des platitudes tirées des discours du grand homme. À la fin de l'Exposition, l'attraction prend ses quartiers à Disneyland, où elle réside depuis. Schickel la décrit comme une horreur: « La déshumanisation de l'art dans son extrémité finale, paradoxalement accomplie [...] après avoir consacré sa vie à trouver le moyen idéal de reproduire la réalité de la vie humaine. » Pour d'autres, elle fait simplement froid dans le dos.

Coup du destin, Dick vit à 1 kilomètre de ce monde, dans l'un des complexes d'appartements qui sont construits après qu'on a rasé les orangeraies pour faire passer l'autoroute. Disneyland va trop loin – trop loin pour Dick en tout cas. Mais bien que la répulsion qu'il ressent devant ses subterfuges soit instinctive, elle est clairement mêlée à une notion de complicité. « Moi-même, j'ignore quelle proportion de ce que j'écris est vraie, ou quelles parties (s'il y en a) sont vraies, admet-il dans ce discours donné ou non à Paris. La fiction imite la vérité, la vérité imite la fiction. Un tel chevauchement, un tel flou est dangereux. »

La réalité de fiction que Disney construit de briques et d'ambition devient le fondement d'un empire médiatique mondial qui engrange dans sa plus récente année fiscale 40 milliards de dollars. Dick écrit pour des cacahuètes, mais les mondes qu'il imagine rapportent aujourd'hui des sommes conséquentes à Hollywood, où ils ont donné lieu à des adaptations comme le *Blade Runner* de Ridley Scott ou le *Minority Report* de Spielberg. Finalement, tout est affaire de sensibilité. Dans quelle pseudo-réalité souhaitez-vous vivre, celle de Dick ou celle de Disney ?

Je dirai ceci en faveur de Dick : au moins il ne manifeste pas un besoin profond de couvrir ses insécurités par un faux bonheur ; il ne partage pas non plus le besoin obsessif de tout contrôler de Disney. Tout le contraire, comme il le remarque dans le même discours : « C'est justement mon travail de construire des univers, roman après roman. Et il faut que je les construise de telle sorte qu'ils ne s'effondrent pas deux jours plus tard. Tout au moins, c'est ce qu'espèrent mes éditeurs. Pourtant, je vais vous révéler un secret : j'aime créer des univers qui s'effondrent *vraiment* deux jours plus tard. J'aime les voir se désagréger, et j'aime voir ce que font les personnages du roman lorsqu'ils sont confrontés à un tel problème. J'ai comme une secrète prédilection pour le chaos. Il faudrait qu'il y en ait plus. »

Nous craignons la fiction alors même que nous brûlons de nous y plonger. De *Robinson Crusoé* à *Lost*, toute fiction qui vaut le détour est, malgré tout, immersive. Livres, films, télévision, mondes virtuels – de siècle en siècle, nous consentons à suspendre notre incrédulité devant l'outil de narration le plus immersif à notre disposition. Aussi, que faisons-nous quand l'univers que ce nouvel outil nous propose commence à s'effondrer – aussi inévitable que cela soit ? Ce ne sont pas juste les personnages qui doivent réagir, après tout ; c'est nous. Comment gérons-nous le fait que le fictif s'infiltre dans le réel et vice versa ? Comment nous dépatouillons-nous de ce flou ?

Dans *Inception*, le film que Christopher Nolan réalise après *The Dark Knight*, Leonardo DiCaprio joue un voleur dans l'espace des rêves qui garde une petite toupie qui ne s'arrête de tourner que s'il n'est plus en train de rêver – c'est-à-dire s'il est dans le monde réel. C'est le seul signal qui lui dit avec certitude dans quel état il se trouve. Aujourd'hui, il est encore impossible de dire à quel point ces mondes-histoires que nous construisons – *Avatar*, *Tron*, le holodeck – deviendront réellement immersifs. Mais, si un jour nous perdons le fil, une toupie sera très utile.

Remerciements

Ce livre n'aurait pas été possible si je n'avais pas travaillé toutes ces années pour *Wired*. Pour cette opportunité, je dois toute ma gratitude à Chris Anderson, rédacteur en chef de *Wired*, ainsi qu'à son prédécesseur, Katrina Heron, qui m'a engagé. Travailler avec l'équipe de *Wired* – John Abell, Chris Baker, Bob Cohn, Evan Hansen, Nancy Miller, Susan Murcko, Mark Robinson et Nicholas Thompson pour ne citer qu'eux – fut une expérience très enrichissante, une expérience que je m'estime heureux d'avoir vécue.

J'ai eu tout autant de chance d'être entouré par une équipe extraordinaire chez Norton. J'aimerais remercier tout particulièrement mon éditeur, Brendan Curry, et tous ceux qui ont permis que tout cela arrive : Steve Colca, Elisabeth Kerr, Ingsu Liu, Jeannie Luciano, Anna Oler, Nancy Palmquist, Tabitha Pelly, Jessica Purcell et Bill Rusin. Je tiens également à remercier mon agent, James Levine et ma préparatrice de copie, Stéphanie Hiebert.

Beaucoup de personnes ont eu la générosité de passer du temps à m'expliquer ce qui pour eux devait paraître évident. Parmi ceux-là je tiens à remercier spécialement Susan Bonds et Michael Borys, vous tomberez certainement sur leurs contributions en feuilletant ce livre. Pour leur aide et leurs encouragements dans les moments cruciaux, j'aimerais aussi remercier Melanie Cornwell, Julie Crabill, Jeff Howe et Kit Rachlis. J'ai reçu l'aide inestimable de Marianne Do, Katie Drummond et Erik Malinowski ; et sans Peter Saczkowski, je serais sans doute encore en train de me demander ce qu'est un QTE. Et enfin, pour leur soutien à la fois professionnel et personnel, j'aimerais remercier mon amie Susan Kamil et mon épouse, Beth Rashbaum.

Notes

Prologue

1. HEIDER (Fritz) et SIMMEL (Marianne), « An Experimental Study of Apparent Behavior », in *American Journal of Psychology*, 57, n° 2, avril 1944, p. 243-247.

2. International Federation of the Phonographic Industry, « 2000 Recording Industry World Sales », IFPI, avril 2001, p. 8.

3. PAINE (Andrew), « Global Recorded Music Market Down 7.2 % », in *Billboard*, 28 avril 2010.

4. BISKIND (Peter), *Le Nouvel Hollywood* (« What we're doing is fucking with the rules »), traduit de l'anglais par Alexandra Peyre, le cherche midi, 2002.

5. BLUM (David), « Couch Potatoes: The New Nightlife », in *New York*, 20 juillet 1987.

6. SHIELDS (David), *Reality Hunger : A Manifesto*, Knopf, New York, 2010, p. 5.

Chapitre 1 : Le conteur dyslexique

1. CAMPEA (John), « Description of First 6 Minutes of New Batman Film », themovieblog.com, 4 décembre 2007.

2. ROSE (Frank), « And Now, a Game from our Sponsors », in *Wired*, janvier 2008, p. 155-156.

3. ROSE (Frank), *op. cit.*, p. 157.

4. BROWN (Janelle), « Paranoia for Fun and Profit », salon.com, 10 août 2010.

5. KUSHNER (David), « So What, Exactly, Do Online Gamers Want », in *New York Times*, 7 mars 2002.

6. ROSE (Frank), *op. cit.*, p. 154.

Chapitre 2 : Peur de la fiction

1. DEFOE (Daniel), *Robinson Crusoé*, éd. établie et annotée par Francis Ledoux, traduit par P. Borel, Gallimard, Bibliothèque de la Pléiade, 1959.

2. WATT (Ian), *The Rise of the Novel: Studies in Defoe, Richardson, and Fielding*, University of California Press, Berkley, 1957, p. 13.

3. JOHNSON (Samuel), *The Adventurer*, n° 115, 11 décembre, 1753, cité *in* WATT (Ian), *The Rise of the Novel*, p. 58.

4. JAMES (Henry), « L'Art de la fiction », traduit par M. Sibon et M. Zéraffa, Éditions Klincksieck, 1978.

5. STEVENSON (Robert Louis), *Essais sur l'art de la fiction*, traduit de l'anglais par France-Marie Watkins et Michel Le Bris, Éditions de la Table ronde, 1988.

6. PEARSON (Roberta E.) et SIMPSON (Philip), *Critical Dictionary of Film and Television Theory*, Taylor & Francis, Londres, 2001, p. 5.

7. SHIRKY (Clay), « Gin, Television, and Social Surplus », herecomeseverybody.org, 26 avril 2008.

8. MURRAY (Janet H.), *Hamlet on the Holodeck: The Future of Narrative in Cyberspace*, MIT Press, Cambridge, 1997, p. 18-21.

9. BRADBURY (Ray), *Fahrenheit 451*, traduit par J. Chambon, Gallimard, coll. « Folio SF », 2000.

10. HUXLEY (Aldous), *Le Meilleur des mondes*, traduit par J. Castier, Pocket, 2002.

11. CERVANTES (Miguel de), *Don Quichotte*, traduit par A. Schulman, Éditions du Seuil, 2001.

12. GIBSON (William), *Neuromancien*, traduit par J. Bonnefoy, J'ai lu, 2001.

13. GIBSON (William), *Idoru*, traduit par P. Guglielmina, Flammarion, 1998.

14. GIBSON (William), « Modern Boys and Mobile Girls », in *The Observer*, 1er avril 2001.

15. MURAKAMI (Takashi), « Impotence Culture-Anime », in *My Reality: Contemporary Art and the Culture of Japanese Animation*, Des Moines Art Center, 2001, p. 60.

16. ENG (Lawrence), « The Origins of "Otaku" », cjas.org, 4 novembre 2003.

17. PINK (Daniel H.), « Japan, Ink », in *Wired*, novembre 2007, p. 219-221.

18. JENKINS (Henry), *Convergence Culture: Where Old and New Media Collide*, New York University Press, New York, 2006, p. 131.

Chapitre 3 : Plus profond

1. QUITTNER (Josh), « Are 3-D Movies Ready for Their Close up ? », in *Time*, 19 mars 2009.

2. QUINTON (Brian), « McDonald's Is Latest Augmented Reality Convert with "Avatar" Campaign », promomagazine.com, 15 décembre 2009.

3. « Coke Zero Immerses Itself in "Avatar" », in *BrandWeek*, 25 novembre 2009.

4. « Video : Avatar Producer Jon Landau Speech at 3D Gaming Summit », G4TV.com/thefeed, 23 avril 2010.

Chapitre 4 : Contrôle

1. WESCH (Michael), « An Anthropological Introduction to YouTube », discours à la Bibliothèque du Congrès, 23 juin 2008.

2. KELLY (Kevin), « We are the Web », in *Wired*, août 2005, p. 95.

3. MICU (Anca Cristina) et PLUMMER (Joseph T.), « On the road to a New Effectiveness Model : Measuring Emotional Reponses to Television Advertising », ARF White Paper, Fondation pour la recherche publicitaire, mars 2007.

4. JOHNSON (Steven), *The Ghost Map*, Riverhead, New York, 2006, p. 34-35.

5. RADFORD (Andrew), *Thomas Hardy and the survivals of Time*, Ashgate, 2003, p. 49-51.

6. JOHNSON (Edgar), *Charles Dickens : His Triumph and Tragedy*, vol. 1, Simon & Schuster, New York, 1952, p. 303-304.

7. « On the use of Mr. Dickens's *Our Mutual Friend* in *Lost* », in *The London Review*, novembre 1865.

8. BUTT (John) et TILLOTSON (Kathleen), *Dickens at Work*, Methuen, Londres, 1957, p. 16.

9. JOHNSON (E.D.H.), *Charles Dickens: An Introduction to His Novels*, Random House, New York, 1969, p. 67.

10. HAYWARD (Jennifer), *Consuming Pleasures: Active Audiences and Serial Fictions from Dickens to Soap Opera*, University of Kentucky Press, Lexington, 1997, p. 26.

11. JENKINS (Henry), *Convergence Culture: Where Old and New Media Collide*, New York University Press, New York, 2006, p. 195.

12. « Our Mission », dprophet.com/dada.

13. JENKINS (Henry), *op. cit.*, p. 196.

14. KEHR (Dave), « O, Prince ! How Clear You Are On Blu-ray », in *New York Times*, 14 octobre 2008.

15. News Reel, wim-wenders.com, octobre 2002.

16. GIBSON (William), « God's Little Toys », in *Wired*, juillet 2005, p. 118-119.

17. « RIAA Continues College Deterrence Campaign into 2008 », Recording Industry association of America, 10 janvier 2008.

18. BAHANOVICH (David) et COLLOPY (Denis), « Music Experience and Behavior in Young People », UK Music, 2009.

19. LESSIG (Lawrence), *Remix: Making Art and Commerce Thrive in the Hybrid Economy*, Penguin, New York, 2008, p. 24-25.

Chapitre 5 : Aux sentiers qui bifurquent

1. EBERT (Roger), « *Mr. Payback* » dans *Chicago Sun-Times*, 17 février 1995.

2. GRIMES (William), « When the Film Audience Controls the Plot », in *New York Times*, 13 janvier 1993.

3. BUSH (Vannevar), « As We May Think », in *Atlantic Monthly*, juillet 1945, p. 101-108.

4. WOLF (Gary), « The Curse of Xanadu », in *Wired*, juin 1995, p. 140.

5. *Ibid.*, p. 143.

6. BERNERS-LEE (Tim), « Information Management : A Proposal », w3.org, mars 1989-mai 1990.

7. BERNERS-LEE (Tim), « Hypertext and Our Collective destiny », cours au Vannevar Bush Symposium, MIT, 12 octobre 1995.

8. LYMAN (Peter) et VARIAN (Hal R.), « How Much Information ? », School of Information Management and Systems, University of California, Berkeley, 30 octobre 2003, p. 1-2.

9. CARR (Nicholas), « Google nous rend-il stupides ? », in *Atlantic*, juillet-août 2008, p. 56-63.

10. LEHRER (Jonah), « Our Cluttered Minds », in *New York Times Book Review*, 6 juin 2010.

11. QUART (Alissa), « Networked : Don Roos and "Happy Endings" », in *Film Comment*, juillet-août 2005, p. 48-51.

12. EBERT (Roger), « *Syriana* », in *Chicago Sun-Times*, 9 décembre 2005.

13. SONTAG (Susan), *Styles of Radical Will*, Picador, New York, 2002, p. 157.

14. BORGES (Jorge Luis), *Fictions*, traduit par P. Verdevoye et N. Ibarra, Gallimard, 1952.

15. HOLDEN (Stephen), « *Mulholland Drive* », in *New York Times*, 6 octobre 2001.

16. TANG (Jean), « All You Have to Do is Dream », salon.com, 7 novembre 2001.

17. MCLUHAN Marshall, *Pour comprendre les médias : les prolongements technologiques de l'homme*, Éditions du Seuil, coll. « Points Essais », 1977.

18. *Ibid.*

Chapitre 6 : Mondes ouverts

1. LOMBREGLIA (Ralph), « Dispelled », theatlantic.com, 19 novembre 1997.

2. CARROLL (Jon), « Guerillas in the Myst », in *Wired*, août 1994, p. 69-73.

3. KELLY (Kevin), « We Are the Web », in *Wired*, août 2005, p. 95-99.

4. BACON (Francis), *Essais*, traduit par M. Castelain, Aubier, 1964.

5. BISSELL (Tom), « The Grammar of Fun : Cliffy B and the World of the Video Game », in *The New Yorker*, 3 novembre 2008.

6. SEABROOK (John), « Game Master », in *The New Yorker*, 6 novembre 2006.

7. LEM (Stanislaw), *La Cybériade*, traduit par D. Sila, Gallimard, coll. « Folio SF », 2004.

8. PINKER (Steven), « Toward a Consilient Description of Literature », in *Philosophy and Literature* 31, 2007, p. 161-177.

9. SPEER (Nicole K.), REYNOLDS (Jeremy R.), SWALLOW (Khena M.), et ZACKS (Jeffrey M.), « Reading stories Activates Neural Representations if Visual and Motor Experiences », in *Psychological Science*, vol. 20, n° 8, août 2009, p. 989-999.

Chapitre 7 : Esprit de ruche et boîte à mystères

1. STEWART (James B.), *Le Royaume enchanté*, Sonatine Éditions, 2011.

2. ABRAMS (J. J.), « The Mystery box of J. J. Abrams on TED. com », blog.ted.com, 10 janvier 2008.

3. PIROLLI (Peter), « A Probabilistic Model of Semantics in Social Information Foraging », article présenté à la AAAI Spring Symposia de 2008, Stanford University, 26-28 mars 2008.

4. MITTELL (Jason), « Sites of Participation : Wiki Fandom and the Case of Lostpedia », journal.transformativeworks.org, 2009.

5. JOHNSON (E.D.H.), *Charles Dickens: An Introduction to His Novels*, Random House, New York, 1969, p. 71.

6. ADALIAN (Joseph), « "Lost" Set for Three More Years », in *Variety*, 6 mai 2007.

Chapitre 8 : Télévision : le jeu

1. ROSE (Frank), « The End of TV as We Know It », in *Fortune*, 23 décembre 1996.

2. JENSEN (Jeff), « "Heroes" Creator Apologizes to Fans », in *Entertainment Weekly*, 7 novembre 2007.

3. DAVIS (Joshua), « The secret World of *Lonelygirl* », in *Wired*, décembre 2006, p. 232-239.

4. ARANGO (Tim), « Broadcast TV Faces Struggle to Stay Viable », in *New York Times*, 28 février 2009.

5. MERMIGAS (Diane), « GE Says No NBC Sale, but 2009 Could Change Everything », mediapost.com, mars 2008.

6. STEINBERG (Brian), « Viewer-Engagement Rankings Signal Change for TV Industry », adage.com, 10 mai 2010.

7. PONIEWOZIK (James), « Saving *Chuck* : Don't Applaud, Throw Money », tunedin.blogs.time.com, 23 avril 2009.

8. STEINBERG (Brian), « Subway Places More Than Just Product in NBC's "Chuck" », adage.com, 16 avril 2009.

9. RABIL (Sarah), « NBC's "Chuck" TV Series Saved by Subway Sponsorship », bloomberg.com, 19 mai 2009.

Chapitre 9 : Twitter et le néant

1. ZUCKERBERG (Mark), « 500 Million stories », blog.facebook.com, 21 juillet 2010.

2. « Led by Facebook, Twitter, global Time Spent on Social Media Sites up 82 % Year over Year », blog.nielson.com, 22 janvier 2010.

3. MILGRAM (Stanley), « The small world Problem », in *Psychology Today*, vol. 1, mai 1967, p. 61-67.

4. BARABÁSI (Albert-László), *Linked: The New Science of Networks*, Perseus, 2002, p. 30.

5. BOYD (Brian), *On the Origin of Stories: Evolution, Cognition and Fiction*, Belknap, 2009, p. 164.

6. *Ibid.*, p. 171.

7. « Empathy : College Students Don't Have as Much as They Used To, Study Finds », in *ScienceDaily*, 29 mai 2010.

8. GOLEMAN (Daniel), *Cultiver l'intelligence relationnelle*, Robert Laffont, 2009.

9. PELLEGRINO (Giuseppe di), FADIGA (Luciano), FOGASSI (Leonardo), GALLESE (Vittorio) et RIZZOLATTI (Giacomo), « Understanding Motor Events : A Neurophysiological Study », in *Experimental Brain Research*, vol. 91, n° 1, octobre 1992, p. 176-180.

10. MARCOIACOBONI, WOODS (Roger P.), BRASS (Marcel), BEKKERING (Harold), MAZZIOTTA (John C.) et RIZZOLATTI (Giacomo), « Cortical Mechanisms of Human Imitation », in *Science*, vol. 286, 24 décembre 1999, p. 2526-2528.

11. GALLESE (Vittorio), « Mirror Neurons, Embodied Simulation, and the Neural Basis of Social Identification », in *Psychoanalytic Dialogues*, vol. 19, 2009, p. 519-536.

12. SINGER (Tania), SEYMOUR (Ben), O'DOHERTY (John), KAUBE (Holger), DOLAN (Raymond J.) et FRITH (Chris D.), « Empathy for Pain Involves the Affective nut Not Sensory Components of Pain », in *Science*, vol. 303, 20 février 2004, p. 1157-1162.

13. SINGER (Tania), SEYMOUR (Ben), O'DOHERTY (John), STEPHAN (Klaas E.), DOLAN (Raymond J.) et FRITH (Chris D.), « Empathic Neural Responses Are Modulated by the Perceived Fairness of Others », in *Nature*, vol. 439, janvier 2006, p. 466-469.

14. HUTCHISON (W. D.), DAVIS (K.D.), LOZANO (A. M.), TASKER (R. R.) et DOSTROVSKY (J. O.), « Pain-Related Neurons in the Human Cingulate Cortex », in *Nature Neuroscience*, vol. 2, 1999, p. 403-405.

15. DECETY (Jean) et JACKSON (Philip L.), « A Social-Neuroscience Perspective on Empathy », in *Current Directions in Psychological Science*, vol. 15, n° 2, mai 2006, p. 54-58.

16. MEAD (Rebecca), « You've Got Blog », in *The New Yorker*, 13 novembre 2000.

17. CHAFKIN (Max), « Anything Could Happen », in *Inc.*, mars 2008.

18. STONE (Brad) et NOAM (Cohen), « Social Networks Spread Defiance Online », in *New York Times*, 15 juin 2009.

19. CHAFKIN (Max), *op. cit.*

20. WEIL (Kevin), « Measuring Tweets », twitter.com, 22 février 2010.

21. BARABÁSI (Albert-László), « *But as we add more links* », in *Linked*, p. 34-35.

22. ANTE (Spencer E.), « Twitter Is Said to Be Profitable after Making Search Agreements », bloomberg.com, 21 décembre 2009.

23. Terdiman (Daniel), « Journalist Becomes the Story at Mark Zuckerberg SXSWi Keynote », cnet.com, 9 mars 2008.

Chapitre 10 : Votre marque sur Youtube

1. MORRISSEY (Brian), « Carl's Jr. Makes New Kind of Network Buy », in *Adweek*, 1er juin 2009.

2. REEVES (Rosser), *Le Réalisme dans la publicité*, traduit par R. Aubert, Dunod, 1963.

3. ROTHENBERG (Randall), *Where the Suckers Moon: An Advertising Story*, Knopf, New York, 1994, p. 62.

4. ROSE (Frank), « The Lost Boys », in *Wired*, août 2004, p. 116-119.

5. CARTER (Bill), « Young Men Are Back Watching TV. But Did They Ever Leave ? », in *New York Times*, 9 août 2004.

6. « Steve Heyer's Manifesto for New Age of Marketing », adage.com, 6 février 2003.

7. JOHNSON (Bradley), « TV Still Rules, but the Net Is Showing Gains », in *Advertising Age*, 25 juin 2007.

8. FERNANDO (Angelo), « Creating Buzz : New Media Tactics Have Changed the PR and Advertising Game », in *Communication World*, vol. 21, n° 6, novembre-décembre 2004, p. 10-11.

9. HALLIDAY (Jean), « Poor Results Spark Cut : GM Zaps $40 Mil in Upfront Buys », in *Advertising Age*, 16 février 2004.

10. ELLIOTT (Stuart), « Under an Audacious Campaign, the Chatter before The Movie Starts Might Just Be about a Nissan », in *New York Times*, 6 novembre 2003.

11. SANDERS (Lisa), « Selling Scions with Foreheads Ads », in *Advertising Age*, 7 avril 2004.

12. FRANK (Rose), « Lonely Planet », in *Wired*, août 2007, p. 140-144.

13. OLSON (Elisabeth), « For FarmVille Players, a Crop from a Real Organic Farm », in *New York Times*, 14 juillet 2010.

14. GARFIELD (Bob), *The Chaos Scenario*, Stielstra, New York, 2009, p. 31.

15. PLESSIS (Erik du), « Digital Video Recorders and Inadvertent

Advertising Exposure », in *Journal of Advertising Research*, vol. 49, n° 2, juin 2009, p. 236-239.

16. GARFIELD (Bob), *op. cit.*, p. 35.

17. PEARSON (Sarah) et BARWISE (Patrick), « PVRs and Advertising Exposure : A Video Ethnographic Study », in *Qualitative Market Research*, vol. 11, n° 4, 2008, p. 386-399.

18. ROSE (Frank), « The Lost Boys », *op. cit.*

19. BOYD (Brian), *On the Origin of Stories: Evolution, Cognition and Fiction*, Belknap, 2009, p. 160-161.

20. ROSE (Frank), « And Now, a Word from Our Customers », in *Wired*, décembre 2006, p. 228-231.

21. DONATON (Scott), « How to Thrive in New World of User-Created Content : Let Go », in *Advertising Age*, 1er mai 2006.

22. CADELAGO (Chris), « Forget MTV- Apple's iPod Ads Are the New Music-Star Makers », in *San Francisco Chronicle*, 24 novembre 2007.

23. ELLIOTT (Stuart), « Student's Ad Gets a Remake, and Makes the Big Time », in *New York Times*, 26 octobre 2007.

24. STEINBERG (Brian), « Don't Like Product Placements ? Here's Why It's Your Fault », adage.com, 11 février 2010.

25. BARRETT (Steve), « Happiness Factory Offers a Vision of Media's Future », mediaweek.co.uk, 20 mai 2008.

26. « Nike's "Just Do It" Advertising Campaign », cfar.com, janvier 1999.

27. LIMBU (Ajeeja), « The Day Nike United the World », theurbanwire.com, 28 octobre 2007.

28. GREENBERG (Bob), « The Runner's High », in *Adweek*, 30 avril 2007.

Chapitre 11 : Le bandit manchot

1. KOEPP (M. J.), GUNN (R. N.), LAWRENCE (A. D.), CUNNINGHAM (V. J.), DAGHER (A.), JONES (T.), BROOKS (D. J.), BENCH (C. J.) et GRASBY (P. M.), « Evidence for Striatal

Dopamine Release during a Videogame », in *Nature*, vol. 393, 21 mai 1998, p. 266-268.

2. LEHRER (Jonah), *Faire le bon choix*, traduit par H. Dhifallah, Robert Laffont, 2009.

3. BERRIDGE (Kent), « The Debate over Dopamine's Role in Reward: The Case for Incentive Salience », in *Psychopharmacology*, vol. 191, 2007, p. 391-431.

4. SCHULTZ (Wolfram), « Dopamine Neurons and Their Role In Reward Mechanisms », in *Current Opinion in Neurobiology*, vol. 7, 1997, p. 191-197.

5. ROBINSON (Terry) et BERRIGDE (Kent), « The Psychology and Neurobiology of Addiction: An Incentive-Sensitization View », in *Addiction*, vol. 95, 2000, p. S91-S117.

6. KOEPP (M. J.) *et al.*, « Evidence for Striatal Dopamine Release », in *Nature*, 1998, p. 266-267.

7. LEHRER (Jonah), *op. cit.*

8. BERCHERA (Antoine), DAMASIO (Hanna), TRANEL (Daniel) et DAMASIO (Antonio R.), « Deciding Advantageously before Knowing the Advantageous Strategy », in *Science*, vol. 275, 28 février 1997, p. 1293-1295.

9. HOWARD-JONES (Paul) et DEMETRIOU (Skevi), « Uncertainty and Engagement with Learning Games », in *Instructional Science*, vol. 37, n° 6, novembre 2009, p. 519-536.

10. *Ibid.*

11. ELLIOTT (Rebecca), FRISTON (Karl J.) et DOLAN (Raumond J.), « Dissociable Neural Responses in Human Reward Systems », in *Journal of Neuroscience*, vol. 20, n° 16, 15 août 2000, p. 6159-6165.

12. FIORILLO (Christopher D.), TOBLER (Philippe N.) et SCHULTZ (Wolfram), « Discrete Coding of Reward Probability and Uncertainty by Dopamine Neurons », in *Science*, vol. 299, 2003, p. 1898-1902.

13. SHIZGAL (Peter) et ARVANITOGIANNIS (Andreas),

« Gambling on Dopamine », in *Science*, vol. 299, 2003, p. 1856-1858.

14. PANKSEPP (Jaak), *Affective Neuroscience: The Foundations of Human and Animal Emotions*, Oxford University Press, Oxford, 1998, p. 52-53.

15. « DCICE 2010 : "Design Outside the Box" Presentation », g4tv.com, 18 février 2010.

Chapitre 12 : Moteur à émotion

1. HASSABIS (Demis), CHU (Carlton), REES (Geraint), WEISKOPF (Nikolaus), MOLYNEUX (Peter D.) et MAGUIRE (Eleanor), « Decoding Neuronal Ensemble in the Human Hippocampus », in *Current Biology*, vol. 19, 17 avril 2009, p. 546-554.

2. MAGUIRE (Eleanor A.), GADIAN (David G.), JOHNSRUDE (Ingrid S.) et FRITH (Catriona D.), « Navigation-Related Structural Change in the Hippocampi of Taxi Drivers », in *Proceedings of the National Academy of Sciences of the USA*, vol. 97, n° 8, 11 avril 2000, p. 4398-4403.

3. HASSABIS (Demis), KUMARAN (Dharshan), VANN (Seralynne D.) et MAGUIRE (Eleanor A.), « Patients with Hippocampal Amnesia Cannot Imagine New Experiences », in *Proceedings of the National Academy of Sciences of the USA*, vol. 104, n° 5, 30 janvier 2007, p. 1726-1731.

Chapitre 13 : Comment construire un univers qui ne s'effondre pas deux jours plus tard

1. DICK (Philip K.), « Comment construire un univers qui ne s'effondre pas deux jours plus tard », *in* SUTIN (Lawrence), *The Shifting Realities of Philip K. Dick: Selected Literary and Philosophical Writings*, Vintage, New York, 1995, p. 262.

2. DICK (Philip K.), « La Fourmi électrique », in *Nouvelles, tome 2 / 1953-1981*, traduit par B. Martin, Denoël, coll. « Lunes d'Encre », 2000.

3. DICK (Philip K.), « Comment construire un univers qui ne s'effondre pas deux jours plus tard », in *Le Crâne*, Denoël, coll. « Présence du Futur », 1999.

4. *Ibid.*

5. CULHANE (John), « Special Effects Are Revolutionizing Film », in *New York Times*, 4 juillet 1982.

6. TAYLOR (John), *Storming the Magic Kingdom*, Knopf, New York, 1987, p. 23-24.

7. DUNKLEY (Cathy) et FLEMING (Michael), « Mouse Uploads "Tron" Redo », in *Variety*, 12 janvier 2005.

8. SERWER (Andy), « What Do These Guys Know about the Internet ? », in *Fortune*, 9 octobre, 2000.

9. US Department of Commerce, « A Nation Online : Entering the Broadband Age », ntia.doc.gov, septembre 2004.

10. KRAUSS (Lawrence), *La Physique de Star Trek*, traduit par C. Cantoni-Fort, Bayard, 1998.

11. WILLIAM (Dr.), « Swartout-Immersive Environments », video.google.com.

12. GARAMONE (Jim), « Simulation Brings Combat's Chaos to Pendleton Facility », American Forces Press Service, defense.gov/news, 20 février 2008.

13. ROGERS (Rick), « Teaching Marines to Be Like Hunters », in *San Diego Union-Tribune*, 29 février 2008.

14. SCHICKEL (Richard), *The Disney Version*, Simon & Schuster, New York, 1968, p. 354.

15. *Ibid.*, p. 335-337.

16. DICK (Philip K.), « Comment construire un univers qui ne s'effondre pas deux jours plus tard », in *Le Crâne*, *op. cit.*

17. *Ibid.*

INDEX

B

C

D

N

R

S

T

TABLE

Mis en pages par DV Arts Graphiques à La Rochelle
Imprimé en France par CPI Firmin Didot
Dépôt légal : novembre 2012
N° d'édition : 120 – N° d'impression : 113352
ISBN 978-2-35584-120-0